Goldmann Ratgeber

Das vorliegende Schachbuch für Anfänger und Fortgeschrittene ist ein vollständiger Lehrgang des »Königlichen Spiels« in 40 Stunden. Es ermöglicht dem Anfänger das Erlernen der Grundregeln und führt ihn zum Verständnis von Taktik und Strategie des Schachs. Das Buch ist für den Selbstunterricht geeignet, kann jedoch auch als Lehrbuch für einen Kursus dienen. Der Leser lernt zahlreiche Eröffnungsmöglichkeiten und Varianten kennen; er erwirbt die Fähigkeit, Meisterpartien nachzuspielen, und bekommt einen Begriff vom modernen Turnierstil. Bei der Lektüre dieses Buches offenbart sich ihm der Ideenreichtum und die Schönheit »Caissas«, der Göttin des Schachspiels. Eine tabellarische Übersicht der Schacheröffnungen faßt das in den Kapiteln der Eröffnung Gelernte zusammen und ermöglicht rasche Orientierung.

Das theoretische Material des Lehrbuchs ist so reichhaltig, daß selbst Schachexperten das Werk gern in ihre Bibliothek aufnehmen werden. Der deutsche Schachmeister Rudolf Teschner ist ein hervorragender Schachpädagoge, und seine treffsicheren Kommentare – in Verbindung mit zahlreichen Diagrammen – bieten jedem Schachfreund eine genußvolle Lektüre.

Wer diesen Schachkurs absolviert hat, wird eine wesentliche Verbesserung seiner Spielstärke feststellen; denn im Schach führt der Weg des Erfolgreichen vom Denken zum Spielen.

Rudolf Teschner

SCHACH

Eine Schule des Schachs in 40 Stunden

Originalausgabe

Wilhelm Goldmann Verlag

1. Auflage April	1965 ·	1.– 15. Tsd.
2. Auflage Januar	1967 ·	16.– 30. Tsd.
3. Auflage Juli	1969 ·	31.– 40. Tsd.
4. Auflage Januar	1971 ·	41.– 55. Tsd.
5. Auflage Oktober	1972 ·	56.– 65. Tsd.
6. Auflage April	1973 ·	66.– 85. Tsd.
7. Auflage Mai	1975 ·	86.–105. Tsd.
8. Auflage Mai	1979 ·	106.–117. Tsd.

Made in Germany 1979

Umschlaggestaltung: Creativ Shop, A.+A. Bachmann, München
Umschlagfoto: Manfred Schmatz, München
Satz und Druck: Presse-Druck, Augsburg
Verlagsnummer: 10520
Lektorat: Gerda Weiss/Eleanor Grotzky
Herstellung: Harry Heiß
ISBN 3-442-10520-X

INHALT

SCHACHTAKTIK

SCHACHSTRATEGIE

DAS FINALE

»Dies Spiel ist ein Probierstein des Gehirns.«

Goethe

(Adelheid in »Götz von Berlichingen«)

VORWORT

Als ein Medium, dem Spieltrieb zu frönen und gleichzeitig das schöpferische Denken zu üben, ist das »Königliche Spiel« schon seit über tausend Jahren beliebt gewesen – im Mittelalter und bis zum 19. Jahrhundert vor allem an Fürstenhöfen. An gedanklicher Tiefe kann sich nur das japanische Go-Spiel mit dem Schach messen und vielleicht das Bridge in seiner Turnierform (mit festgelegten Kartenverteilungen).

Im Weltschachbund sind heute 64 Länder vertreten, darunter Länder wie Japan, Malaya, Hongkong, Puerto Rico und Nikaragua. Der Deutsche Schachbund (Hamburg) hat etwa 50 000 Mitglieder, man schätzt aber, daß es in Deutschland etwa eine Million Menschen gibt, die wenigstens die Spielregeln kennen. Eine Art Volkssport ist das Schach in der Sowjetunion, wo es zwei Millionen registrierte Schachspieler geben soll; auch im kleinen Holland ist es volkstümlich.

Dieses Lehrbuch will den Leser nicht nur mit den Grundregeln des Schachspiels vertraut machen, sondern ihm vor allem den Ideenreichtum nahebringen, der seine Schönheit ausmacht. – Der Verfasser hat der Übersichtlichkeit halber die der Eröffnung gewidmeten Kapitel zusammengefaßt. Es wird aber empfohlen, die »Spezielle Eröffnungstheorie« (11.–21. Stunde) an den Schluß des Studiums zu stellen und zunächst das Hauptgewicht auf die »Schachtaktik« (22.–30. Stunde) zu legen. Überhaupt möge der Lernende jede einzelne Stellung auf dem Brett aufbauen und die dazu angegebenen Züge mehrmals nachspielen, bis er ihren Sinn wirklich verstanden hat. Im Teil, der der »Schachstrategie« gewidmet ist, lernt der Leser die Art der Partieführung kennen, die im modernen Turnierschach vorherrscht. Er erwirbt damit die Fähigkeit, Meisterpartien mit Verständnis nachzuspielen und die reizvollen Auseinandersetzungen auf den 64 Feldern mitzuerleben – eine Beschäftigung, die hohen geistigen Genuß vermittelt.

Der Lehrgang verdankt sein Entstehen einer Artikelreihe, die der Verfasser für die Zeitschriften »Mach mit«, »Frohe Freizeit« und »Selbst ist der Mann« geschrieben hat. Für das Buch ist das Material durchgesehen und verbessert worden. Die »Eröffnungstabelle« ist neu hinzugekommen.

Rudolf Teschner

DIE SCHACHFIGUREN

Bundesform

der König die Dame der Läufer der Springer der Turm der Bauer

Die »Bundesform« ist eine stilisierte Art von Schachfiguren, die in Deutschland weit verbreitet ist. Sie wurde in den dreißiger Jahren vom Schachbund (daher die Bezeichnung) eingeführt. Ihre abgerundete Form diente dazu, die Herstellung zu vereinfachen. Die preiswerten Figuren der Bundesform werden besonders in den Schachvereinen für Klubturniere verwendet. Beim Kauf empfehlen wir, besonders darauf zu achten, daß bei diesen Figuren Bleifüllung und Tuchunterlage vorhanden ist.

Staunton-Form

der König die Dame der Läufer der Springer der Turm der Bauer

Die »Staunton-Figuren« sind in vielen Ländern im Gebrauch; sie werden bei internationalen Anlässen allgemein verwendet. Geschaffen wurden sie von dem Engländer Howard Staunton (1849), der damals als einer der besten Schachspieler der Welt galt. Ihre Herstellung ist kostspieliger als die der Bundesform, besonders die aus einem Stück geschnitzten Springer sind oft wahre Kunstwerke. In Stauntons ursprünglichem Entwurf trug der König einen Reichsapfel, doch heute bürdet man ihm meist ein Kreuz auf.

DIE GRUNDREGELN

1. STUNDE

> Das Schachspiel ist ein See, in dem eine Mücke baden und ein Elefant ertrinken kann.
>
> Indischer Spruch

Will eine Mücke baden, muß das Wasser still, soll ein Elefant ertrinken können, muß es tief sein. Stille und Tiefe sind die Merkmale des »Königlichen Spiels«, das vor etwa zwei Jahrtausenden in Indien entstand, über Persien nach Arabien vordrang und schließlich über Spanien mit den Mauren nach Mitteleuropa kam. Seine Ursprünge liegen im dunkeln, seine Regeln haben sich allmählich weiter entwickelt. Die Tiefe ist geblieben, aber die »Stille« verschwand schon um die Zeit der Renaissance, als die Italiener den Doppelschritt des Bauern und die Rochade einführten.

Die Weizenkornlegende. Als Dank für die Erfindung des Schachspiels fordert der indische König Schiram seinen Weisen Sissa auf, einen Wunsch zu äußern. Sissa bittet um Weizenkörner, auf das erste der 64 Felder des Schachbrettes eins, auf das zweite zwei Körner, auf das dritte vier und auf jedes weitere immer die doppelte Zahl. Der König ist fast böse über die vermeintliche Bescheidenheit des Weisen, verspricht aber, seinen Wunsch zu erfüllen. Doch bald muß er einsehen, daß seine Kornkammern und sogar die der ganzen Erde dafür nicht ausreichen. Er müßte mehr als 18 Trillionen Körner auftreiben. Für ihren Transport wäre eine ununterbrochene Kette von Lastwagen erforderlich, die über 200 000mal um den Äquator reichen würde.

Das Ziel: Die Gefangennahme des Königs

Was das Schach von allen anderen Spielen abhebt, ist das Ziel, das beide Parteien im Auge haben: die Gefangennahme des feindlichen Königs. Die beiden Majestäten stehen also immer im Mittelpunkt – sie dürfen sich nie derart in Gefahr begeben, daß sie geschlagen werden könnten, müssen jedem Angriff (»Schachgebot«) unmittelbar ausweichen. Ist der König dazu nicht mehr in der Lage, so ist er »schachmatt«. Seine Armee, die er anführte, hat verloren. Häufig triumphiert im Schach der Geist über die Materie, wenn es zum Beispiel gelingt, unter Preisgabe von Einheiten überlegene Kräfte um den gegnerischen König zu sammeln und das Matt zu erzwingen. In der Regel aber müssen beide Partner peinlich bemüht sein, materielle Einbußen zu vermeiden. »Abtausch« gleichwertiger Einheiten kommt hingegen oft vor, um Zeitverluste zu vermeiden, die Lage übersichtlicher zu gestalten oder eine günstige Konstellation herbeizuführen.

Schachbrett und Notation. Das Schachbrett wird so gelegt, daß das linke Eckfeld schwarz ist. Die Waagerechten (»Reihen«) tragen die Ziffern 1 bis 8, die Senkrechten (»Linien«) die Buchstaben a bis h, so daß jedes einzelne Feld durch eine Kombination von Buchstabe und Zahl unveränderlich bezeichnet ist. Die weißen Steine stehen auf der ersten und zweiten, die schwarzen auf der siebten und achten Reihe.

1

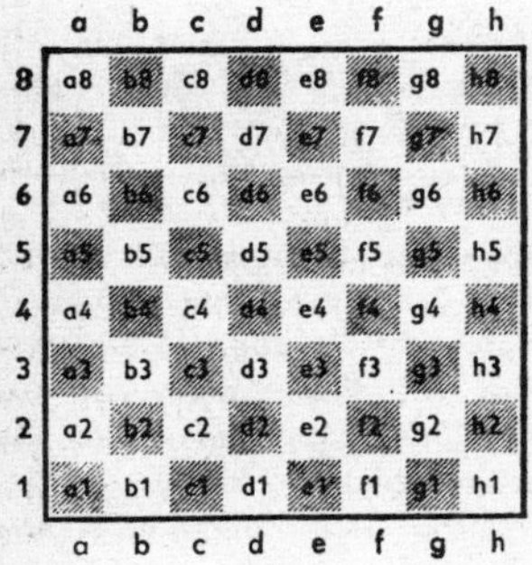

Für den Lernenden empfiehlt es sich, das benützte Brett, wie hier angezeigt, zu beschreiben, damit er sich leichter orientieren kann.

Für das Aufschreiben der Züge benützt man entweder die »ausführliche« oder die »abgekürzte« Notation. Bei der ausführlichen gibt man das Feld an, auf dem die Figur steht und dann das Feld, auf das sie zieht. Dazwischen steht ein Bindestrich. Bei der abgekürzten Methode werden Ausgangsfeld und Bindestrich weggelassen. Ein Beispiel: K (für König) e1–e2 (ausführlich) beziehungsweise Ke2 (abgekürzt). Das Schlagen eines Steins wird in der ausführlichen Notation durch ein liegendes Kreuz anstelle des Bindestrichs bezeichnet, bei der abgekürzten Schreibweise durch einen nachgestellten Doppelpunkt, z. B. Ke1×e2 bzw. Ke2:. Das B (für »Bauer«) wird nicht notiert.

Zeichenerklärung (Übersicht)

0–0	kurze Rochade
0–0–0	lange Rochade
–	zieht
×	schlägt
+	Schach dem König
‡	Matt
!	guter Schachzug
?	schlechter Schachzug
=	Ausgleich
w	Weiß
s	Schwarz

Die Streitkräfte und ihre Gangart

Jeder Spieler besitzt 16 Steine, und zwar acht Figuren (»Offiziere«), die nach allen Seiten ziehen und schlagen, und acht Bauern, die nur vorwärts marschieren dürfen und anders schlagen als ziehen.

1. **Der König** (die größte Figur) darf ein Feld weit nach allen Seiten gehen, **jedoch auf kein vom Gegner bedrohtes Feld.** Ist er angegriffen, so **muß** etwas zu seiner Rettung getan werden.

2. **Die Dame** (D), auch Königin genannt, zieht beliebig weit schräg oder geradlinig, vorwärts, rückwärts oder seitwärts. Sie ist die bei weitem stärkste unter allen Figuren. Bei den Indern hieß sie »Wassir« (Minister).

3. **Der Turm** (T) zieht beliebig weit in allen Richtungen, aber **nur geradlinig,** nicht schräg.

4. **Der Läufer** (L) zieht beliebig weit in allen Richtungen, aber **nur schräg.**

5. **Der Springer** (S) hat die eigenartigste Gangart. Er springt zwei Felder weit und wechselt dabei die Farbe seines vorherigen Standfeldes. Eigene oder feindliche **Steine, die im Wege stehen, hindern ihn,** im Gegensatz zu den anderen Figuren, **nicht.**

Schachsymbole, wie sie in den Schachdiagrammen angewendet werden. Weiß bzw. Schwarz besitzen zu Beginn des Spiels folgende Streitkräfte:

weiß		schwarz
♔	einen König	♚
♕	eine Dame	♛
♖	zwei Türme	♜
♗	zwei Läufer	♝
♘	zwei Springer	♞
♙	acht Bauern	♟

So ziehen König (f3), Dame (a1), Turm (c8) und Läufer (e7).

2

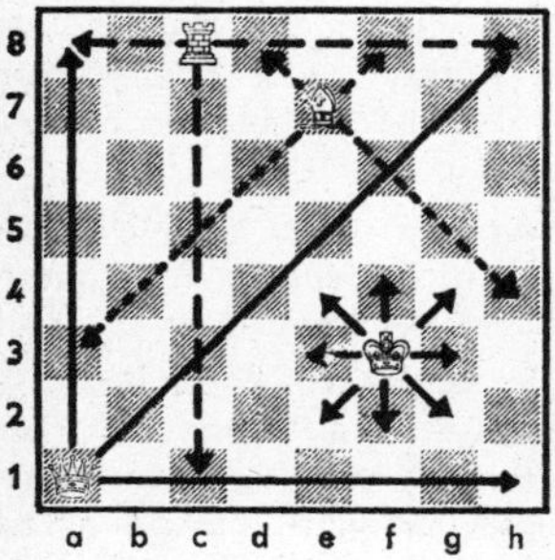

Das Springerrad. Von seinem Standort c3 kann der Springer auf eines der durch Pfeile bezeichneten Felder springen (b1, a2, a4, b5, d5, e4, e2 und d1).

3

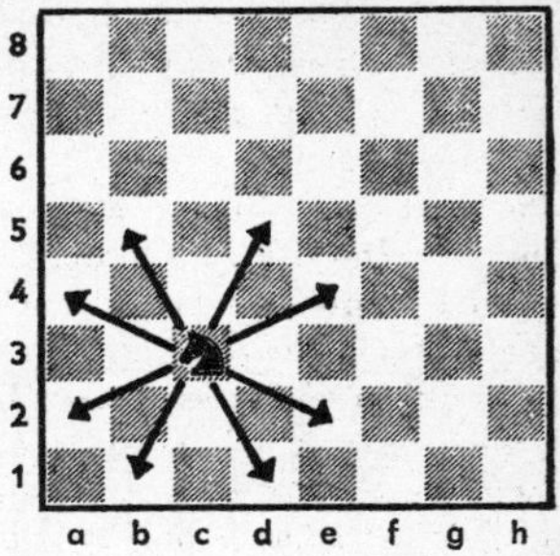

Ziehen und Schlagen bei den Figuren. Steht ein eigener Stein im Wege, geht die Zuglinie bis unmittelbar vor diesen Stein (mit Ausnahme des Springers, der über ihn hinweghüpfen kann); steht ein feindlicher Stein im Wege, so **kann** (nicht muß) dieser geschlagen werden, indem er vom Brett entfernt wird und an seine Stelle der eigene tritt. Die Zuglinie geht also bis auf das Feld, das der feindliche Stein besetzt hält. Der König darf kein Feld betreten, das ein feindlicher Stein angreift.

4

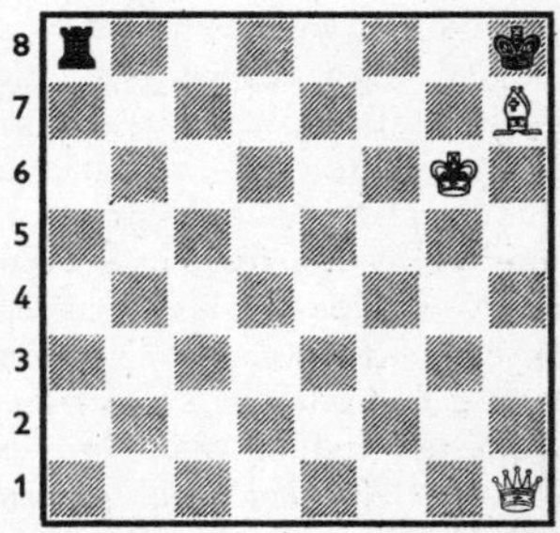

Der schwarze Kh8 ist von der weißen Dh1 **nicht** angegriffen, denn der weiße Lh7 steht im Weg. Die weiße D könnte auf der h-Linie von h1–h6 ziehen (aber auch nach h5, h4, h3 und h2). Auf der ersten Reihe könnte sie bis a1 gehen und dort den schwarzen K angreifen, ihm »Schach« bieten. Sie zwänge den schwarzen Ta8, sie zu schlagen, indem er sich auf das Feld a1 setzt. Einen anderen Ausweg gäbe es für Schwarz nicht, denn der K darf keines der Felder g8, g7 und h7, die zu seinem Zugbereich gehören, betreten: den Lh7 »deckt« der Kg6, das Feld g8 »beherrscht« der Lh7, und das Feld g7 ist sogar doppelt angegriffen, nämlich vom Kg6 und der Da1.

Wäre Weiß in dieser Stellung am Zuge, zöge er die D natürlich nicht nach a1, wo sie vom Ta8 geschlagen wird, sondern nach a8, wo sie den T vom Brett entfernt und gleichzeitig den schwarzen K mattsetzt und das Ende der Partie herbeiführt. (Das Schachmatt beendet also die Partie unmittelbar – der K wird nicht mehr geschlagen.)

Zu den übrigen Figuren: Der Lh7 kann nur nach g8 gehen, der Kg6 nach f7, f6, f5, g5, h5 und h6, der Ta8 auf der a-Linie bis nach a1, auf der achten Reihe bis g8. Der Kh8 ist unbeweglich, weil er kein unbedrohtes Feld betreten kann.

Sonderregeln für die Bauern. Die Bauern, von denen jeder Spieler acht besitzt, **ziehen** grundsätzlich ein Feld nach vorn, **schlagen** jedoch nur ein Feld schräg nach vorn. Zu Beginn der Partie stehen die weißen Bauern sämtlich auf der zweiten Reihe, die schwarzen auf der siebenten. Von seiner Grundstellung aus darf der Bauer nach Belieben einen **oder** zwei Schritte weit ziehen (**niemals** bewegen sich hingegen zwei Bauern gleichzeitig einen Schritt).

Gelingt es dem Bauern, auf die Grundreihe des Gegners (das ist bei Schwarz die achte, bei Weiß die erste Reihe) zu gelangen, so verwandelt er sich gleichzeitig in eine **beliebige** Figur der eigenen Partei mit Ausnahme des Königs. Theoretisch können sich also **neun** Damen einer Partei auf dem Brett befinden, nämlich die ursprünglich vorhandene und acht durch Bauernumwandlung entstandene. Je weiter ein Bauer vorrückt, um so mehr gewinnt er an Kraft.

Die Springergabel. Weiß gewinnt, indem er mit dem Bg7 den schachbietenden Tf8 schlägt, den B gleichzeitig in einen Springer verwandelt, der sofort selbst Schach bietet.

5

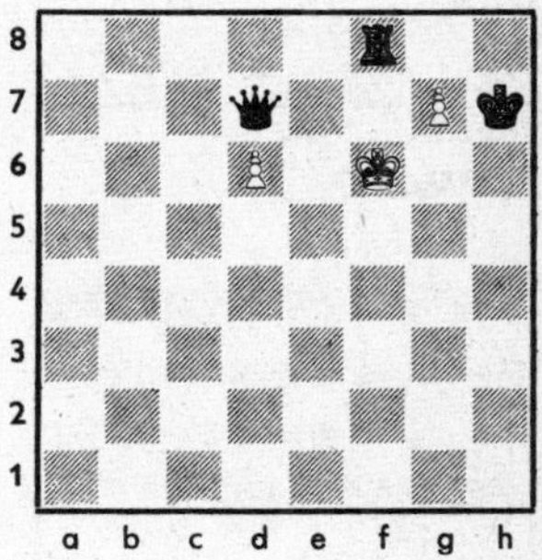

Als Antwort muß Schwarz mit dem König nach h6, g8 oder h8 ausweichen. Dann schlägt der S die Dd7, und Weiß gewinnt leicht, weil er sich ja mit dem Bd6 in wenigen Zügen, nachdem der Sd7 Platz gemacht hat, eine neue Dame holen und dann mattsetzen kann Mit dem S allein wäre das nicht möglich – nicht einmal mit zwei Springern!

Das Schlagen im Vorübergehen. Schließlich gibt es noch eine Sonderregel, die das Schlagen betrifft. Tritt nämlich ein **Bauer,** der von der Grundlinie kommt, mit einem **Doppelschritt** neben einen feindlichen **Bauern,** dann hat dieser im unmittelbar folgenden Zug das Recht, ihn »im Vorübergehen« (»en passant«) zu schlagen, als wäre der weiße Bauer nur einen Schritt weit gegangen.

6

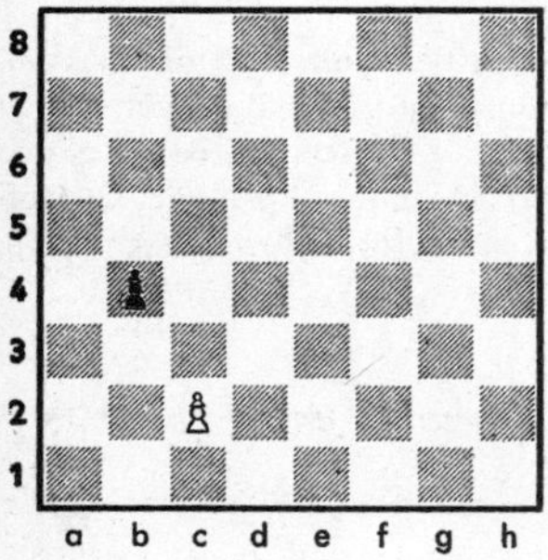

Nr. 6: Vorher.

7

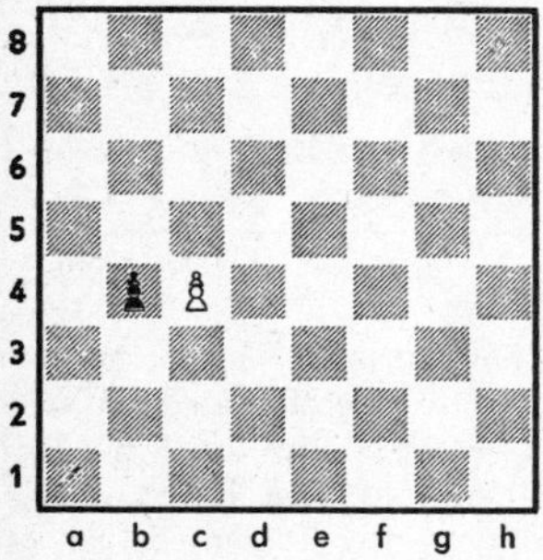

Nr 7: Weiß hat den Doppelschritt ausgeführt.

8

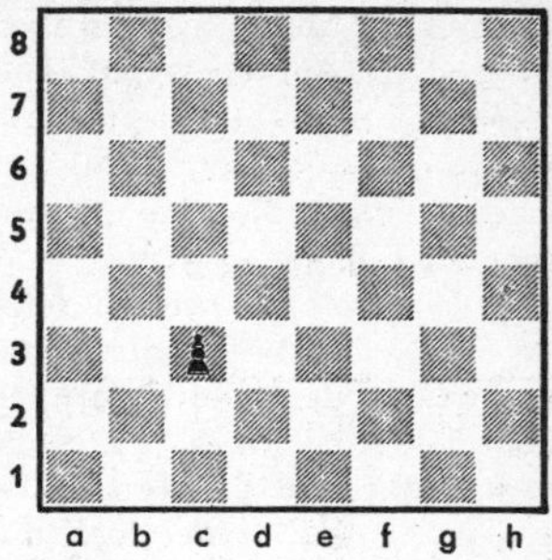

Nr. 8: Schwarz hat »im Vorübergehen« geschlagen.

Vor Beginn der Feindseligkeiten. Die Grundstellung vor Kampfbeginn präge man sich gut ein. Könige und Damen stehen sich gegenüber – die weiße Dame auf einem weißen, die schwarze auf einem schwarzen Feld. Stets beginnt Weiß, dann wird abwechselnd ge-

9

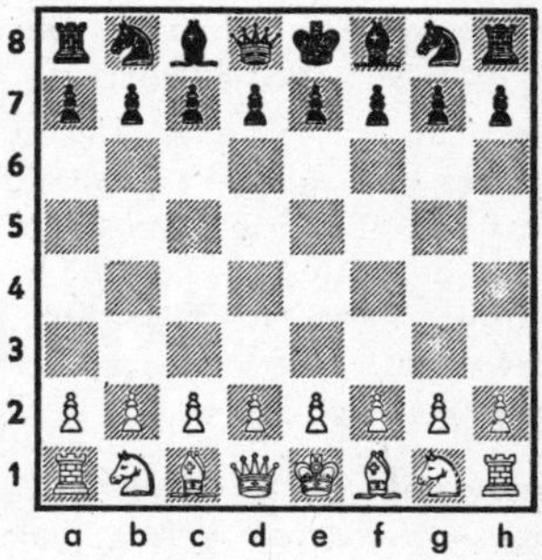

zogen; niemand darf auf sein Zugrecht verzichten. Nur das »Schachmatt« des feindlichen Königs gewinnt die Partie, falls nicht einer der Kämpfer vorher die Waffen streckt, »aufgibt«, weil der Widerstand aussichtslos geworden ist. Ist ein Matt nicht mehr zu erzielen, endet die Partie unentschieden, »remis«.

Das Patt

Ein Sonderfall des Remis ist das »Patt«, das eintritt, wenn eine Partei mit keinem Stein einschließlich des Königs einen erlaubten Zug ausführen kann, ohne ihren K einem Schachgebot auszusetzen.

10

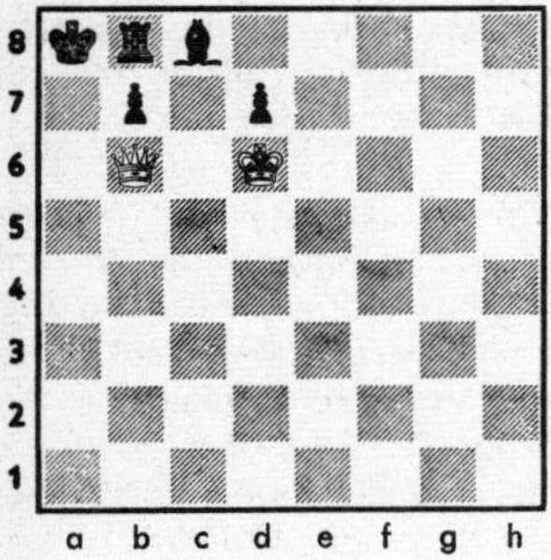

Schwarz am Zuge ist patt, denn sein K steht **nicht** im Schach (im Gegensatz zum Schachmatt), und weder der K noch ein anderer schwarzer Stein können einen zulässigen Zug machen.

2. STUNDE

Die Rochade

Anfang des 16. Jahrhunderts wurde (zunächst in Italien, dann allgemein) die »Rochade«, ein Doppelzug mit König und Turm, in das Schachspiel eingeführt, »ein Salto mortale mit der höchst merkwürdigen Eigenschaft, daß er besonders dann lebensgefährlich werden kann, wenn man ihn **nicht** macht« (H. W Geissler) Der Name rührt von »roch« (Turm) her Vorausgesetzt, daß die Felder zwischen König und Turm nicht besetzt sind, bewegt sich der König zwei Felder zur Seite; unmittelbar darauf besetzt der Turm das Feld, das der König soeben übersprungen hat. Die Rochade gilt als ein einziger Zug. Der König darf nicht im Schach stehen und kein Feld überschreiten oder betreten, das ein feindlicher Stein bedroht. Weder der König noch der Turm, mit dem rochiert werden soll, dürfen vorher gezogen haben.

11

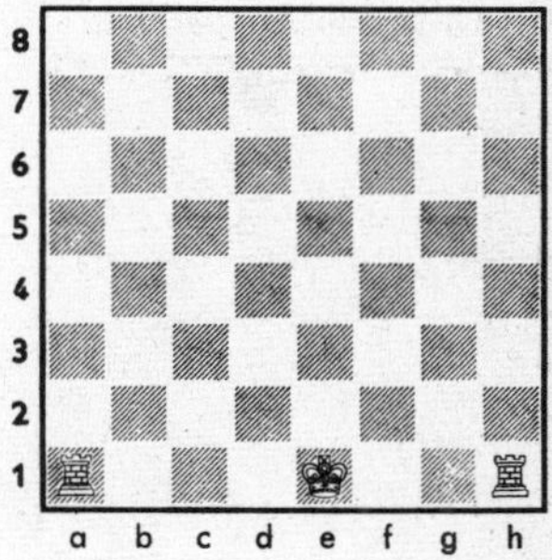

Nr. 11: Falls der König und beide Türme noch nicht gezogen haben, hat Weiß die Wahl, »lang« oder »kurz« zu rochieren.

12

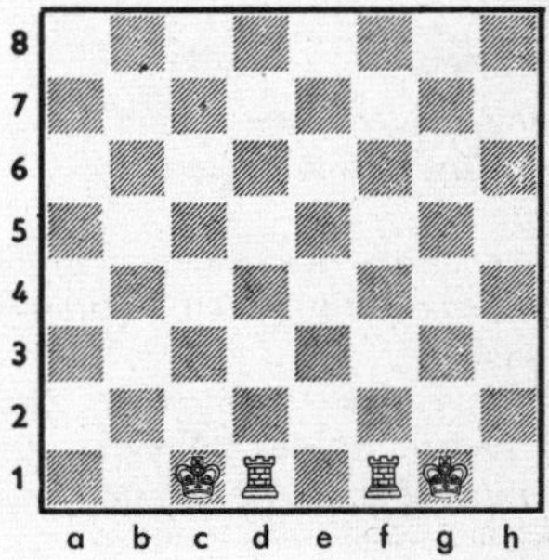

Nr. 12: Weiß hat links lang rochiert (Symbol: 0–0–0), rechts kurz (0–0).

Im allgemeinen ist die Rochade ein sehr nützlicher Zug, der die Entfaltung der Streitkräfte erleichtert und beschleunigt und so bald wie möglich angestrebt werden sollte. Als Beispiel eine der wichtigsten Schacheröffnungen, die »Spanische Partie: 1. e2–e4 e7–e5 2. Sg1–f3 Sb8–c6 3. Lf1–b5 Sg8–f6 4. 0–0! Gelingt es einem Spieler, die Rochade zu verhindern, so befindet er sich meistens im Vorteil.

13

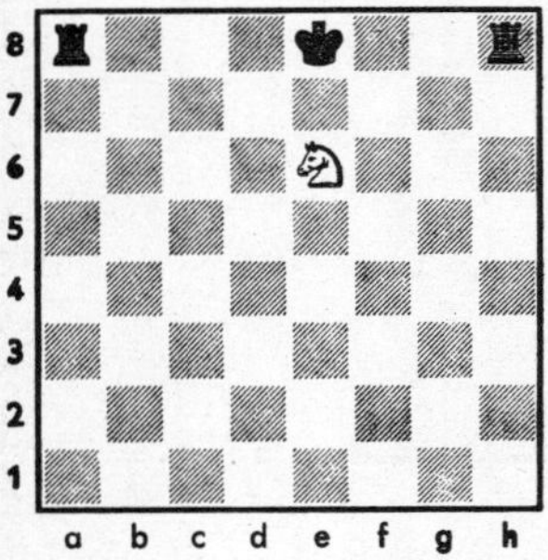

Nr. 13: Der weiße Springer verhindert beide Rochaden, weil der schwarze König weder das Feld f8 noch das Feld d8 überschreiten darf.

Das Remis

Unentschieden (oder »remis«) kann eine Partie aus vielen Gründen werden.

1. Wenn die vorhandenen Streitkräfte zum Mattsetzen nicht ausreichen.
2. Wenn das Übergewicht zwar ausreichend ist, der Spieler es aber nicht versteht, das Matt innerhalb von 50 Zügen herbeizuführen. Dabei beginnt die Abzählung immer von neuem, wenn ein Bauer zieht oder ein Stein geschlagen wird.
3. Wenn ein Spieler den Remisvorschlag des anderen annimmt, weil beide erkennen, daß eine Entscheidung unwahrscheinlich geworden ist (z. B. bei stark reduziertem, gleichmäßig verteiltem Material).
4. Wenn die gleiche Stellung mit dem gleichen Spieler am Zuge sich zum drittenmal ereignet (dann muß derjenige, der am Zuge ist, das Remis beantragen – falls er Wert darauf legt –, ohne den Zug auszuführen).
5. Wenn eine Partei »ewiges Schach« (Dauerschach) geben kann.
6. Wenn ein Spieler, der am Zuge ist, mit keinem Stein einen legalen Zug machen kann, ohne mit dem König im Schach zu stehen, so ist er »Patt« und die Partie damit remis (siehe Diagramm 10).

Das Dauerschach

Nr. 14: Weiß am Zuge gibt »ewig« Schach, indem er mit 1. Dd4–d8+ (Zeichen für »Schach«) beginnt und im folgenden stets eine der Schrägen, Linien oder Reihen in Richtung auf den schwarzen König betritt,

14

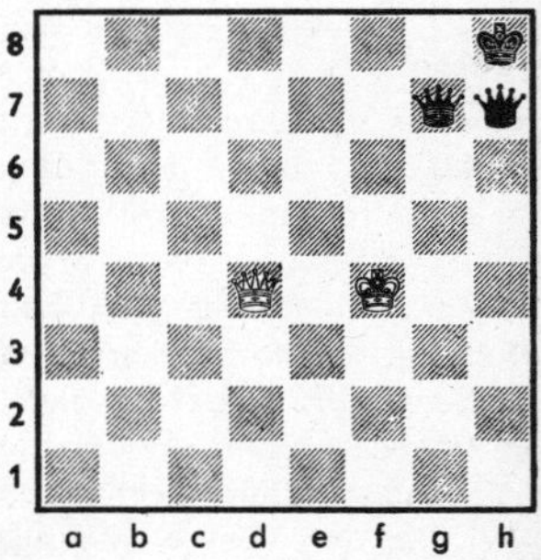

die eine der schwarzen Damen preisgegeben hat, z. B. 1 . . Dh7–g8 2. Dd8–h4+ Dg7–h7 3. Dh4–f6+ Dg8–g7 4. Df6–d8+ und so fort.

Der Wert der Steine

Ein Spieler, der vermeiden will, in Nachteil zu kommen, muß darauf achten, daß er keine materiellen Einbußen erleidet. Er muß über den Tauschwert der Steine Bescheid wissen Als ungefähre Richtschnur kann die folgende Tabelle dienen: Bauer = 1, Läufer = 3, Springer = 3, Turm = 4½, Dame = 8. Den Unterschied von 1½ Punkten zwischen Turm und Läufer oder Springer nennt man »die Qualität« Ich gewinne also eine Qualität, wenn ich einen Springer gebe und dafür einen Turm erhalte. Gebe ich einen Turm und erhalte dafür zwei Läufer, so habe ich den gleichen Vorteil errungen. Bekomme ich für einen Läufer einen Springer, so habe ich »getauscht«. Ebenso kann man von einem Tausch sprechen, wenn man einen Springer und zwei Bauern für einen Turm erhält. Die Dame ist etwa zwei Läufer und einen Springer (drei »leichte« Figuren) oder zwei Türme (»schwere« Figuren) wert Wir werden später sehen, daß diese Berechnung nur annähernd richtige Werte gibt und oft, je nach Lage, abgewandelt werden muß.

Berührt – geführt! Von Anfang an soll man sich angewöhnen, keine Züge zurückzunehmen. Ein berührter eigener Stein muß gezogen, ein berührter gegnerischer geschlagen werden. Haben Sie den eigenen Stein gezogen und losgelassen, so gilt der Zug als unwiderruflich ausgeführt. Schon aus Gründen der Selbstdisziplin sollte man auch in privaten Partien an diesen offiziellen Regeln festhalten, einmal, um Streitigkeiten zu vermeiden, zum andern, um die Spielstärke zu steigern. Gute Übersicht über das ganze Brett, Konzentration, Aufmerksamkeit und Ausdauer sind Eigenschaften, die der Schachspieler vor allen Dingen schulen muß.

Schachdiplomatie. Frankreichs König Ludwig XVI. nahm bei dem großen französischen Meister Philidor Schachunterricht. Bald wollte der königliche Schüler wissen, ob er Fortschritte gemacht habe. Philidor zog sich diplomatisch aus der Affäre: »Sire, es gibt drei Klassen von Schachspielern, nämlich solche, die gar nicht, solche, die schlecht und solche, die gut spielen. Eure Majestät haben sich bereits zur zweiten Klasse emporgeschwungen.«

3. STUNDE

Das Mattsetzen (I)

Wer das Mattsetzen beherrscht, besitzt die Grundlagen der Schachtechnik. Eine Schachpartie verläuft im allgemeinen etwa so: 2–3 Bauernzüge (meist der Mittelbauern), schnellstmögliche, zentrale und wirkungsvolle »Entwicklung« der Figuren, konzentrierter Angriff auf einem Flügel, Materialgewinn (daß ein Angriff direkt zum Matt führt, kommt nicht allzuoft vor – zumindest nicht unter gleichwertigen, routinierten Partnern), Vereinfachung (Endspiel) und schließlich die Mattführung (die man sich, wenn sie in der Endspieltheorie verankert ist, meistens schenkt). Bevor wir eine Partie beginnen, müssen wir wissen, wie wir sie beenden können. Dr. Tarrasch, um die Jahrhundertwende berühmt als »praeceptor Germaniae«, hat in seinem Lehrbuch gesagt, der Anfänger »möge ja nur den begreiflichen Wunsch, möglichst bald eine Partie zu spielen, unterdrücken. Das Partiespielen im Anfängerstadium ist der sichere Weg zur Stümperschaft.« Ein dogmatischer (bezeichnend für den großen Lehrmeister), aber im Kern richtiger Satz.

17

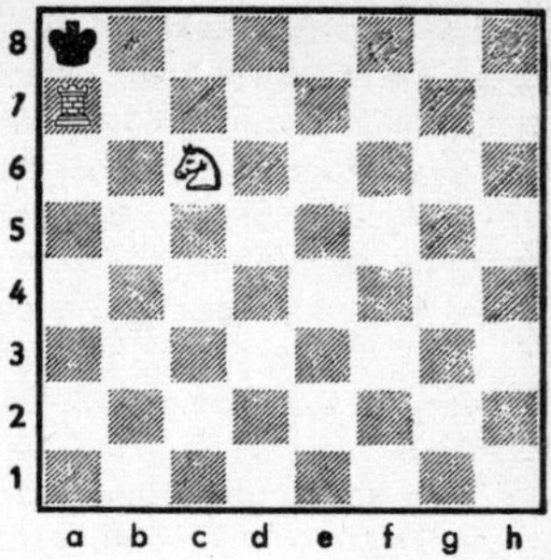

Mattbilder. Ohne König

15

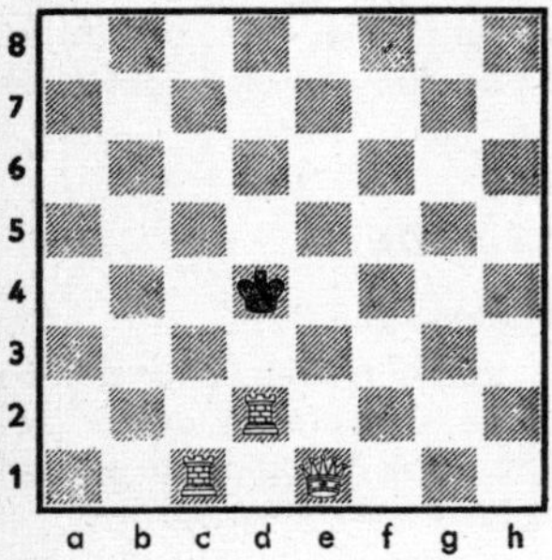

16

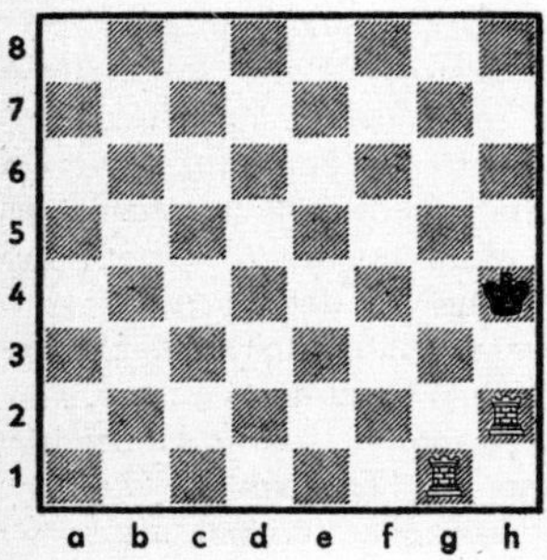

18

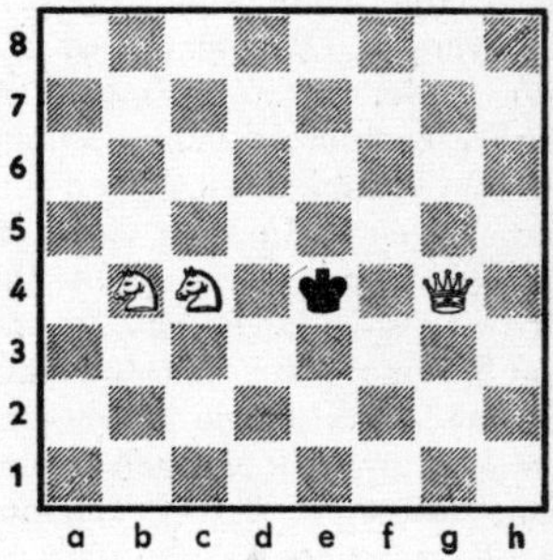

19

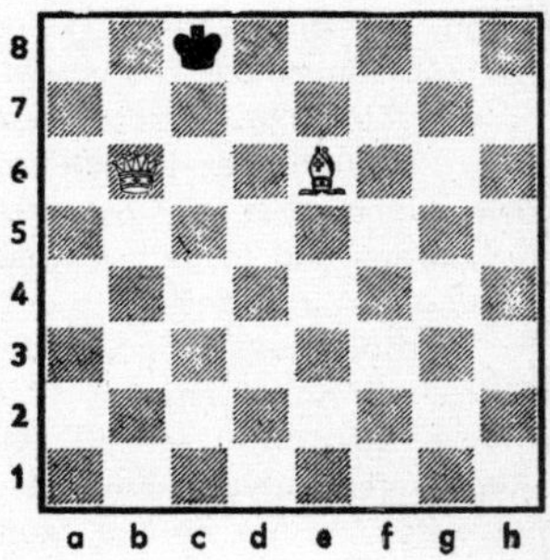

20

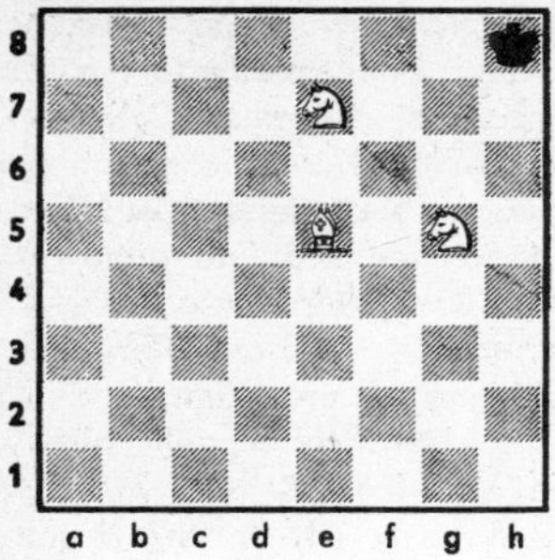

Je größer die Übermacht, die wir besitzen, um so leichter und schneller gelingt das Matt. Mit D+2T können wir in der Mitte des Brettes mattsetzen (15), mit 2T am Rande (16) und mit T+S in der Ecke (17), jeweils ohne Mithilfe des eigenen Königs.
Ferner kann man auch mit D+2S in der Mitte des Brettes mattsetzen (18), mit D+L am Rande (19) und mit 2S+L in der Ecke (20), ebenfalls ohne Mitwirkung des eigenen Königs.

Mattbilder. Mit König

21

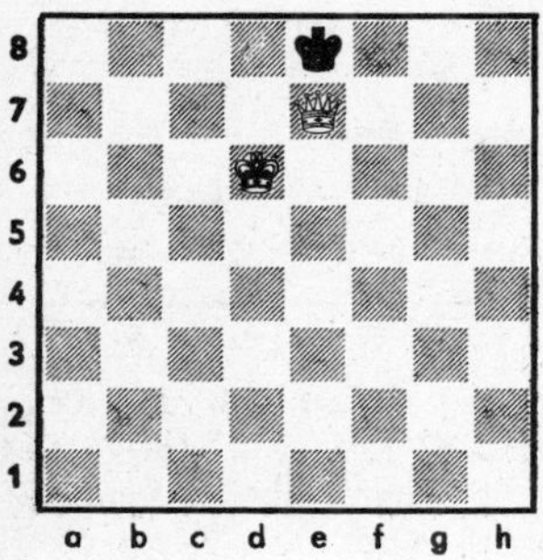

22

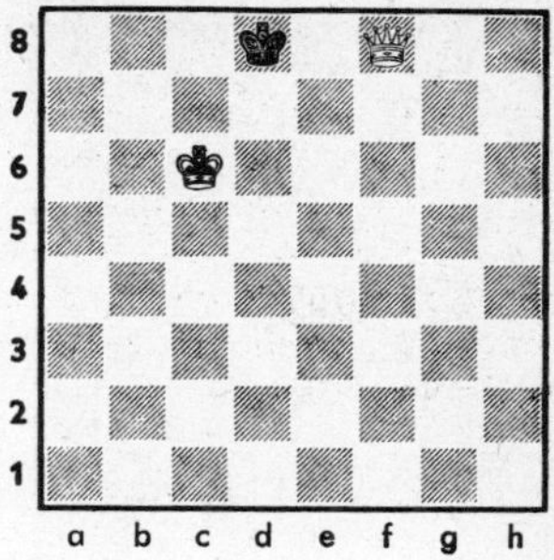

23

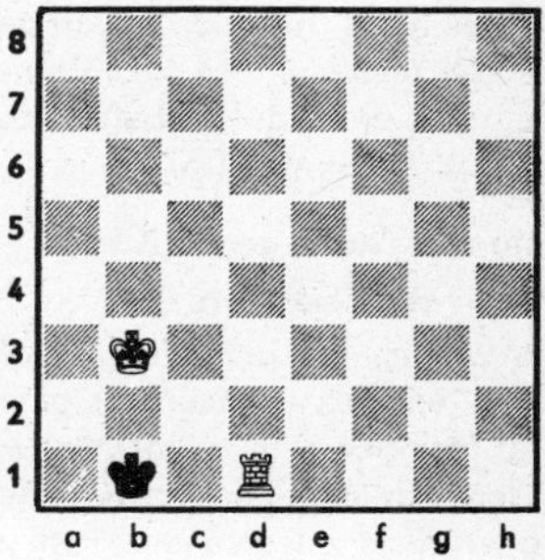

24

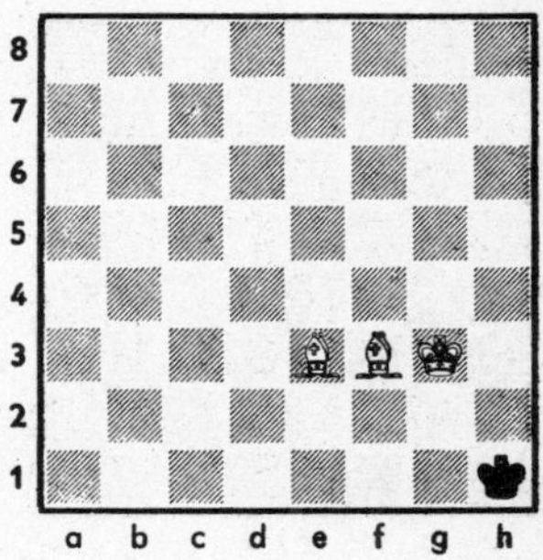

25

Ist das Übergewicht nicht so groß, muß der K mithelfen. Mit K+D können wir irgendwo am Rande (21/22), mit K+T in der Nähe einer Ecke (23), mit K+2L in einer beliebigen Ecke (24) und mit K+L+S in einer Ecke, die der Läufer beherrscht, das Matt erzwingen (25).

König und Dame gegen König.

Vorsicht vor dem Patt!

Weil wir uns ja nicht selbst um die Früchte unseres (hoffentlich) guten Spiels bringen wollen, achten wir in der Schlußphase darauf, den Gegner nicht unversehens Patt zu setzen. Besonders groß ist die Gefahr im Endspiel K+D gegen den allein übriggebliebenen K (Nr. 26).

26

Weiß, am Zuge, strebt an, den schwarzen K am Rande festzuhalten und dann mattzusetzen. Untauglich ist zu diesem Zweck 1. Kd3? (e3?, f3?), weil er damit dem schwarzen K die letzte Luft zum Atmen nehmen (e2) und daher Patt herbeiführen würde. Man besetzt in solchen Fällen mit der Dame die 2. Reihe und eilt erst dann mit dem K herbei. Der Schluß sieht also so aus: 1. Dc3–b2 Kd1–e1 2. Ke4–e3 Ke1–f1 (oder d1) 3. Db2–f2 (bzw. d2) matt.

Ein guter Spieler kann mit K+D gegen K von jeder beliebigen Stellung aus die Mattführung in höchstens zehn Zügen beenden.

Der englische Meister Blackburne hat einmal gesagt: »Never miss a check!« – Versäume kein Schachgebot! (Es könnte ja Matt sein!) Aber dieses Gebot war ironisch gemeint. Im vorliegenden Fall kommt es darauf an, den K allmählich an den Rand zu drängen. Schachgebote haben nur dann Sinn, wenn sie diesen Plan fördern (Nr. 27).

27

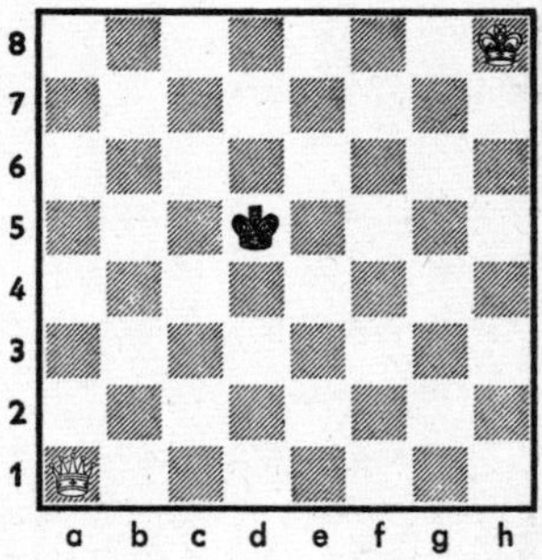

Zunächst nähert sich der König: 1. Kh8–g7 Kd5–e4 2. Kg7–f6 Ke4–d5. Schwarz bleibt so lange wie möglich in der Mitte. 3. Da1–a4. Die

Treibjagd beginnt, und Weiß läßt auch den »Zugzwang« mitsprechen. 3. Kd5–c5 4. Kf6–e6 Kc5–b6 5. Ke6–d6 Kb6–b7 6. Da4–a5 Kb7–b8 7. Kd6–c6 (aber nicht 7. Da5–a6? Patt) 7. ... Kb8–c8 8. Da5–c7 (oder a8) matt.
Spielt Schwarz im 3. Zuge Kd5–d6, so lautet die Treibprozedur: 4. Da4–b5 Kd6–c7 5. Kf6–e6 Kc7–c8 6. Ke6–d6 Kc8–d8 7. Db5–d7 matt. Schach wird hier nur geboten, wenn es zugleich matt ist.

König und Turm gegen König

Besitzen wir an Stelle der Dame nur einen Turm, so dauert die Sache einige Züge länger, weil das Treiben nicht nur an den Rand, sondern meist auch noch in eine Ecke gehen wird. (Nr. 28).

28

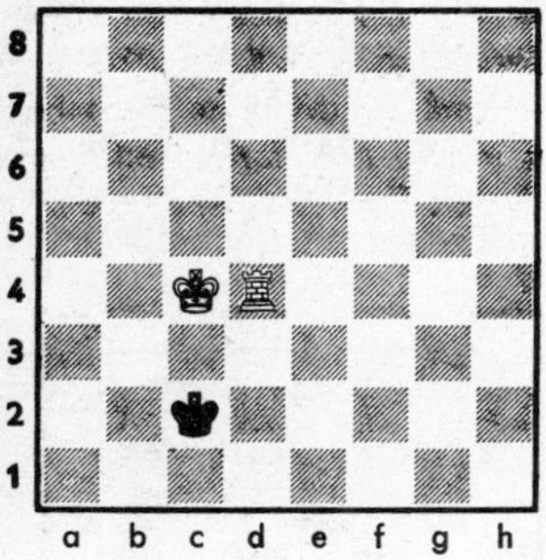

Die Endphase kann sich etwa so abspielen:
1. Kc4–b4 Kc2–b2 2. Td4–d2+ Kb2–c1 3. Kb4–c3 Kc1–b1 4. Kc3–b3 Kb1–c1 (oder 4. ... Kb1–a1 5. Td2–d1 matt) 5. Td2–d8 (ein Wartezug, wie er in diesem Endspiel oft vorkommt) 5. ... Kc1–b1 6. Td8–d1 matt.
In der ungünstigsten Stellung braucht Weiß 16 Züge zum Mattsetzen (er hat, wie wir schon wissen, 50 Züge Zeit, bevor die Partie als Remis erklärt werden darf):

1. Tb7–d7+ Kd5–c6 2. Td7–d1 Kc6–c7 3. Ka8–a7 Kc7–c6 4. Ka7–a6 Kc6–c5 5. Ka6–a5 Kc5–c4 6. Ka5–b6 Kc4–c3 7. Kb6–b5 Kc3–c2 8. Td1–d4 Kc2–c3 9. Kb5–c5 Kc3–b3 (oder Kc3–c2 10. Kc5–b4, siehe vorhergehendes Beispiel)

29

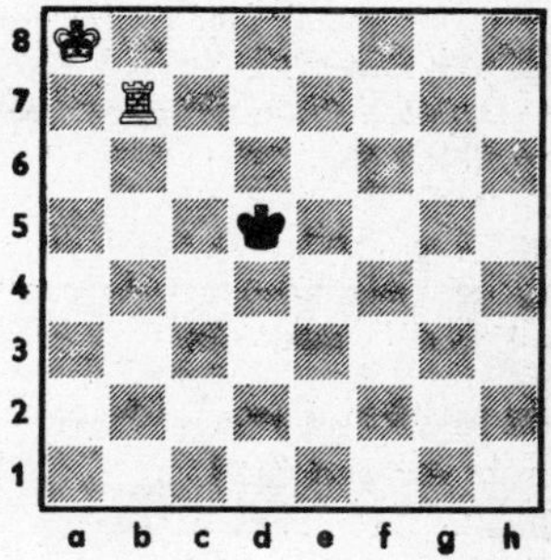

10. Td4–c4 Kb3–a3 11. Tc4–b4 Ka3–a2 12. Kc5–c4 Ka2–a3 13. Kc4–c3 Ka3–a2 14. Kc3–c2 Ka2–a3 15. Tb4–h4 Ka3–a2 16. Th4–a4 matt. Es empfiehlt sich, diese Mattführung so lange zu üben (dazu braucht man nicht einmal einen Partner), bis man das Matt in der kürzesten Zügezahl mit Sicherheit auch gegen die beste Verteidigung erreicht.

4. STUNDE

Das Mattsetzen (II)

Genau wie der Sportler unaufhörlich an seiner Technik feilen muß, um bestehen zu können, bemüht sich auch der Schachspieler darum, seine Technik (im Mattsetzen, in der

Verwertung eines Vorteils, im Angriff, in der Eröffnung und so fort) zu vervollkommnen. Dabei lassen sich die elementaren Endspiele, die wir jetzt behandeln, ohne Partner üben.

König und 2 Läufer gegen König

Wenig Mühe macht das Endspiel K+2L gegen K. Stellen wir den weißen K auf e1, die wL auf c1 und f1, den schwarzen K auf h8, so können wir leicht mit beiden Läufern ein Gefängnis bilden, das der K nicht verlassen kann. Wir ziehen 1. Lf1–d3 Kh8–g7 2. Lc1–g5 Kg7–f7 3. Ld3–f5 und halten damit den K fest (Nr. 30).

30

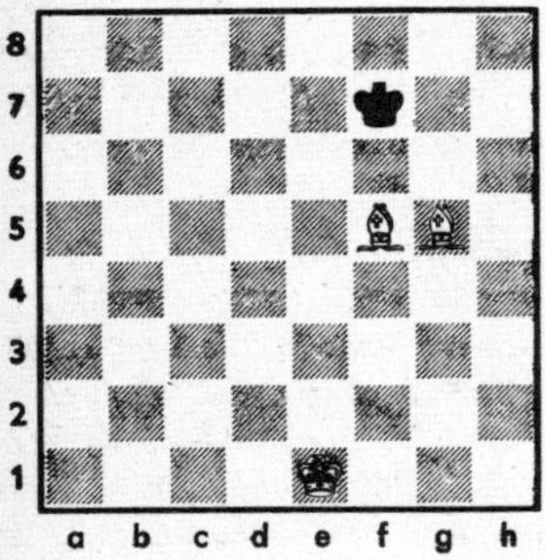

Nun braucht nur noch der weiße K herbeizueilen und den Feind in die Ecke zu treiben: 3. ... Kf7–g7 4. Ke1–f2 Kg7–f7 5. Kf2–g3 Kf7–g7 6. Kg3–h4 Kg7–f7 7. Kh4–h5 Kf7–g7. Jetzt kann das Netz enger gezogen werden und die letzte Treibjagd einsetzen. 8. Lf5–g6 Kg7–g8 9. Kh5–h6 Kg8–f8 10. Lg6–h5 (ein Wartezug) 10. ... Kf8–g8 11. Lg5–e7 Kg8–h8 12. Lh5–g4 Kh8–g8 13. Lg4–e6+ Kg8–h8 14. Le7–f6 matt.

König, Läufer und Springer gegen König

Erheblich schwieriger ist das Endspiel K+L+S gegen K. Das Matt ist hier nur in einer Brettecke zu erzielen, die der Läufer beherrscht (Nr. 31) Darum wird der verfolgte

31

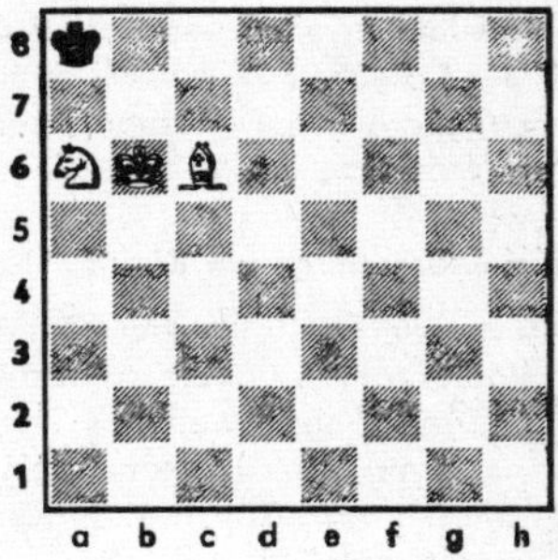

K in die »falsche« Ecke fliehen; er muß von dort in die »richtige« Ecke gedrängt werden. Dazu ist erforderlich, den Springer auf die gleiche Felderfarbe zu stellen, die der Läufer beherrscht, damit ein maschenloses Netz entsteht (Nr. 32).

32

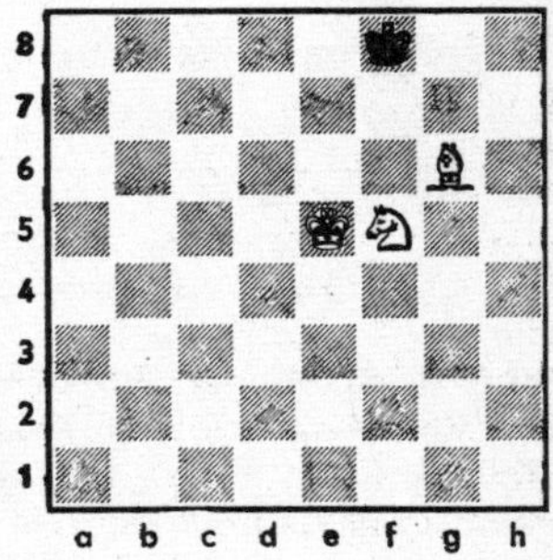

Das Partieende kann wie folgt aussehen: 1. Ke5–f6 Kf8–g8 2. Sf5–d6 Kg8–h8 3. Sd6–f7+ Kh8–g8 4. Lg6–f5

Kg8–f8 Damit ist eine wichtige Ausgangsposition erreicht. 5. Lf5–h7 Kf8–e8 6. Sf7–e5. Im Laufe der Jagdprozedur folgt der Springer einer festen Route, als ob er ein »W« auf das Brett zeichnen wollte: f7–e5–d7–c5–b7 6. ... Ke8–d8! Ein Fluchtversuch, der aber mißlingt. Einfacher hat es Weiß bei 6. ... Ke8–f8 7. Se5–d7+ Kf8–e8 8. Kf6–e6 Ke8–d8 9. Ke6–d6 Kd8–e8 10. Lh7–g6+ Ke8–d8 11. Lg6–f7 (Wartezug) 11. ... Kd8–c8 12. Sd7–c5 usw.

7 Kf6–e6! Kd8–c7 8. Se5–d7 Der Springer bleibt bei seiner Route! 8 Kc7–c6 9. Lh7–d3! Wieder ergänzen sich L+S zu einem unzerreißbaren Netz. 9. .. Kc6–c7 10 Ld3–e4 Kc7–c8. Wieder am Rande! 11. Ke6–d6 Kc8–d8 12. Le4–g6 Kd8–c8 13. Sd7–c5. (Bis zu dieser Stellung haben wir die Anmerkung zum 6. Zuge ausgeführt.) 13. ... Kc8–d8. (Oder 13. ... Kc8–b8 14. Kd6–d7 Kb8–a7 15. Kd7–c7 usw.) 14. Sc5–b7+ Kd8–c8 15. Kd6–c6 Kc8–b8 Kc6–b6 Kb8–c8 17. Lg6–f5+ Kc8–b8. Jetzt heißt es vorsehen: 18. Sc5 Ka8 19 Sa6?? Patt. 18. Lf5–d7 (Wartezug) 18. ... Kb8–a8 19. Sb7–c5 Ka8–b8 20. Sc5–a6+ Kb8–a8 21. Ld7–c6 matt (siehe Diagramm 31).

Langwierig, aber lehrreich und wichtig.

König und 2 Springer gegen König

Nicht zu gewinnen ist das Endspiel K+2S gegen K. Besitzt die schwächere Partei jedoch noch einen Bauern, so ist das Matt häufig noch zu erzwingen, weil der Bauer die Einschließung ohne Pattgefahr gestattet (Nr. 33).

33

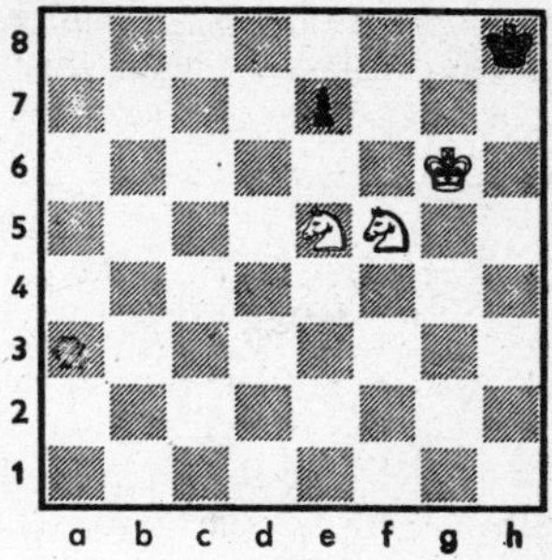

1. Sf5×e7? würde pattsetzen. Richtig ist 1. Sf5–h6 e7–e6 2. Se5–f7 matt.

König und Springer gegen König

Mitunter kann sogar ein einzelner Springer mattsetzen, wenn der gegnerische König in der Ecke festgehalten und dabei von einem seiner eigenen Bauern behindert wird (Nr. 34).

34

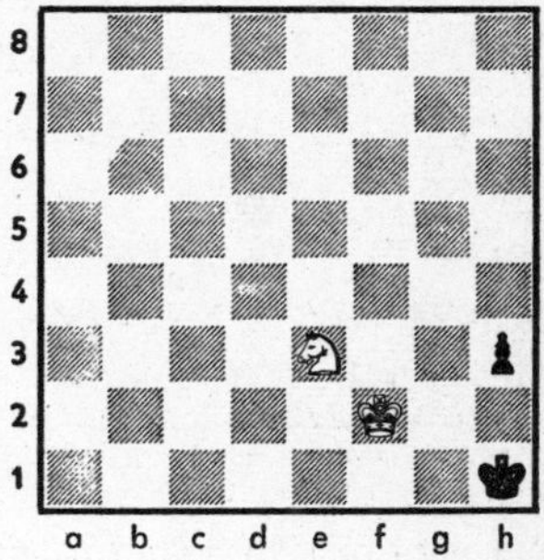

Hier zwingt 1. Se3–f1! den Bauern zum Vorgehen, so daß 2. Sf1–g3 mattsetzt.

Vermögen ohne Wert

Es gibt Fälle, in denen K+L (oder S) +B gegen den einzelnen K nicht gewinnen können, weil die Umwandlung des Bauern nicht durchzusetzen ist. Häufig ist daran das Patt schuld (35 bis 37). In 35 könnte

35

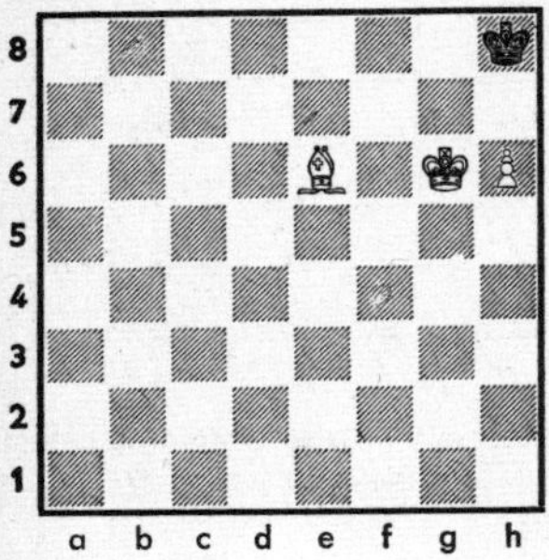

Weiß nur mit dem schwarzfeldigen Läufer gewinnen. Wie es steht, ist der Bauer nicht durchzubringen. Ebenso in 36, wo der schwarze

36

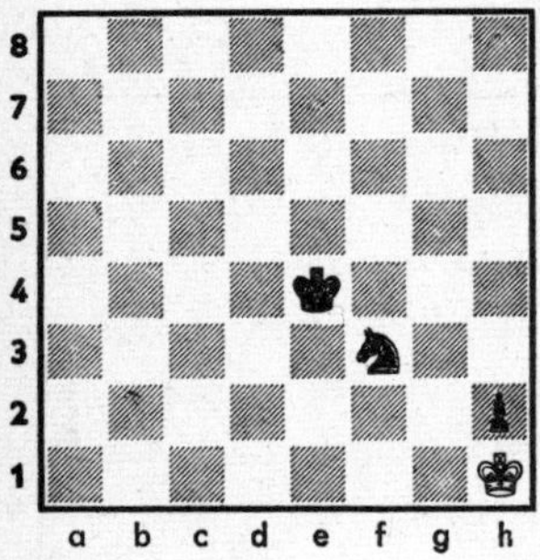

König nicht an den h-Bauern herankommt, ohne Weiß pattzusetzen. Auch in 37 ist nichts zu machen. Nach c3 darf der schwarze König wegen Patts nicht. Ein Versuch wäre hier noch 1. . . . Kd4–c4 2. Kc1–b2 La2–b1 3. Kb2×b1 Kc4–c3, aber nach 4. Kb1–c1 entsteht eine theoretische Remisstellung

37

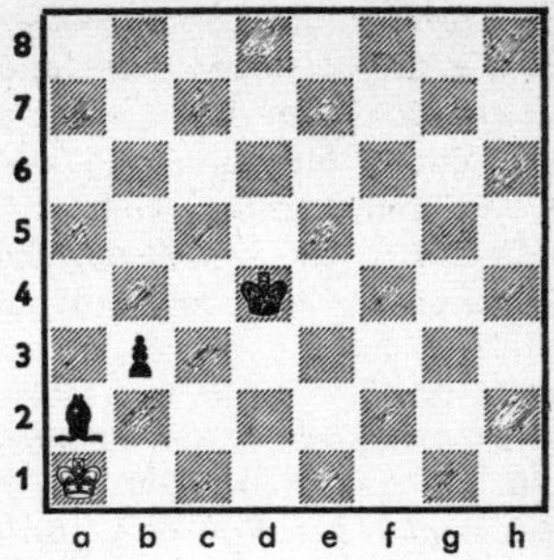

(b3–b2+ 5. Kc1–b1 Kc3–b3) im Bauernendspiel, das wir in der nächsten Stunde näher kennenlernen.

Der wortkarge Russe

Der argentinische Großmeister Najdorf machte einmal seinem russischen Kollegen Boleslavsky schon nach wenigen Zügen eine Friedensofferte. N.: »Wollen Sie Remis?« B.: »Nein.« N.: »Spielen Sie auf Gewinn?« B.: »Nein.« N.: »Also doch Remis?« B.: »Nein.« N.: »Was wollen Sie denn?« B.: »Spielen!«

5. STUNDE

Bauernendspiele (I)

König und Bauer gegen König

»Der Bauer ist die Seele des Schachspiels«, hat schon Philidor gesagt. R. Fine setzte hinzu (in seinen »Basic Chess Endings«), er bilde im Endspiel auch neun Zehntel des Körpers. Das Endspiel ist der Teil der Schachpartie, der am ehesten genauen Berechnungen zugänglich, am weitesten erforscht ist. Ist es gelungen, ein materielles Übergewicht, und sei es noch so gering, in die letzte Phase der Schachpartie zu retten, so läßt sich meistens schon mit Hilfe der »Endspieltheorie« bestimmen, welchen Ausgang die Partie nehmen wird. Das Übergewicht eines Bauern ist häufig entscheidend. Sehen wir den einfachsten Fall (38).

38

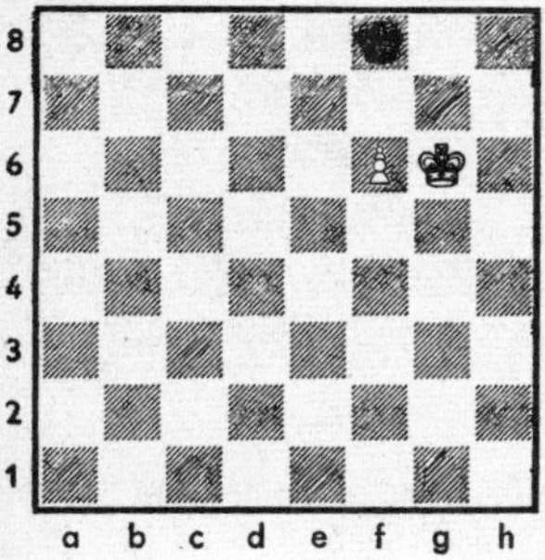

Weiß spielt 1. f6–f7 und nötigt Schwarz zu der Antwort Kf8–e7. Darauf hindert 2. Kg6–g7 die Rückkehr des schwarzen Königs auf das Umwandlungsfeld, und im 3. Zuge verwandelt sich der Bauer in eine neue Dame, die schließlich mit Hilfe des Königs das Matt erzwingt.

Schwarz am Zuge. Ist aber Schwarz am Zuge, so kann er mit dem Zuge 1. . . . Kf8–g8 unentschieden machen, indem er das Vordringen des weißen Königs verhindert (der schwarze König geht in die »Opposition« zum weißen König) Setzt Weiß mit 2. f6–f7+ fort, so hat er nach 2. . . . Kg8–f8 nur die Wahl, ob er mit 3. Kg6–f6 pattsetzen (also unentschieden machen) oder mit einem anderen Königszug den Bauern preisgeben will (und das wäre natürlich ebenfalls gleichbedeutend mit Remis). Man merke sich also bitte, daß die Partie immer dann Remis wird, wenn der Bauer **mit Schachgebot** die vorletzte Reihe betritt Beachten wir nun die »absolute Gewinnstellung« (39).

39

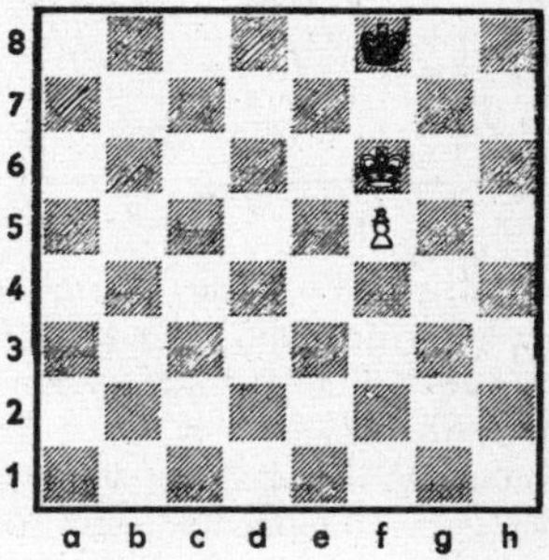

Weiß gewinnt. Hier gewinnt Weiß immer, gleichgültig, wer am Zuge ist. Ist Schwarz an der Reihe, so muß er dem Gegner sofort die Herrschaft über das Umwandlungsfeld (f8) überlassen. Die Folge wäre: 1. . . . Kf8–e8 2. Kf6–g7 Ke8–e7 3. f5–f6+ usw. Weiß am Zuge gewinnt, indem er mit 1 Kf6–g6 Kf8–g8 2. f5–f6 die Stellung Nr. 38 herbeiführt. Nach Kg8–f8 geht der Bauer **ohne Schachgebot** auf die 7. Reihe, und Weiß gewinnt. Schwieriger wird die Sache, wenn wir die gleiche Stellung eine Reihe nach unten verschieben (40).

Weiß kann nur dann etwas erreichen, wenn sein König ohne Mithilfe des Bauern auf die 6. Reihe (genauer eines der Felder e6, f6 oder g6) vordringen kann. Das ist nur möglich, wenn Weiß soeben die »Opposition« herbeigeführt hat, also Schwarz am Zuge ist Nach 1. . . . Kf7–g7 2. Kf5–e6 hätte Weiß

40

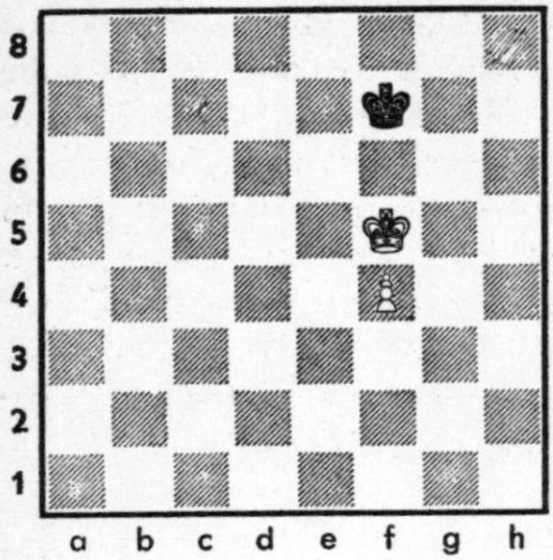

sein Ziel schon erreicht, er erobert ganz leicht das Feld f8 (z. B. Kg7–f8 3. Ke6–f6 Kf8–e8 4. Kf6–g7 Ke8–e7 5. f4–f5 usw.).

Ist jedoch Weiß am Zuge, dann hat Schwarz die »Opposition« und verhindert das Vordringen des weißen Königs: 1. Kf5–e5 Kf7–e7, oder 1. Kf5–g5 Kf7–e7 Nimmt Weiß den Bauern zu Hilfe, so kommt es schließlich zu Stellung Nr 38 mit Schwarz am Zuge: 1 Kf5–g5 Kf7–g7 2. f4–f5 Ke7–f7 3 f5–f6 Kf7–f8! 4. Kg5–g6 usw Remis Auch in dieser Stellung (41) entscheidet die

41

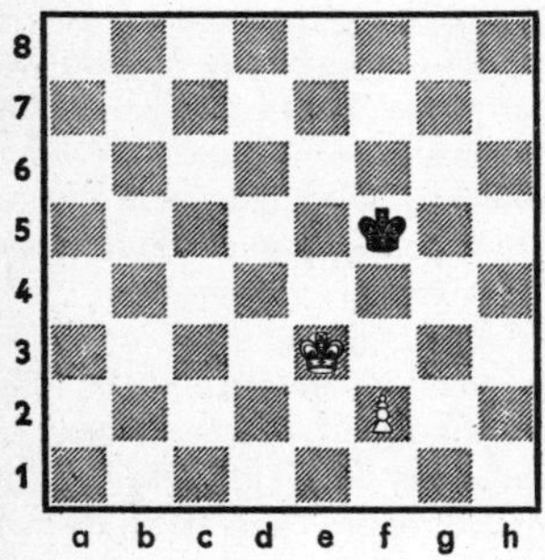

»Opposition«. Weiß gewinnt mit 1. Ke3–f3!, Schwarz am Zuge hält mit 1 . . . . Kf5–e5! unentschieden.

Einige Besonderheiten. Dabei ist das Wesentliche über dieses elementare Endspiel gesagt Es bleibt noch übrig, auf einige Besonderheiten hinzuweisen. In Nr. 42 kann

42

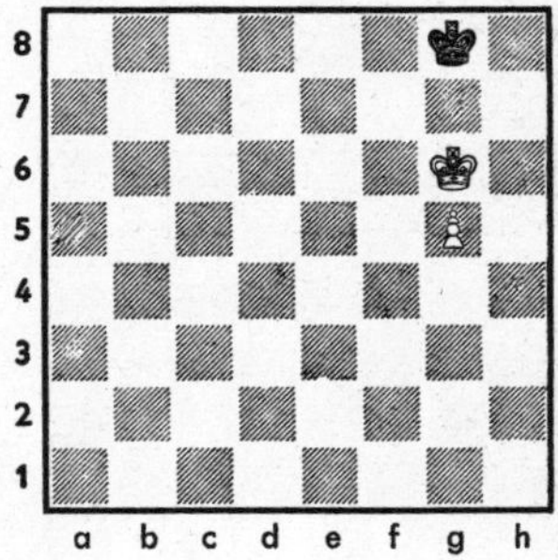

Weiß, wenn er am Zuge ist, nur mit 1. Kg6–h6 Kg8–h8 2. g5–g6 Kh8–g8 3. g6–g7 usw den Sieg erringen. Bei 1. Kg6–f6, was zunächst genauso gut aussieht, käme er nicht von der Stelle, weil Schwarz 1. . . Kg8–h7! antworten kann. Falls dann 2. g5–g6+?, so Kh7–h8!, und die Partie bleibt remis (3. Kf6–f7 Patt, oder 3 g6–g7+ Kh8–g8 4. Kf6–g6 Patt). Weiß muß 2 Kf6–f7 Kh7–h8 3 Kf7–g6 fortsetzen, die alte Stellung herbeiführen und sie mit 4 Kg6–h6! richtig behandeln

Mit dem Randbauern (Nr 43 bis 45) ist der Gewinn besonders schwer zu erzielen Die »Opposition« (43) nützt nichts, weil der schwarze König, wie leicht zu sehen, aus der Ecke nicht zu verdrängen ist Sogar der Besitz des Umwandlungsfeldes bringt nicht weiter (44), weil der König dem eigenen Bauern im Wege steht. Ist Weiß am Zuge, so verliert er nach 1 Kh7–h8 Kf7–g6 entweder den Bauern (2. Kh8–g8

43

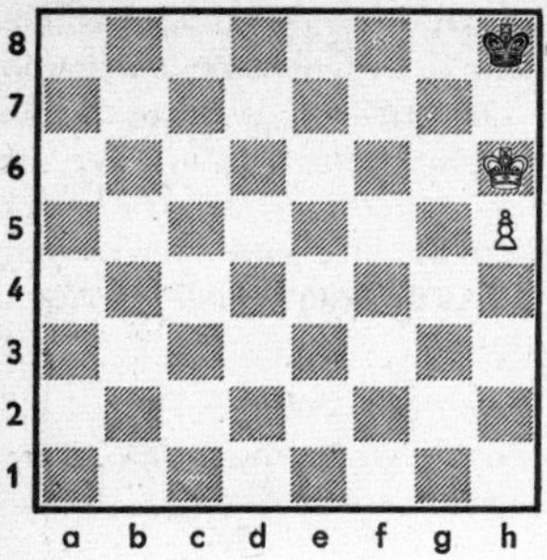

44

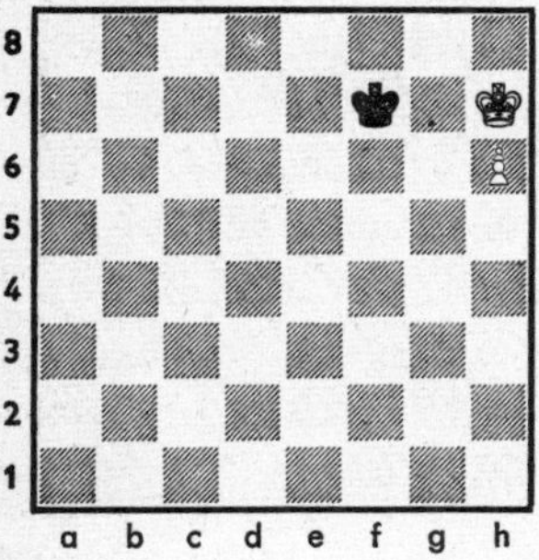

Kg6×h6), oder er wird kurioserweise selbst pattgesetzt (2. h6–h7 Kg6–f7). Nur wenn der schwarze König weit von der Ecke ferngehalten werden konnte (45), läuft der Randbauer ungehindert auf das Umwandlungsfeld.

45

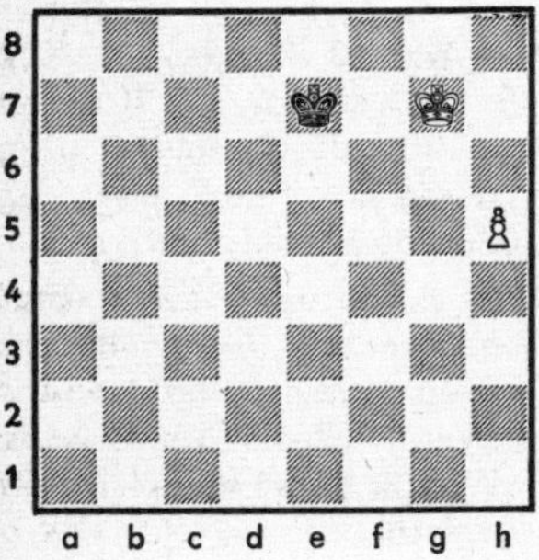

Wie ist also Philidors eingangs zitierter Satz zu verstehen? Die Bauern haben den Marschallstab im Tornister; sie bilden die größte latente Kraft auf dem Schachbrett, denn gelänge es, sie alle in Damen zu verwandeln, so wären sie stärker als alle vorhandenen Figuren zusammengenommen!

6. STUNDE

Bauernendspiele (II)

Wie wir wissen, kann jeder Bauer – im Gegensatz zu den Figuren – weder rückwärts noch seitwärts ziehen. Darum ist bei jedem Bauernzuge höchste Vorsicht geboten: er ist nicht rückgängig zu machen. Der Wert des Bauern schwankt, er hängt von den verschiedenen Umständen ab.

Strategische Begriffe

Verbundene Bauern sind besser als vereinzelte. (Alle Regeln gelten für den Normalfall.) In Nr. 46 gewinnt Weiß durch 1. f3–f4. Schwarz kann

46

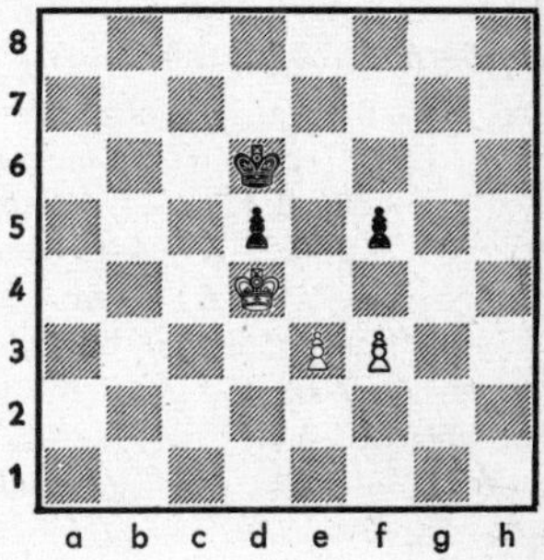

den Verlust eines Bauern nicht vermeiden (z. B. 1. ... Kd6–c6 2 Kd4–e5, oder 1. ... Kd6–e6 2 Kd4–c5). Versetzen wir den Bf5 nach e6, dann sind auch die schwarzen Bauern verbunden, und die Partie wäre remis.

Vereinzelte Doppelbauern sind besonders ungünstig In Diagramm Nr 47 ist der Doppelbauer c6/c7 nicht nur wertlos, sondern sogar

47

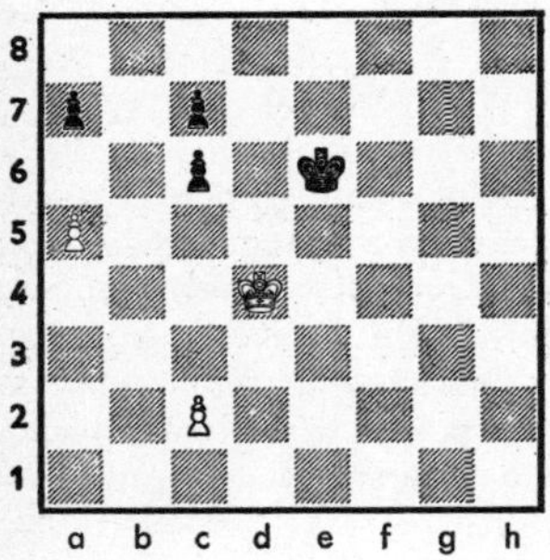

schädlich (er entstand dadurch, daß der Bb7 nach c6 schlug). Obwohl Schwarz einen Bauern mehr hat, ist er verloren: 1. Kd4–c5 Ke6–d7 2. c2–c3 Kd7–d8 (oder 2. ... a7–a6 3. c3–c4 Kd7–d8 4. Kc5×c6 Kd8–c8 5. c4–c5 Kc8–b8 6 Kc6–d7 Kb8–b7 7 c5–c6+ Kb7–b8 8. Kd7–d8).

Wäre der Bc7 nicht vorhanden, hätte 2. ... Kd7–c7 Remis gemacht! 3. Kc5×c6 Kd8–c8 4. c3–c4 Kc8–b8 5. Kc6–d7 Kb8–b7 6. c4–c5 und Weiß gewinnt (z. B 6. Kb7–a6 7. Kd7×c7 Ka6×a5 8 Kc7–b7 Ka5–b5 9 c5–c6 a7–a5 10 c6–c7 a5–a4 11. c7–c8D Kb5–b4 12. Dc8–c2 usw. oder 6. . c7–c6 7. Kd7–d6 a7–a6 8. Kd6–d7).

Rückständig nennt man den Bauern, der hinter seinen Nachbarn zurückgeblieben ist Der Punkt unmittelbar vor dem Bauern ist ein »starker Punkt« für den Gegner, der sich dort mit einer Figur einnisten kann, die kein Bauer anzugreifen vermag. Ein rückständiger Bauer ist häufig wertlos.

In 48 verlöre Weiß mit 1. a2–a3? die Partie, weil Schwarz dann den Bb2 zum »rückständigen Bauern

48

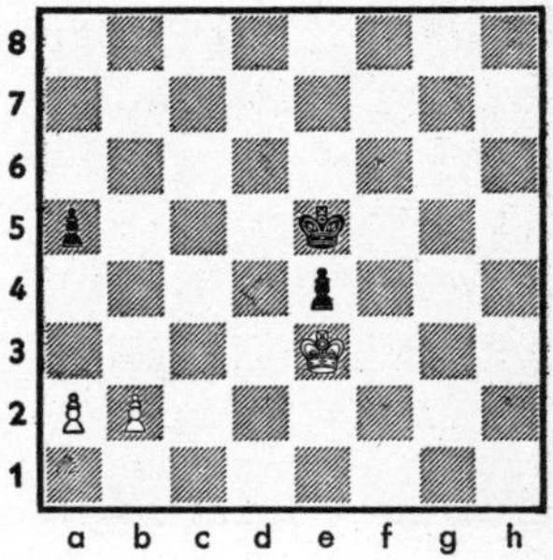

degradieren kann, indem er 1. ... a5–a4! antwortet. Die Folge könnte dann sein: Ke3–e2 (auf 2. b2–b4 schlägt der a-Bauer »en passant«) 2. ... Ke5–d4 3. Ke2–d2 e4–e3+ 4. Kd2–e2 Kd4–e4 5 Ke2–e1 Ke4–d3 6. Ke1–d1 e3–e2+ 7. Kd1–e1 Kd3–e3 (Falsch 7 Kd3–c2? 8. Ke1×e2 Kc2×b2 9. Ke2–d2 Kb2×a3 10 Kd2–c1 remis) 8. b2–b4 a4×b3 »en passant« 9 a3–a4 b3–b2 10. a4–a5 b2–b1T matt.

Richtig ist, mit dem Bauern vorzurücken, der kein Gegenüber hat (Nimzowitsch nannte ihn den »Kandidaten«). 1. b2–b3 Ke5–d5 2. a2–a3 Kd5–e5 3. b3–b4 hätte leicht Remis gemacht.

»Frei« ist ein Bauer, der keinen feindlichen Bauern auf dem Wege zur ersten bzw. achten Reihe zu passieren hat. Besonders nützlich ist der »entfernte Freibauer«, der den feindlichen König zwingt, seine eigenen Untertanen im Stich zu lassen, um ihn aufzuhalten. In Diagramm Nr. 49 ist Bg3 der entfernte Freibauer.

49

Weiß entscheidet leicht mit 1. g3–g4 Ke5–d5 2. g4–g5 Kd5–e5 3. g5–g6 Ke5–f6 4. Ke3×e4 Kf6×g6 5. Ke4–d5 und erobert beide schwarzen Bauern.

»Gedeckt« ist ein Freibauer, wenn ihn ein eigener Bauer schützt Er ist wohl der stärkste aller Bauern. Höchstens von den »zwei verbundenen Freibauern«, die fast immer eine unwiderstehliche Macht bilden, wird er noch übertroffen. Alle diese Begriffe sind für die Schachstrategie von grundsätzlicher Bedeutung.

Lästig. Als Bogoljubow einmal seinem Gegner Dr. Tartakower ein Matt in 4 Zügen ankündigte, erwiderte dieser: »Ich verbitte mir jede Belästigung!«

7. STUNDE

Die Strategie der Eröffnung

Das Ziel der Eröffnung besteht darin, alle Figuren einschließlich der Türme auf gute Plätze zu stellen, wo sie beweglich stehen, sich gegenseitig nicht behindern und den Gegner bedrohen. Meistens ist es günstig, rasch die Rochade anzustreben. Der König steht am sichersten hinter einer Bauernreihe, die keine Schwächen – wie sie durch Bauernzüge hervorgerufen werden – aufweist. Ein »Luftloch« ist im allgemeinen erst nötig, wenn Türme die Grundreihe verlassen wollen und dort Angriffe drohen.

Mehr als zwei bis drei Bauernzüge sind in der Eröffnung meistens nicht erforderlich. Es ist vorteilhaft, mit den Bauern das »Zentrum« zu besetzen (für Weiß die Felder e4 und d4, für Schwarz e5 und d5), weil der Gegner dadurch eingeengt und seine Figuren zurückgedrängt werden. Er wird daher um das Zentrum kämpfen. Gelingt es, wenigstens einen Bauern in der Mitte zu behaupten, dann ist damit eine wichtige Voraussetzung für die ungestörte »Mobilmachung« der Streitkräfte geschaffen. Wichtig ist ferner, bald die Möglichkeit eines Bauerntausches in oder nahe dem Zentrum zu schaffen, damit eine offene Linie für die Türme entsteht. Man vermeide es, die Dame zu früh ins Spiel zu bringen. In der Regel besteht dann für den Gegner die Möglichkeit, eine neue Figur herauszubringen, die Dame anzugreifen und dadurch Zeit zu gewinnen. Ebenso verfehlt ist auch das verfrühte Spiel auf Bauerngewinn. Der Gegner benützt die Zeit, seine Entwicklung voranzutreiben und erhält starken Angriff.

Das Damengambit

Als Beispiel für eine beiderseits planmäßig behandelte Eröffnung diene das »Damengambit« Unter einem Gambit versteht man ein Materialopfer in der ersten Partiephase: **1. d2–d4.**

Weiß geht ins Zentrum und möchte im nächsten Zuge auch den e-Bauern in die Mitte stellen. **1. . . . d7–d5.** Auch Schwarz verschafft sich Halt in der Brettmitte und bekämpft die gegnerische Absicht. **2. c2–c4.**

Weiß möchte den Störenfried beseitigen und bereitet gleichzeitig die Öffnung der c-Linie für das spätere Eingreifen der Türme vor. Es handelt sich um ein Scheingambit, denn Schwarz kann seinen Bauern, wenn er auf c4 nimmt, nicht verteidigen: 2. . . . d5×c4. Man kann zwar so spielen, überläßt aber dem Gegner damit vorläufig die Mitte. 3. e2–e3 b7–b5? Richtig ist ruhige Weiterentwicklung, z. B. Sg8–f6 4 Lf1×c4 e7–e6 usw 4 a2–a4! und Schwarz muß den Bauern wieder preisgeben, weil c7–c6 5. a4×b5 c6×b5 6 Dd1–f3 unter Ausnutzung der geschwächten Schrägen eine Figur kostet Nach 4. . . . b5–b4 5 Lf1×c4 hat Weiß Entwicklungs- und Raumvorteile.

Gut ist **2. . . . e7–e6!,** um auf d5 mit dem Bauern zurückschlagen zu können. Prinzipiell falsch ist 2. . . Sg8–f6, weil 3. c4×d5 Sf6×d5 (oder 3. . . . Dd8×d5 4. Sb1–c3 Dd5–a5 5. Lc1–d2 Lc8–f5? 6. e2–e4!) 4. e2–e4

dem Weißen ein Übergewicht in der Mitte gäbe.
Nun setzt die Entwicklung der Figuren ein: **3. Sb1–c3 Sg8–f6 4. Lc1–g5 Lf8–e7,** um den Springer wieder beweglich zu machen, der wegen der Gefahr für die Dame »gefesselt« war, und zur Vorbereitung der Rochade **5. e2–e3**. Macht Platz für den Lf1 und gibt dem Bd4 zusätzlichen Halt. **5. ... 0–0.** (Die »kurze Rochade«, also K nach g8, T nach f8.) **6. Sg1–f3**. Für die weißen Springer sind die Felder c3 und f3 die geeignetsten, weil sie von dort aus zentral wirken und die anderen, eigenen Figuren nur wenig behindern **6. ... Sb8–d7**. Schwarz möchte seinen c-Bauern, der in den Kampf um das Zentrum eingreifen soll, nicht verstellen. **7. Ta1–c1 c7–c6 8. Lf1–d3.**
Weiß hat seinen Aufmarsch bald abgeschlossen Er braucht nur noch zu rochieren, die Dame nach e2 und den Königsturm nach d1 zu stellen Schwarz muß noch das Problem lösen, wie er den eingeschlossenen Damenläufer (c8) entwickeln will. Darüber später mehr.

»Die zehn Gebote« der Schacheröffnung

»Die zehn Gebote«, die der amerikanische Großmeister Fine aufgestellt hat, sind beherzigenswert: 1. Eröffne mit dem Königs- oder Damenbauern 2. Wenn möglich, mache einen guten Entwicklungszug, der etwas droht 3. Entwickle die Springer vor den Läufern 4. Wähle das geeignetste Feld für die Figur und weise ihr den Platz endgültig zu 5. Mache einen oder zwei Bauernzüge in der Eröffnung, nicht mehr (manchmal drei, wie in unserem Beispiel.) 6. Bringe die Dame nicht zu früh heraus. 7 Rochiere so früh wie möglich, vorzugsweise auf die kurze Seite. 8. Spiele auf die Herrschaft in der Mitte. 9. Versuche stets, wenigstens einen Bauern in der Mitte zu behaupten. 10. Opfere nicht ohne klaren und ausreichenden Grund. Freilich sind solche Regeln leichter gegeben als befolgt. Ihre Kenntnis ist jedoch unerläßliche Grundlage planvollen Eröffnungsspiels.

8. STUNDE

Eröffnungssünden (I)

Tempoverluste

Zu den häufigsten Sünden, die sich Anfänger in der Eröffnung zuschulden kommen lassen, gehören Zeitverluste durch unnötige Bauernzüge und mehrfaches Ziehen einer Figur, meistens der Dame. Welche Folgen das haben kann, wenn der Gegner richtig antwortet, zeigt ein besonders krasses Beispiel.
1. e2–e4, e7–e5. 2. d2–d4. Grundsätzlich ist es richtig, beide Bauern in die Mitte zu stellen Das darf aber nicht um jeden Preis geschehen Eine gute Vorbereitung ist 2. Sg1–f3.
2. ... e5×d4. 3. Dd1×d4. Daß Weiß den Bauern zurückhaben will, ist klar; aber daß die Dame so früh heraus muß, ist nicht erstrebenswert.
3. . . . Sb8–c6. So entwickelt Schwarz den Springer »gratis«
4. Dd4–e3, Sg8–f6. 5. h2–h3? Der erste Zeitverlust Weiß fürchtet sich zu Unrecht vor Sg4 Der Entwicklungszug 5 Sb1–c3 war am Platze.
5. ... Lf8–e7. Schwarz will ganz

richtig schnell rochieren und dann mit dem Turm auf der e-Linie angreifen.

6. a2–a3? Wieder ein Angstzug. Die »Drohung« Sc6–b4 war wegen der möglichen Antwort 7 Sb1–a3 (oder auch Lf1–d3) ungefährlich.

6. ... 0–0 7. Lf1–c4, Tf8–e8! 8. De3–b3?

Und nun versucht Weiß mit unzureichenden Mitteln anzugreifen.

8. ... d7–d5! Schwarz gewinnt bereits mindestens einen Bauern bei überlegenem Spiel. Weiß will dies vermeiden – und wird schnell mattgesetzt.

9. Lc4×d5. Auf 9. e4×d5 käme sofort das Doppelschach Le7–b4.

9. ... Dd8×d5 10. e4×d5.

50

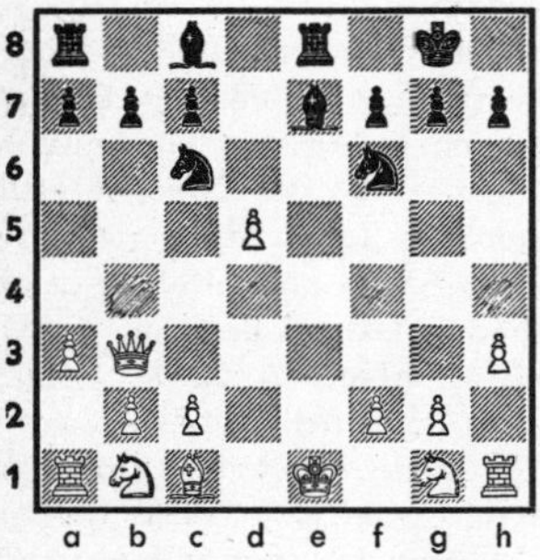

Nach dem 10. Zuge von Weiß

10. ... Le7–b4+. Ein vernichtendes Doppelschach.

11. Ke1–f1 (oder d1) **Te8–e1** matt. Man beachte, daß Schwarz, wie unsere Regeln es vorschreiben, mit zwei Bauernzügen ausgekommen ist. Darum hatte er im richtigen Moment genügend Figuren im Spiel.

Nicht genug kann davor gewarnt werden, auf »Bauernfang« auszugehen, bevor rochiert worden ist.

Hier ist ein typischer Fall (Fernpartie Luer-Rattmann, 1922):

1. e2–e4, Sg8–f6. 2. e4–e5, Sf6–d5. 3. Sg1–f3, d7–d6. 4. d2–d4, Lc8–g4. 5. Lf1–e2, d6×e5. Solche Züge, die gegnerische Figuren beweglich machen (hier, wie sich gleich zeigt, Springer und Dame), sind zu vermeiden. Schwarz mußte unverzüglich die Rochade vorbereiten, also e7–e6 nebst Lf8–e7 spielen

6. Sf3×e5, Lg4×e2. 7. Dd1×e2. Schon muß Schwarz mit Drohungen wie De2–b5+, De2–f3 rechnen (die aber nur ausgeführt werden, wenn sie etwas wirklich Konkretes ergeben).

7. ... Sd5–b6. Pariert beides (De2–b5+? c7–c6; oder De2–f3, Dd8–d5).

8. 0–0! Wirft den d-Bauern als Lockspeise hin und bereitet das Eingreifen des Turms vor Schwarz hätte am besten Sb8–d7 geantwortet, ein Entwicklungszug, der den gefährlichen Se5 bekämpft Dagegen wäre e7–e6 wegen 9 De2–f3, f7–f6 (oder Dd8–f6. 10. Df3×b7). 10. Df3–h5+! g7–g6 11 Se5×g6, h7×g6. 12 Dh5×h8 nicht gut gewesen – eine typische Wendung, die das Zusammenwirken von Dame und Springer, die Schwäche des Punktes f7 vor der Rochade zeigt und die Gefahr von Schachgeboten auf der Schrägen h5–e8, sobald der f-Bauer gezogen hat.

8. ... Dd8×d4? 9. Tf1–d1.

Schwarz ist tatsächlich schon verloren. Auf Dd4–b4 folgt wieder 10. De2–f3, f7–f6. 11. Df3–h5+ g7–g6. 12. Se5×g6, auf Dd4–c5 jedoch sehr hübsch 10. De2–h5! (nicht 10. De2–f3 wegen Dc5×e5) 10. ... g7–g6, 11. Td1–d8+! Ke8×d8, 12. Se5×f7+ und 13. Dh5×c5. Weiß hat unter günstigen Umständen die Dame

51

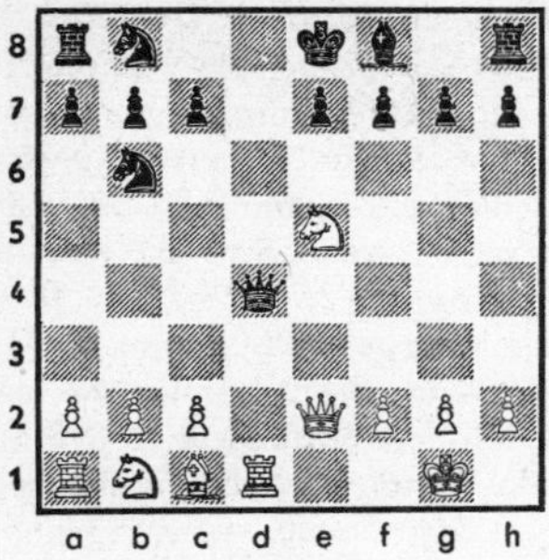

Nach dem 9. Zuge von Weiß

für Turm und Springer erobert und bekommt noch einige Bauern dazu.

9. ... Dd4–h4, 10. Lc1–g5! – Ein »Hineinziehungsopfer« Zuerst wird die Dame und dann der König in den Bannkreis des Springers gezogen.

10. ... Dh4×g5, 11. Td1–d8+! Ke8×d8, 12. Se5×f7+. Ein »Familienschach«. Schwarz gab auf.

9. STUNDE

Eröffnungssünden (II)

Gefährdung des Königs

Wenn wir die uns schon bekannten Eröffnungsgrundsätze beherzigen, ist unser König vor Gefahren automatisch gesichert. Wir wollen aber auch wissen, wie wir dem »prinzipienlos« spielenden Gegner an den Kragen können.

Zu Beginn der Partie sind die Punkte f7 (bei Schwarz) und f2 (bei Weiß) die verwundbarsten, weil nur vom König geschützt. Gefährdet sind ferner vor allem die Schrägen h5–e8 (bzw. h4–e1) Wie das Metall die Elektrizität, so ziehen (nach einem Wort Laskers) die schwachen Punkte die Kombination an. In der Schachliteratur gibt es dafür unzählige Beispiele.

Der Punkt f7. 1. e2–e4, e7–e5. 2. Lf1–c4, Sg8–f6. 3. d2–d4, c7–c6. 4 d4×e5, Sf6×e4. 5. Sg1–e2, Se4×f2. – (Schwarz »kombiniert« wie folgt: Nimmt der König den Springer, so erobert Dd8–h4+ den Läufer c4.) 6. 0–0 Sf2×d1? (Die Dame reizte ihn zu sehr, so daß er den eigenen König vergaß Richtig war Lf8–c5.) 7. Lc4×f7+ Ke8–e7 8 Lc1–g5 matt (Partie von Kapitän Mackenzie).

Primitiv und nicht nachahmenswert ist der Versuch, den »Schäferzug« anzubringen: 1. e2–e4, e7–e5. 2. Lf1–c4, Lf8–c5. 3. Dd1–h5? (Ein verfrühter Damenausflug, den Schwarz mit Dd8–e7 nebst Sg8–f6 vorteilhaft beantworten konnte.) 3. ... Sg8–f6?? 4. Dh5×f7 matt. Zum gleichen Thema gehört das »Narrenmatt«: 1. f2–f4, e7–e6 2. g2–g4?? Dd8–h4 matt Ein Standardbeispiel ist das »Seekadettenmatt«: **1. e2–e4, e7–e5. 2. Sg1–f3, d7–d6. 3. Lf1–c4, h7–h6?** (Eine unnötige Zeitverschwendung. Schwarz fürchtet auf 3. Sg8–f6 die Antwort 4 Sf3–g5 Richtig war, sich mit Lf8–e7, 4 Sb1–c3, Sg8–f6 zu entwickeln Dann könnte er auf 5. Sf3–g5 mit der kurzen Rochade den Punkt f7 bequem ein zweites Mal decken.) **4. Sb1–c3, Lc8–g4?** (Vorher sollte Sg8–f6 geschehen. Jetzt macht Weiß eine Kombination, die sich auf zwei Schwächen stützt, 1 den Punkt f7, 2 den ungedeckten Läufer g4.) Siehe Diagramm Nr. 52.

52

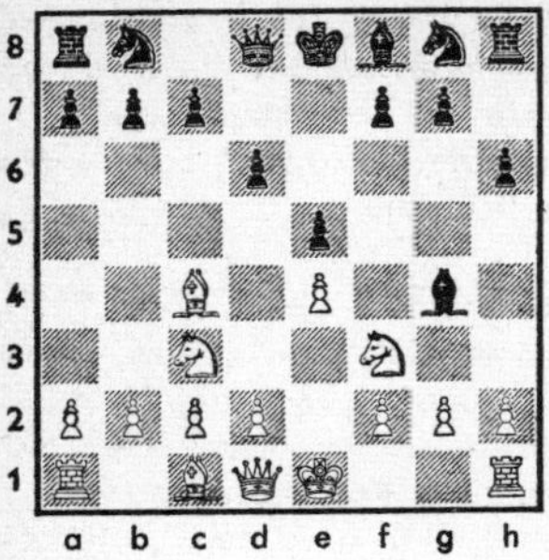

5. **Sf3×e5!** (Der Springer war nur scheinbar »gefesselt«. Wird er genommen, so hat Weiß noch 6. Dd1×g4 einen wichtigen Bauern unter günstigen Umständen erobert.) **5. ... Lg4×d1? 6. Lc4×f7+, Ke8–e7. 7. Sc3–d5** matt.

Die Gefahr auf der Schrägen

1. e2–e4, c7–c6. 2. d2–d4, d7–d5. 3. Lf1–d3, Sg8–f6. (Hier war es besser, auf e4 zu schlagen und dann den Springer mit Zeitgewinn auf f6 zu postieren.) 4. e4–e5, Sf6–d7? (Er sollte nach g8 zurückweichen.) 5. e5–e6! f7×e6?? (Selbstmord. Sd7–f6 mußte geschehen, obwohl nach 6. e6×f7+ Kg8×f7 7 Sg1–f3 der König schlecht steht und die Rochade nicht mehr möglich ist.) 6. Dd1–h5+, g7–g6. 7 Dh5×g6+, h7×g6. 8. Ld3×g6 matt.

Daß auch Weiß schon nach wenigen Zügen ein Opfer der Schrägen werden kann, zeigt eine Partie von Lazard (Paris 1922):

1. d2–d4, d7–d5. 2. Sb1–d2. (Kein guter Platz, weil die eigenen Figuren verstellt werden.) 2 Sg8–f6. 3. b2–b3, e7–e5. 4. d4×e5, Sf6–g4. 5. h2–h3?? (Ein verhängnisvoller Bauernzug. 5. Sg1–f3 war gut.) 5. ... Sg4–e3!. Weiß gab auf, denn rettet er die Dame (6. f2×e3), setzt Dd8–h4+ 7 g2–g3, Dh4×g3 matt.

Ein Zug des f-Bauern ist aus diesen Gründen immer mit einem gewissen Risiko verbunden. Das zeigt sich schon, wenn Schwarz nach 1. e2–e4, e7–e5, 2. Sg1–f3 mit f7–f6 seinen e-Bauern schützt (am besten ist Sb8–c6). Weiß kann dann bereits mit dem Springeropfer 3. Sf3×e5 das gefährliche Eingreifen seiner Dame vorbereiten. Nimmt Schwarz (f6×e5), so verliert er nach 4. Dd1–h5+ g7–g6 (noch schlimmer 4. ... Ke8–e7, 5. Dh5×e5+, Ke7–f7, 6. Lf1–c4+) 5. Dh5×e5+ nebst 6. De5×h8 den Turm. Schwarz muß das Danaergeschenk ablehnen, gleichzeitig etwas gegen die Drohung 4. Dd1–h5+, g7–g6, 5 Se5×g6 unternehmen und versuchen, den verlorenen Bauern zurückzuholen. Das gelingt mit 3. Dd8–e7, denn mit 4. Dd1–h5+ beginge Weiß einen lehrreichen Fehler: 4. g7–g6, 5. Se5×g6, De7×e4+, 6. Lf1–e2, De4×g6 und Schwarz ist im Vorteil. Weiß wird daher 4. Se5–f3 spielen und hat nach 4. De7×e4+, 5. Lf1–e2 nebst 0–0 und Tf1–e1 deutlichen Entwicklungsvorsprung, während die schwarze Stellung durch den Aufzug des f-Bauern geschwächt bleibt.

10. STUNDE

Eröffnungssünden (III)

Figurenverlust

Strategie und Taktik, die aus der Kriegslehre bekannten Begriffe, sind auch im Schach anwendbar. Unter Strategie ist der allgemeine Spielplan auf weite Sicht zu verstehen, unter Taktik die Beherrschung der augenblicklichen Lage mit dem Ziel, seinen Plan unter Rücksicht auf die Aktionen des Gegners durchzusetzen. Dabei herrscht die Taktik vor, denn die Erfahrung hat gezeigt, daß ein gewitzter Spieler, auch wenn er planlos spielt, sich dem Nur-Strategen, der ein schwacher Taktiker ist, meist überlegen erweist.

Zu den Gefahren, die schon zu Beginn der Partie drohen und die zu erkennen eine gute Übersicht über das ganze Brett erforderlich ist (zu der nur ständige Übung verhelfen kann), gehören Figurenverluste durch Schachgebote, Doppelangriffe und Fesselungen

Zu den kürzesten Kämpfen, die in der Turnierarena vorgekommen sind, gehören die folgenden.

Dr. Lehmann-Schulz (Berliner Meisterschaft 1950).

1. c2–c4, d7–d5, 2. c4×d5, Sg8–f6, 3. e2–e4, Sf6×e4? Schwarz mußte mit c7–c6 ein »Gambit« versuchen. Für den geopferten Bauern erhielt er dann etwas Entwicklungsvorsprung (4. d5×c6, Sb8×c6 usw.). 4. Dd1–a4+ Schwarz gab auf, weil er den Springer auf e4 verliert.

Combe-Hasenfuß (Schacholympia Folkestone 1933). 1. d2–d4, c7–c5, 2. c2–c4, c5×d4, 3. Sg1–f3, e7–e5, 4. Sf3×e5? (Derselbe Fehler wie oben.) 4. ... Dd8–a5+ Weiß gab auf Es lohnt nicht, mit einer Figur weniger weiterzukämpfen, wenn man keine Kompensation hat.

Im nächsten Beispiel rächte sich ein verfrühter Springerausfall.

Dr. Rahn-Rellstab (Deutsche Meisterschaft Oeynhausen 1941). 1. e2–e4, c7–c5, 2. Sg1–f3, d7–d6, 3. d2–d4, c5×d4, 4. Sf3×d4, Sg8–f6, 5. Sb1–c3, g7–g6, 6. Lc1–e3, Sf6–g4? Richtig war Lf8–g7, gefolgt von der Rochade Der Springer ist zwar noch vom Läufer c8 gedeckt ...

53

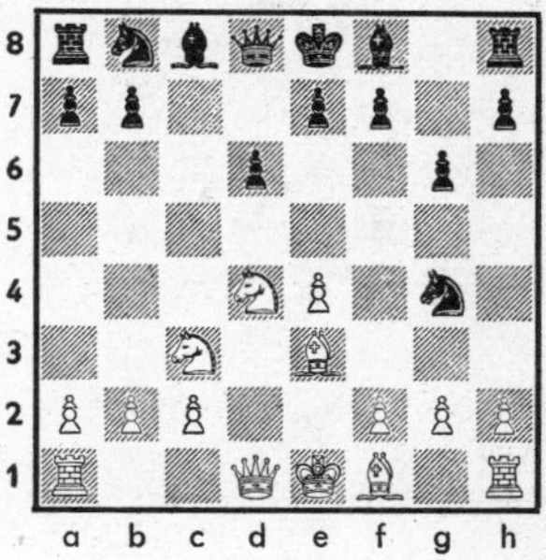

7. Lf1–b5+! ..., dieses Schachgebot bringt Schwarz jedoch in ein Dilemma. Er zog Sb8–d7 und gab nach 8. Dd1×g4 die Partie auf. Das geringste Übel wäre noch 7. ... Sb8–c6, 8. Sd4×c6, b7×c6, 9. Lb5×c6+, Lc8–d7, 10. Lc6×a8 usw. gewesen. Zum gleichen Thema gehört der folgende »Reinfall«.

Halicz-Lanz (Wien 1932). 1. d2–d4, Sg8–f6, 2. Sg1–f3, c7–c5, 3. Lc1–f4. Hier gab es viele bessere Züge, wie 3. d4–d5, 3. c2–c4, 3. e2–e3 oder sogar 3. g2–g3, gefolgt von 4. Lf1–g2, 3. ... c5×d4, 4. Sf3×d4? Nötig war 4. Dd1×d4. Jetzt erobert Schwarz mit einer »Gabel«, dem Doppelangriff eines Bauern, eine Figur. 4. ... e7–e5! Weiß gab auf, weil 5. Lf4×e5, Dd8–a5+ den Läufer kostet. Die »Gabel« ist überhaupt ein beliebtes Requisit als Überrumpelungsmittel, das stets im Auge zu behalten ist. Als Beispiel ein weiterer Sündenfall (aus einer Partie Ozols-Reid, Stockholm 1937): 1. c2–c4, e7–e5, 2. Sb1–c3, Sb8–c6, 3. g2–

g3, Lf8–c5, 4. Lf1–g2, d7–d6, 5. e2–e3, Sg8–f6, 6. Sg1–e2, Lc8–e6? Schwarz übersieht den Vorwärtsdrang des d-Bauern.

54

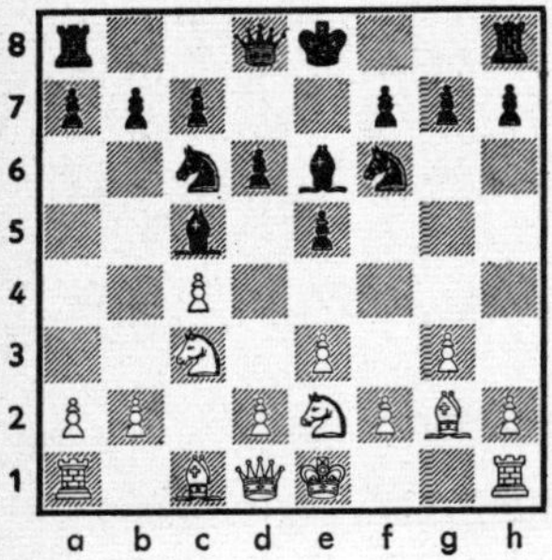

7. d2–d4! (in der Partie machte Weiß keinen Gebrauch davon!) und Schwarz muß entweder den Lc5 preisgeben oder die »Gabel« d4–d5 zulassen, verliert also auf jeden Fall eine Figur. – Nun noch einen lehrreichen Figurengewinn, der mit einem Doppelangriff eingeleitet und mit einem Fesselungsangriff abgeschlossen wird. **Elm-Steffens** (Essen 1934). 1. d2–d4, Sg8–f6, 2. c2–c4, e7–e5, 3. d4×e5, Sf6–g4, 4. Lc1–f4, Sb8–c6, 5. Sg1–f3, Lf8–c5, 6. e2–e3, Dd8–e7, 7. a2–a3, a7–a5. Schwarz versäumt den Rückgewinn des Bauern durch 7. . . . Sg4×e5, 8. Sf3×e5, Sc6×e5, 9. b2–b4, Lc5–d6, 10. c4–c5, Se5–d3+! 11. Lf1×d3, Ld6×f4, weil der weiße e-Bauer durch die De7 »gefesselt« ist (er muß ja den König beschützen). 8. Sb1–c3, Sg4×e5? 9. Sf3×e5, Sc6×e5, 10. Sc3–d5! Ein starker Springerzug. Er droht nicht nur die Dame zu schlagen, sondern auch die »Springergabel« auf c7 anzubringen (wo er Schach bietet und zugleich den Turm a8 angreift). 10. . . . De7–d6. (Nur hier kann die Dame e5 und c7 gleichzeitig im Auge behalten.) 11. Dd1–h5! Schwarz gab auf. Der gefesselte Se5 darf nicht weichen; aber auch der f-Bauer kann nicht auf f6 dekken, weil die weiße Dame ihn fesselt. Raucht Ihnen der Kopf? Keine Angst, das geht jedem so, der in die Geheimnisse des Schachs einzudringen versucht.

Tabellarische Übersicht der Schacheröffnungen

A. OFFENE SPIELE: **1. e2–e4 e7–e5**

2. **f2–f4**	Königsgambit						
2. ...	**e5×f4**	Angenommenes Königsgambit					
		3. **Sg1–f3**	Königsspringergambit				
		3. ...	**d7–d5**	4. e4×d5	Sg8–f6=		
		3. **Lf1–c4**	Königsläufergambit				
		3. ...	**Sg8–f6**	4. Sb1–c3	c7–c6!=		
2. ...	**Lf8–c5**	Abgelehntes Königsgambit					
		3. Sg1–f3	d7–d6	4. Sb1–c3	Sg8–f6=		
2. ...	**d7–d5**	Falkbeers Gegengambit					
		3. e4×d5	e5–e4	4. d2–d3	Sg8–f6=		
2. **Sb1–c3**	Wiener Partie						
2.	Sg8–f6	3. f2–f4	d7–d5	4. f4×e5	Sf6×e4=		
2. **d2–d4**	Mittelspiel						
2. ...	**e5×d4**	**3. Dd1×d4**	Sb8–c6	4. Dd4–e3	Sg8–f6=		
		3. Sg1–f3	Mittelgambit				
		3. ...	**Sb8–c6**	**4. c2–c3**	Schottisches Gambit		
				4. ...	Sf6	5. e5 Se4=	
2 **Lf1–c4**	Läuferspiel						
2. ...	Sg8–f6	3. d2–d3	Lf8–c5	4. Sg1–f3	d7–d6=		
2 **Sg1–f3**	Königsspringerspiel						
2. ...	**Sg8–f6**	Russisch					
		3. Sf3×e5	d7–d6	4. Se5–f3	Sf6×e4=		
		3. d2–d4	e5×d4	4. e4–e5	Sf6–e4	5. Dd1×d4	d7–d5=
2. ...	**d7–d6**	Philidor-Verteidigung					
		3. d2–d4!	**Sb8–d7**	Hanham-Variante			
				4. Lf1–c4	c7–c6!	5. c3, Sc3	oder 0–0.

* = bedeutet Ausgleich, s. a. Seite 11

2. ...	**f7–f5**	Lettisches Gambit					
		3 Sf3×e5	Dd8–f6	4. Se5–c4	f5×e4	5. Sb1–c3.	
2. ...	**d7–d5**	Mittel-Gegengambit					
		3. Sf3×e5	d5×e4	4. Lf1–c4	Dd8–g5	5 Lc4×f7+.	
2 ...	**f7–f6?**	3 Sf3×e5	f6×e5?	4. Dd1–h5+	g7–g6	5. Dh5×e5+.	
2. ...	**Sb8–c6**	**3. Lf1–c4**	**Sg8–f6!**	Zweispringerspiel im Nachzuge			
2. ...	**Sb8–c6**	**3. Lf1–c4**	**Lf8–c5**	Italienische Partie			
				4. c2–c3	Sg8–f6!	5. d4 ed 6. cd	Lb4+=
				4. b2–b4	Evans-Gambit		
				4. ...	**Lc5×b4**	Angenommen	
				4 ...	**Lc5–b6**	Abgelehnt	
		3. d2–d4	Schottische Partie				
		3. ...	e5×d4	4. Sf3×d4	Sg8–f6!=		
				4. Lf1–c4	Schottisches Gambit		
				4. ...	Sg8–f6	5. 0–0 Se4:!=	
		3. Sb1–c3	**Sg8–f6**	Vierspringerspiel			
		3. c2–c3	Ponzianis Eröffnung				
		3. ...	**Sg8–e7**	4 d2–d4	e5×d4	5. cd d5!=	
		3. Lf1–b5	Spanische Partie				
		3. ...	**a7–a6**	Morphy-Verteidigung			
		3. ...	**Sg8–f6**	Berliner Verteidigung			
		3. ...	**d7–d6**	Steinitz-Verteidigung			

B. HALBOFFENE SPIELE: **1. e2–e4 nicht e7–e5**

1. ...	**e7–e6**	Französische Partie				
		2. d2–d4	**d7–d5**	**3. e4×d5**	Abtausch-Variante	
				3.	e6×d5=	
				3. Sb1–c3	**Lf8–b4**	Nimzowitsch-Variante

				3. . . .	**d5×e4**	Rubinstein-Variante	
						4. Se4: Sd7	
				3. . . .	**Sg8–f6**	Klassische Variante	
				3. Sb1–d2	Tarrasch-Variante		
				3. . . .	Sg8–f6	4. e4–e5	
				3. . . .	c7–c5	4. e4×d5	
				3. e4–e5	Blockadevariante		
				3. . . .	c7–c5	4. c2–c3 Sb8–c6	
1. . . . c7–c5	Sizilianische Verteidigung						
	2. **Sb1–c3**	Geschlossenes Abspiel					
	2. . . .	Sb8–c6	3. g2–g3	g7–g6=			
	2. Sg1–f3	**d6**	3. d4	cd	4. Sd4: Sf6	5. Sc3 **g6**	Drachenvariante
	2. . . .	**Sc6**	3. d4	cd	4. Sd4: Sf6	5. Sc3 d6 **6. Lg5**	Richter-Angriff
	2. . . .	**Sg8–f6**	Rubinstein-Variante				
			3. e4–e5	Sd5	4. Sc3 e6		
1. . . . d7–d5	Skandinavische Verteidigung						
	2. e4×d5	**Dd8×d5**	3. Sb1–c3	Dd5–a5	4. d2–d4		
	2. . . .	**Sg8–f6**	Gambitvariante				
			3. d2–d4!	Sf6×d5	4. c2–c4		
1. . . . c7–c6	Caro-Kann-Verteidigung						
	2. Sb1–c3	**d7–d5**	**3. Sg1–f3**	Zweispringer-Variante			
	2. d2–d4	d7–d5	**3. e4×d5**	**c6×d5**	**4. c2–c4**	Panov-Angriff	
			3. Sb1–c3	d5×e4	4. Sc3×e4	Lc8–f5	
			3. e4–e5	Lc8–f5 oder			
			3. . . .	c6–c5			
1. . . . Sg8–f6	Aljechin-Verteidigung						
	2. e4–e5	**Sf6–d5**	**3. c2–c4**	Sd5–b6	4. d4 d6	5. f4	Jagd-Variante
			3. d2–d4	d7–d6	4. Sg1–f3	Lc8–g4=	

1. ...	**d7–d6**	Pirc-Verteidigung					
		2 d2–d4	**Sg8–f6**	**3. Sb1–c3**	**g7–g6**		
1. ...	**g7–g6**	Robatsch-Verteidigung					
		2 d2–d4	Lf8–g7				

C. GESCHLOSSENE SPIELE: **Nicht 1. e2–e4**

1. d2–d4	**d7–d5**	**2 Sg1–f3**	Damenbauernspiel				
		2	**Sg8–f6**	**3. e2–e3**	**c7–c5**	**4. c2–c3**	Colle-Variante
		2. c2–c4	Damengambit				
		2 ...	**d5×c4**	Angenommenes Damengambit			
		2 ...	**e7–e6**	**3. Sb1–c3**	**Sg8–f6**	Orthodox	
		2 ...	**c7–c6**	Slawisch			
		2. ...	**e7–e5**	Albins Gegengambit			
				3. d4×e5	Sb8–c6	4. Sg1–f3.	
		2. ...	**Sb8–c6**	Tschigorin-Verteidigung			
				3. Sb1–c3!	d5×c4	4. Sg1–f3.	
		2 ...	**Sg8–f6**	Marshall-Verteidigung			
				3. c4×d5!	Sf6×d5	4. Sg1–f3!	
		2. Sb1–c3	Französisches Damenbauernspiel				
		2.	Sg8–f6	3 Lc1–g5	Lc8–f5		
		2. e2–e4	Blackmar-Gambit				
		2	d5×e4	3. Sb1–c3	Sg8–f6	4. f2–f3	
1. ...	**Sg8–f6**	Indisch					
		2. c2–c4	**g7–g6**	**3. Sb1–c3**	**Lf8–g7**	Königsindisch	
				3. ...	**d7–d5**	Grünfeld-Verteidigung	
		2. ...	**e7–e6**	**3. Sb1–c3**	**Lf8–b4**	Nimzoindisch	
				3. Sg1–f3	**b7–b6**	Damenindisch	

		2. . . .	**e7–e5**	Budapester Verteidigung		
				3. d4×e5	**Sf6–g4**	4 Lc1–f4
				3. . . .	**Sf6–e4**	Leipziger Variante
						4. Dd1–c2!
1. . . .	**f7–f5**	Holländische Verteidigung				
1. . . .	**c7–c5**	Ben-Oni-Variante				
1. . . .	**e7–e5?**	Englund-Gambit				
1 . . .	**Sb8–c6**	Bogoljubow-Verteidigung				
1 Sg1–f3	**d7–d5**	**2 c2–c4**	Zukertort-Réti-Variante			
1. c2–c4	Englische Partie					
1. . . .	**e7–e5**	**2. Sb1–c3**	**Sg8–f6**	**3. g2–g3**	Bremer Partie	
				3. Sg1–f3	**Sb8–c6**	Englisches Vierspringerspiel
1. f2–f4	Bird-Eröffnung					
1.	**e7–e5**	Froms Gambit				
1 . . .	**d7–d5**	**2. Sg1–f3**	**c7–c5**	**3. e2–e3**	Holländisch im Anzuge	
1. b2–b4	Sokolsky-Eröffnung					
1. . . .	Sg8–f6	2. Lc1–b2	e7–e6	3 b4–b5	d7–d5=	

11. STUNDE

Spezielle Eröffnungstheorie (I)

Ohne ein gewisses Maß an Eröffnungskenntnissen steht ein Schachspieler heutzutage auf verlorenem Posten. Es kann sich eben niemand leisten, auf die Essenz einer vierhundertjährigen Erfahrung zu verzichten. Der spanische Priester Ruy Lopez, der 1559 Rom besuchte und dort alle Gegner auf den 64 Feldern besiegte, ein Liebling Philipps II., veröffentlichte zwei Jahre später das erste Schachlehrbuch. Er behandelte darin unter anderem die Eröffnung 1. e2–e4 e7–e5. 2. Sg1–f3 Sb8–c6. 3. Lf1–b5, die in England »Ruy Lopez«, bei uns »Spanisch« genannt wird und heute noch als eine der aussichtsreichsten gilt. Die Eröffnungstheorie ist seit damals so weit ausgebaut worden, daß sie schon fast eine Wissenschaft genannt werden kann. Unzählige Fragen sind jedoch immer noch ungelöst – ein Beweis für die Unerschöpflichkeit des Königlichen Spiels.

Man teilt die Eröffnungen grob in »Offene Spiele« (1. e2–e4 e7–e5), »Halboffene« (1. e2–e4 **nicht** e7–e5) und »Geschlossene« (**nicht** 1. e2–e4) ein. Die Bezeichnung ist nicht ganz zutreffend, denn es entscheidet sich erst im Laufe der Partie, ob sie sich bald öffnet oder einen geschlossenen Charakter behält. Außerdem geht auch eine Gruppe manchmal in die andere über. Wir wollen uns zunächst mit den »Offenen Spielen« befassen, die von der großen Masse der Schachspieler bevorzugt werden.

Italienisch

Eine der ältesten Eröffnungen, die schon im 15. Jahrhundert anzutreffen ist, heißt die »Italienische Partie«. Sie entsteht nach den Zügen **1. e2–e4 e7–e5. 2. Sg1–f3 Sb8–c6. 3. Lf1–c4 Lf8–c5.** Je nach Temperament und Laune hat Weiß nun die Wahl unter drei Fortsetzungen.

55

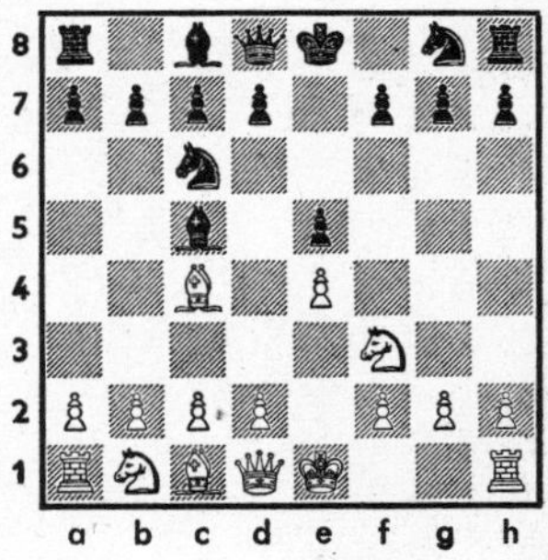

A. 4 d2–d3 (»das ruhige Spiel« oder »giuoco piano«) 4. . . . d7–d6. 5. Sb1–c3 Sg8–f6. 6. Lc1–g5. (In solchen Stellungen ist es empfehlenswert, nicht zu früh zu rochieren. So wäre nach 6. 0–0 die Fesselung Lc8–g4 für Weiß unangenehm, weil Schwarz auf 7. h2–h3 mit h7–h5 antworten könnte. Die Annahme des Opfers wäre sehr gefährlich für Weiß. Der vorbeugende Zug 6. h2–h3 kostet ein Tempo, und Schwarz hätte nach Lc8–e6 nichts mehr zu fürchten.) 6. . . . h7–h6. 7. Lg5×f6. (Auf 7. Lg5–h4 antwortet Schwarz am einfachsten Lc8–g4. 8. h2–h3 Lg4×f3. 9. Dd1×f3 Sc6–d4. 10. Df3–d1 c7–c6.) 7. . . . Dd8×f6. 8. Sc3–d5 Df6–d8. (Auch Df6–g6, das zu sehr verwickeltem Spiel führt, ist möglich, denn 9. Sd5×c7+ Ke8–d8. 10. Sc7×a8 Dg6×g2. 11. Th1–f1 Lc8–g4 gäbe Schwarz starken Angriff.

Weiß zieht am besten 9. Dd1–e2.) 9. c2–c3. Nun droht Weiß 10. b2–b4 Lc5–b6. 11. a2–a4 a7–a6. 12. Sd5×b6 c7×b6 und Schwarz hätte Bauernschwächen. Er kann sich mit 9. ... a7–a6 dagegen verteidigen, z. B. 10. d3–d4 e5×d4. 11. c3×d4 Lc5–a7 usw.

B. 4. c2–c3. (Am gebräuchlichsten.) Weiß droht, den Punkt e5 mit d2–d4 zu erschüttern, und bereitet außerdem einen Angriff auf f7 mit Dd1–b3 vor. Als Antwort hat sich 4. ... Sg8–f6 bewährt, um ein Gegenspiel gegen e4 einzuleiten. Die Folge könnte sein: 5. d2–d4 e5×d4. (Lc5–b6? kommt wegen 6. d4×e5 Sf6×e4. 7. Dd1–d5! nicht in Frage.) 6. c3×d4 Lc5–b4+. 7. Lc1–d2. (Schon im 17. Jahrhundert hat Greco das Opferspiel 7. Sb1–c3 untersucht, das zu hochinteressanten Wendungen führt, z. B. Sf6×e4. 8. 0–0! Se4×c3. 9. b2×c3 Lb4×c3? 10. Dd1–b3 Lc3×a1? 11. Lc4×f7+ Ke8–f8. 12. Lc1–g5 Sc6–e7. 13. Sf3–e5 mit entscheidendem Angriff. Schwarz hat im 9. oder 10. Zuge d7–d5 versäumt. Vermutlich ist schon im 8. Zuge Lb4×c3 besser, trotz des Möller-Angriffs 9. d4–d5! Lc3–f6!

7. ... Lb4×d2+. (Gefährlich ist 7. ... Sf6×e4. 8. Ld2×b4 Sc6×b4. 9. Lc4×f7+ Ke8×f7. 10. Dd1–b3+ d7–d5. 11. Sf3–e5+ Kf7–e6! 12. Db3×b4 c7–c5. 13. Db4–a3.) 8. Sb1×d2 d7–d5! Sehr häufig ist es dieser Doppelschritt, der dem schwarzen Spiel Halt gibt. Hier sprengt er das weiße Zentrum und verschafft einen Stützpunkt auf d5. 9. e4×d5 Sf6×d5. Dd1–b3 Sc6–e7. 11. 0–0 0–0. 12. Tf1–e1 c7–c6 mit gleichen Chancen für beide Parteien.

C. 4. b2–b4. (**Das Evans-Gambit.**) Eine im vorigen Jahrhundert sehr beliebte Eröffnung. Weiß gibt den b-Bauern preis, um das Zentrum schneller besetzen zu können. Nach 4. ... Lc5×b4. 5. c2–c3 Lb4–a5. 6. d2–d4 e5×d4. 7. 0–0 wäre es sehr riskant, auch noch c3 zu nehmen (z. B. 7. ... d4×c3. 8. Dd1–b3 Dd8–f6. 9. e4–e5 Df6–g6. 10. Sb1×c3 Sg8–e7. 11. Lc1–a3 0–0. 12. Ta1–d1 Tf8–e8. 13. Lc4–d3 Dg6–h5. 14. Sc3–e4 Sc6×e5. 15. Sf3×e5 Dh5×e5. 16. La3–b2 De5–e6. 17. Db3–b5, nach dem »Bilguer«). Am sichersten ist wohl 5. ... Lb4–e7. 6. d2–d4 Sc6–a5, z. B. 7. Sf3×e5 Sa5×c4. 9. Se5×c4 d7–d5.

Obwohl die »Italienische Partie« aus der Mode gekommen ist, bietet sie für unternehmungslustige Spieler heute noch genügend »Sprengstoff«! Bitte probieren!

12. STUNDE

Spezielle Eröffnungstheorie (II)

Preußisch

Die Psychologie spielt im Schachkampf eine wesentliche Rolle. Wissen wir, daß unser Gegner eine bestimmte Eröffnung besonders gern anwendet, ist es erstrebenswert, ihr aus dem Wege zu gehen. Liebt er »Italienisch«, so können wir ihm mit »Preußisch« das Konzept sehr wirkungsvoll verderben. Wir sind nämlich nach **1. e2–e4 e7–e5 2. Sg1–f3 Sb8–c6 3. Lf1–c4** nicht verpflichtet, mit Lf8–c5 auf die Pläne des Partners einzugehen. Der von Berliner Meistern, vor allem von Bilguer und Max Lange in der zweiten Hälfte des vorigen Jahrhunderts gründlich untersuchte **Zug 3. ...**

Sg8–f6 bläst unverzüglich zum Gegenangriff. Er ist es, der die »Italienische Partie« aus den Turnierarenen vertrieben hat. Ob zu Recht, ist eine Frage für sich. Wir wollen einige Hauptabspiele näher betrachten.

A **4. Sf3–g5.** Zweischneidig und gefährlich für beide Teile. Nach den Grundregeln ist der Zug verfrüht, weil er vor vollendeter Entwicklung den Springer ein zweites Mal bewegt und ihn außerdem von der Mitte entfernt, ihn »dezentralisiert«. Zwar ist Schwarz genötigt, einen Bauern preiszugeben; aber er kann die weißen Figuren zum ungeordneten Rückzug zwingen und schnell die Initiative an sich reißen: **4. ... d7–d5** (Bild 56)

56

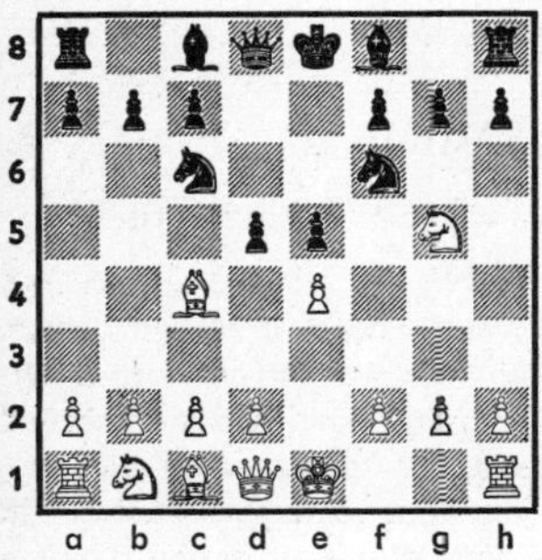

5. e4×d5 Sc6–a5! (Um den Läufer aus der gefährlichen Diagonalen, wo er auf f7 zielt, zu verdrängen. Dagegen wäre 5. ... Sf6×d5 schlecht, einmal wegen der unmittelbaren Opferwendung 6. Sg5×f7 Ke8×f7 7. Dd1–f3+, die den König in die Brettmitte zwingt, wenn er den Springer auf d5 nicht im Stich lassen will, mit der eventuellen Folge 7. ... Kf7–e6 8. Sb1–c3 Sc6–b4 9. Df3–e4 c7–c6 10. a2–a3 Sb4–a6, 11. d2–d4 Sa6–c7, 12. Lc1–f4 Ke6–f7, 13. d4×e5 und baldiger langer Rochade. Zum anderen wegen 6. d2–d4!, denn Sc6×d4 verböte sich wegen 7. c2–c3, und auf 6. ... e5×d4, 7. 0–0 droht das Opfer auf f7 mit verstärkter Kraft, z. B. 7. ... Le6, 8. Tf1–e1 Dd8–d7, 9. Sg5×f7! usw.).

6. Lc4–b5+ c7–c6! (Auf Lc8–d7 käme 7. Dd1–e2), **7. d5×c6 b7×c6, 8. Lb5–e2.** (Der Rückzug setzt ein. Von 8. Lb5–a4 hätte Weiß wegen h7–h6, 9. Sg5–f3 e5–e4, 10. Dd1–e2 Lc8–e6, 11. Sf3–e5 Dd8–d4!, 12. La4×c6+ Sa5×c6, 13. De2–b5 Lf8–c5 nach Keres noch weniger. Auf 8. Dd1–f3 könnte Schwarz mit Ta8–b8 einen weiteren Bauern preisgeben, z. B. 9. Lb5×c6+ Sa5×c6, 10. Df3×c6+ Sf6–d7 mit den Drohungen Dd8×g5 und Lc8–b7.) **8. ... h7–h6, 9. Sg5–f3 e5–e4, 10. Sf3–e5 Lf8–d6.** Weiß wird nun den Springer mit dem d- oder f-Bauern stützen, den Schwarz »en passant« schlägt. Schwarz kann sehr zufrieden sein.
Anstelle des »Stümperzuges« 4. Sf3–g5, wie Dr. Tarrasch ihn nannte, kommt ein Zug in Frage, der e4 deckt und **gleichzeitig** eine Figur ins Spiel bringt.

B. **4. Sb1–c3.** Allerdings hat auch dieser Zug Schattenseiten. Schwarz kann nämlich bequem das Zentrum auflösen mit dem Scheinopfer **4. ... Sf6×e4!,** z. B. **5. Sc3×e4 d7–d5, 6. Lc4–d3!** (weniger gut 6. Lc4×d5 Dd8×d5), **6. ... d5×e4, 7. Ld3×e4 Lf8–d6.** Verlockend, aber schwach ist das Gegenopfer 5. Lc4×f7+ Ke8×f7, 6. Sc3×e4 d7–d5, 7. Se4–g5+ Kf7–g8 (Bild 57).

57

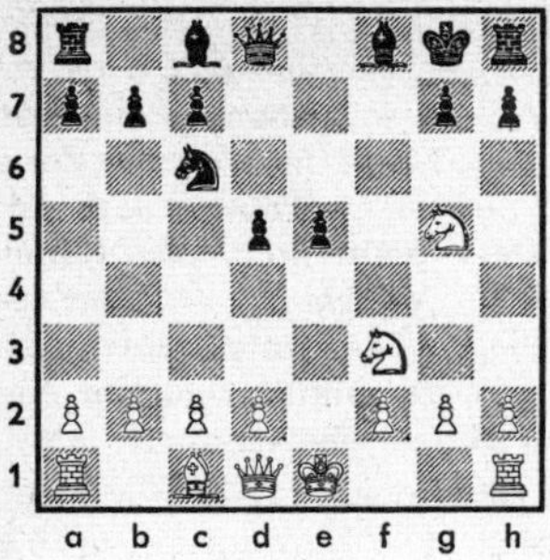

Zwar hat Schwarz die Rochade verloren, er besitzt jedoch dafür ein starkes Zentrum und das für Angriffszwecke gut verwendbare Läuferpaar. Er wird baldigst »künstlich« rochieren, indem er h7–h6 nebst Kg8–h7 zieht und den Turm nach einem Zuge des Läufers f8 auf dieses Feld bringt. Deswegen ist ein sofortiges Vorgehen des Weißen im Zentrum angemessen, das zu höchst verwickelten und schwierigen Wendungen führt, die immer noch nicht restlos überschaut werden können.

C. **4. d2–d4 e5×d4** (nicht Sf6×e4 5. d4×e5 mit den Drohungen 6. Dd1–d5 und 6. Lc4×f7+ nebst 7. Dd1–d5+) **5. 0–0.** (Auch an dieser Stelle ist der »Stümperzug« nicht viel besser: 5. Sf3–g5 d7–d5 6. e4×d5 Sc6–e5 7 Dd1×d4 Se5×c4 8. Dd4×c4 Dd8×d5 9. Dc4–e2+ Lc8–e6 10. 0–0 0–0–0 11 Sg5×e6 Td8–e8! 12. Se6×c7 Te8×e2 13. Sc7×d5 Sf6×d5 zugunsten von Schwarz. Das sofortige Vorgehen des weißen Mittelbauern beantwortet Schwarz mit einem typischen Gegencoup: 5. e4–e5 d7–d5! 6. Lc4–b5 Sf6–e4 7. Sf3×d4 Lc8–d7.)

5. ... Sf6×e4. (Ungeklärt ist der »Max-Lange-Angriff« nach 5. ... Lf8–c5 6. e4–e5 d7–d5 7. e5×f6 d5×c4 8. Tf1–e1+ Lc8–e6 9. Sf3–g5. Schwarz darf jetzt nicht unbedacht auf f6 nehmen, weil er nach 10. Sg5×e6 f7×e6 11 Dd1–h5+ den Läufer c5 verlöre. Richtig ist 9. ... Dd8–d5 10. Sb1–c3 Dd5–f5 11. Sc3–e4 0–0–0, und Schwarz hält sich annehmbar.) **6. Tf1–e1 d7–d5** (Bild 58)

58

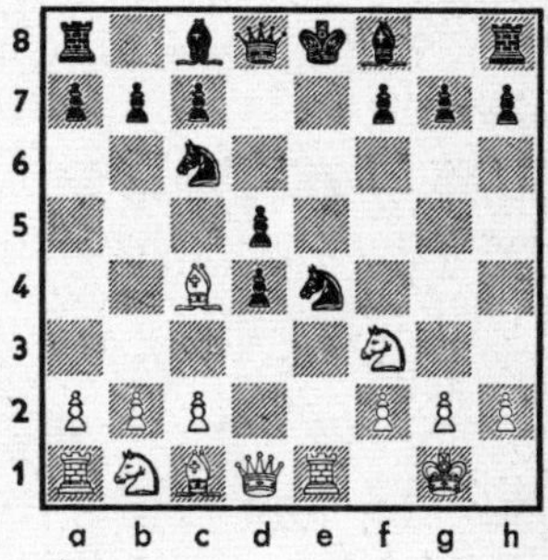

7. Lc4×d5 (eine Kombination, die darauf beruht, daß der Se4 gefesselt ist) **7. ... Dd8×d5 8. Sb1–c3 Dd5–a5 9. Sc3×e4 Lc8–e6 10. Se4–g5. 0–0–0.** Weiß erobert nun den geopferten Bauern auf e6 zurück. Die Aussichten sind für beide gleich.

Natürlich sind zahllose Abzweigungen beiderseits möglich, die niemand beherrschen kann. Aber das macht ja gerade den Reiz des Schachspiels aus!

13. STUNDE

Spezielle Eröffnungstheorie (III)

Spanisch

Der große Lehrmeister Dr. Tarrasch sprach vor einem halben Jahrhundert von der »milchenden Kuh« der Turnierspieler. Er meinte damit die Spanische Partie (**1. e2–e4 e7–e5, 2. Sg1–f3 Sb8–c6, 3. Lf1–b5**), der viele Meister ihre Erfolge verdanken. Diese Eröffnung hat an Beliebtheit nichts eingebüßt, sie hat eher noch gewonnen. Es gibt heute kaum einen Meister von Rang, der mit dem Königsbauern eröffnet und dabei nicht auf »Spanisch« aus ist. Tatsächlich ist der Läuferzug eigentlich die einzig folgerichtige Fortsetzung für Weiß.

59

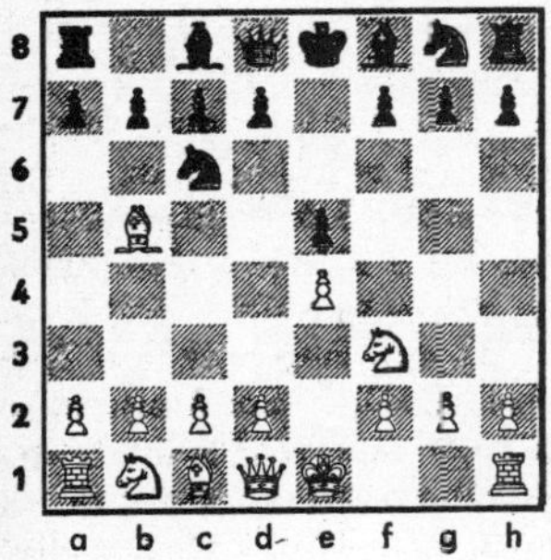

Schwarz hat durch seinen Bauern auf e5 das Gleichgewicht im Zentrum gewahrt. Mit seinem Läuferzug wendet sich Weiß nun indirekt gegen diesen Bauern. Er unterminiert ihn, indem er dessen Dekkung zu beseitigen und damit den Bauern zu erobern droht. Allerdings ist diese Drohung noch nicht durchschlagskräftig, solange der weiße Bauer auf e4 »hängt«, d. h., ungedeckt steht. Das Ziel des Weißen ist aber nicht eigentlich die Eroberung des Be5, die bei genügender Aufmerksamkeit des Schwarzen nicht zu erreichen ist, sondern der günstige Abtausch gegen den weißen d-Bauern. Wird Schwarz gezwungen, auf d4 zu tauschen, so verliert er die Stützpunkte d4 und f4. Weiß gewinnt dann Raum in der Mitte und engt die schwarze Partei ein. Vermeidet Schwarz auch das, so steht Weiß noch eine weitere Idee zur Verfügung: er kann versuchen, die schwarze Bauernstellung zu zersplittern und im Endspiel daraus Nutzen zu ziehen.

Um allen diesen Gefahren zu begegnen, muß Schwarz mit größter Umsicht zu Werke gehen. Eine Unachtsamkeit kann verhängnisvolle Folgen haben.

Heutzutage ist es gebräuchlich, den bedrohlichen Läufer sofort mit **3. ... a7–a6** zu »befragen«. Dabei ist es wichtig zu wissen, daß Weiß nun den Bauer e5 nicht erobern kann, weil Schwarz auf 4. Lb5×c6 d7×c6, 5. Sf3×e5 Dd8–d4! zieht, die beiden hängenden Steine gleichzeitig angreift und nach 6. Se5–f3 Dd4×e4+, 7. Dd1–e2 De4×e2+, 8. Ke1×e2 den Bauern mit gutem Spiel zurückgewonnen hat. Schwarz besitzt das sogenannte Läuferpaar, das bei geeignetem Zusammenwirken häufig einen lästigen Druck auszuüben vermag. Weiß wird also sein Läuferpaar nur aufgeben, wenn er dafür etwas Bestimmtes, Dauerhaftes einhandelt, zum Beispiel, wenn er dafür die schwarzen Bauern am Damenflügel vereinzeln kann.

Weiß weicht am besten mit dem Läufer nach a4 zurück, um den Sc6 im Bedarfsfalle schlagen zu können und indirekt auch weiter gegen den Ke8 zu zielen. Schwarz könnte nun den Läufer mit b7–b5 (nach **4. Lb5–a4**) weiter zurückdrängen. Der Zug ist jedoch ein Zugeständnis, weil er die Bauernstellung am Damenflügel lockert. Weiß kann bei Gelegenheit günstig a2–a4 ziehen. Außerdem steht der Läufer auf b3 nach wie vor gut; jedenfalls besser als auf c4, wo er stets dem Gegenstoß d7–d5 ausgesetzt ist. Schwarz wartet vorteilhafter mit b7–b5 und entwickelt sich ruhig mit 4. . . . d7–d6 oder Sg8–f6 weiter.

A. **4. . . . d7–d6.** Weiß muß sich nun vor der »Arche-Noah-Falle« in acht nehmen, die schon zahllose Opfer gefunden hat. Der konsequente Zug **5. d2–d4** ist nämlich nicht am besten, weil nach **5. . . . b7–b5!, 6. La4–b3 Sc6×d4, 7. Sf3×d4 e5×d4, 8. Dd1×d4?** (Weiß muß unbedingt 8. Lb3–d5 Ta8–b8, 9. Ld5–c6+ Lc8–d7, 10. Lc6×d7+ Dd8×d7 spielen, hat aber dann kaum etwas erreicht.) **8. . . . c7–c5, 9. Dd4–d5 Lc8–e6, 10. Dd5–c6+ Le6–d7, 11. Dc6–d5 c5–c4** der weiße Läufer abgesperrt wird und gegen zwei Bauern hergegeben werden muß – für Schwarz ein zum Gewinn ausreichender Vorteil.

Weiß kann **5. La4×c6+ b7×c6, 6. d2–d4** spielen. Tauscht Schwarz auf d4, schlägt Weiß mit der Dame zurück und hat einen gewissen Raumvorteil erzielt. Verteidigt Schwarz mit f7–f6, so hat sich Schwarz ein wenig geschwächt, und er steht beengt. Auf lange Sicht kann aber das Läuferpaar mitsprechen.

Deswegen ist **5. c2–c3,** als Vorbereitung von d2–d4, am beliebtesten. Schwarz kann dann sehr unternehmend spielen und die »Siesta-Variante« 5. . . . f7–f5 wählen, auf die Weiß am besten mit 6. e4×f5 Lc8×f5, 7. d2–d4 reagiert. Am empfehlenswertesten für Schwarz ist aber die solide Methode **5. . . . Lc8–d7, 6. d2–d4 g7–g6, 7. 0–0 Lf8–g7, 8. d4×e5 d6×e5, 9. Lc1–g5 Sg8–f6 Sb1–d2 Dd8–e7,** und Weiß ist nicht viel weiter gekommen.

B. **4. . . . Sg8–f6.** Diagramm 60.

60

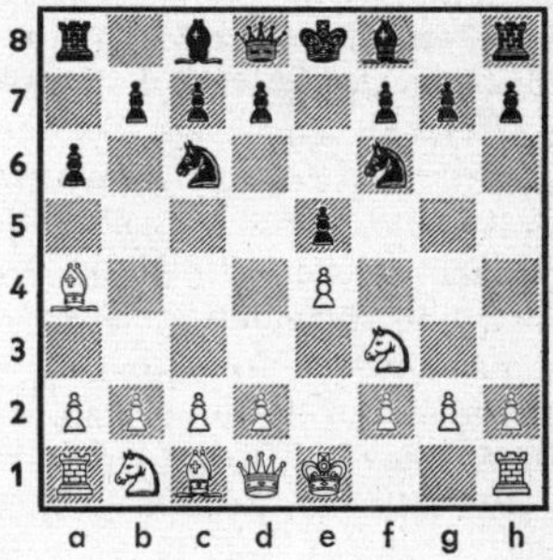

Schwarz wehrt sich durch Gegenangriff auf e4. Es hat sich gezeigt, daß nun **5. 0–0** der richtige Weg für Weiß ist. Er läßt e4 im Stich, bringt aber seinen König in Sicherheit und bereitet das Eingreifen des Turms auf e1 vor. Diese Spielweise gehört heute zu den häufigsten. Nimmt Schwarz auf e4, spricht man vom »offenen« Spanier, nimmt er nicht, sondern bereitet mit Le7 die Rochade vor, vom »geschlossenen«. Beide Zweige sind spielbar; sie sind bis in alle Verästelungen weitgehend analysiert und erforscht. Wir begnügen uns mit einigen Andeutungen. 1. **5. . . . Sf6×e4** (»offen«). **6. d2–d4.** (Nicht so nachhaltig ist 6. Tf1–e1 Se4–c5, 7. La4×c6 d7×c6, 8. Sf3×e5.) **6. . . . b7–b5.** (Die e-Linie darf Schwarz nicht vollständig öffnen: 6. . . . e5×d4, 7. Tf1–e1 d7–d5, 8. Sf3×d4 Lf8–d6, die scharfe Riga-Variante, die Weiß bei richtigem Spiel ein vorteilhaftes Endspiel einbringt, z. B. 9. Sd4×c6 Ld6×h2+, 10. Kg1–h1 Dd8–h4, 11. Te1×e4+ d5×e4, 12. Dd1–d8+

Dh4×d8, 13. Sc6×d8+ Ke8×d8, 14. Kh1×h2 Lc8–e6, 15. Lc1–e3 f7–f5, 16. Sb1–c3 Kd8–e7, 17. g2–g4 g7–g6, 18. Kh2–g3, wie eine Partie Capablanca–Ed. Lasker, New York 1915, gezeigt hat.) **7. La4–b3 d7–d5, 8. d4×e5 Lc8–e6, 9. c2–c3 Lf8–c5** mit ungefähr gleichem Spiel. 2. **5. . . . Lf8–e7, 6. Tf1–e1.** Nun muß Schwarz ernsthaft mit dem Bauernverlust nach La4×c6 nebst Sf3×e5 rechnen, denn der Be4 ist gedeckt. Auf 6. . . . d7–d6 käme nun 7. La4×c6+ b7×c6, 8. d2–d4 und Schwarz ist gezwungen, auf d4 zu nehmen und Weiß Raumvorteil zuzubilligen. So hätte er nach der Fesselung 8. . . . Lc8–g4, 9. d4×e5 Lg4×f3 (9. . . . d6×e5, 10. Dd1×d8+ nebst Sf3×e5 mit Bauerngewinn), 10. Dd1×f3 d6×e5 eine zerrissene Bauernstellung ohne jeden Gegenwert. Am häufigsten wird **6. . . . b7–b5, 7. La4–b3 d7–d6** gespielt, z. B. **8. c2–c3** (wiederum ist 8. d2–d4 wegen Sc6×d4, 9. Sf3×d4 e5×d4, 10. Dd1×d4 c7–c5 nebst c5–c4 verfrüht). **8. . . . 0–0.** (Die Fesselung 8. . . . Lc8–g4 gilt als weniger günstig, weil Weiß sich mit 9. d2–d3 begnügt und den Läufer später mit dem Manöver Sb1–d2–f1–e3 behelligt.) **9. h2–h3.** (Auf 9. d2–d4 käme allerdings Lc8–g4; denn der Druck gegen d4 zwänge Weiß zu einer Erklärung: Schwarz droht dann, auf f3 zu nehmen und den Königsflügel aufzureißen, wenn Weiß keinen Bauern einbüßen will.) **9. . . . Sc6–a5, 10. Lb3–c2.** (Den »spanischen« Angriffsläufer will Weiß so lange wie möglich behalten.) **10. . . . c7–c5.** (Das Tschigorin-System.) Nach **11. d2–d4 Dd8–c7** steht Weiß vielleicht eine Idee besser. Die strategischen und taktischen Probleme, die die Spanische Partie aufwirft, sind so vielgestaltig und schwierig, daß die meisten Turnierspieler ihr aus dem Wege gehen, indem sie auf 1. e2–e4 nicht e7–e5 antworten, sondern einen »halboffenen« Spielanfang, wie 1. . . . e7–e6, 1. . . . c7–c5 oder 1. . . . c7–c6 wählen.

14. STUNDE

Spezielle Eröffnungstheorie (IV) Sizilianisch

Ausgangspunkt der »offenen Spiele« ist der Partieanfang 1. e2–e4 e7–e5, seit Jahrhunderten unumstritten und als der natürliche empfunden. Andere Erwiderungen des Nachziehenden, die zur Gruppe der »halboffenen Spiele« gehören, waren zeitweise beliebt, tauchten dann unter, um plötzlich wieder in verjüngtem Glanze zu erscheinen. Die wichtigsten sind die sizilianische (1. e2–e4 c7–c5), die französische (1. e2–e4 e7–e6) und die Caro-Kann-Verteidigung (1. e2–e4 c7–c6). »Sizilianisch« ist die älteste unter den »halboffenen« Spielweisen, die schon im 17. Jahrhundert von italienischen Meistern untersucht worden ist. (Bild Nr. 61.)

61

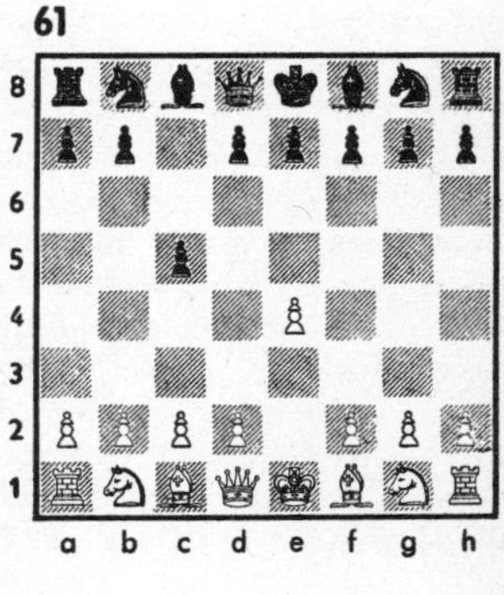

Der Zug **1. . . . c7–c5** hat kämpferischen Charakter. Er vermeidet die Symmetrie, überläßt dem Weißen einen Raumvorteil (besonders in der Mitte) und leistet streng genommen nicht so viel wie e7–e5. Die Grundtendenz ist strategischer Natur; sie soll sich auf lange Sicht auswirken. Geht Weiß mit d2–d4 vor, so hat Schwarz sich nach c5×d4 die c-Linie geöffnet, auf der Turm und Dame zur Wirkung kommen. Außerdem besitzt er zwei Mittelbauern, während Weiß einen davon gegen einen schwarzen Flügelbauern getauscht hat. Gelingt es Schwarz später, den d-Bauern nach d5 vorzustoßen und den weißen e-Bauern zu tauschen, so steht er fast immer gut. – Die Chance des Weißen besteht darin, möglichst rasch im Zentrum und am Königsflügel zum Angriff vorzugehen. Er wird bald (aber selten vor der Rochade) f2–f4 ziehen und damit e4–e5, eventuell auch f4–f5 drohen. Die scharfe sizilianische Verteidigung ist äußerst vielgestaltig; beide Seiten können vielfach variieren. Wir müssen uns mit wenigen Andeutungen begnügen.

Am gebräuchlichsten für beide Seiten ist die Aufstellung **1. e2–e4 c7–c5, 2. Sg1–f3 d7–d6, 3. d2–d4 c5×d4, 4. Sf3×d4 Sg8–f6** (spielbar ist auch 4. . . . g7–g6, obwohl Weiß dann 5. c2–c4 ziehen und den Zug d6–d5 erheblich erschweren kann), **5. Sb1–c3 a7–a6.** (Oft wird auch 5. . . . g6 gespielt, die »Drachenvariante«, die etwa wie folgt weitergeht: 6. Le2 Lg7, 7 0–0 0–0, 8. Le3 Sc6, 9. Dd2.) Der Zug 5 . . . a6 ist im »Sizilianer« oft unvermeidlich. Die Dame will nach c7, ohne durch einen auf b5 auftauchenden Springer gestört zu werden. Außerdem bereitet Schwarz b7–b5 vor, um Platz für den Läufer zu machen und eventuell b5–b4 zu drohen. (Diagramm 62.)

62

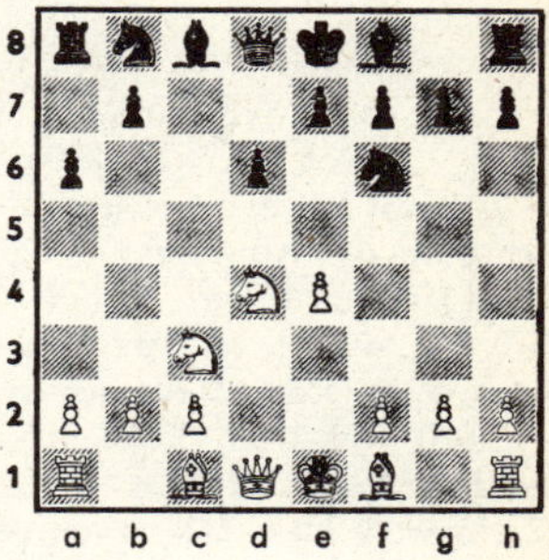

Weiß verfügt nun über mehrere gleichwertige Fortsetzungen.

I. Auf **6. Lf1–e2** kann Schwarz das »Najdorf-System« **6. . . .** e7–e5 wählen. Zwar wird **Bd6** rückständig und der Punkt d5 geschwächt, aber Schwarz faßt im Zentrum Fuß und plant Lc8–e6 nebst **d6–d5** mit Auflösung aller Schwächen und gutem Spiel. Ein modernes Vorbild ist 7. Sd4–b3 Lf8–e7, 8. 0–0 0–0, 9. Lc1–e3 Lc8–e6, 10. f2–f4 e5×f4, 11. Le3×f4 Sb8–c6, 12. Kg1–h1 b7–b5, 13. Sb3–d4. Smyslov–Schweber, Leipzig 1960.

II. Auch **6. f2–f4** kann (und soll!) Schwarz mit e7–e5 beantworten. Weiß erhält nach 7. Sd4–f3 Dd8–c7, 8. a2–a4 Sb8–d7, 9. Lf1–d3 g7–g6, 10. 0–0 Lf8–g7, 11. Dd1–e1 nebst De1–h4 einen aussichtsreichen Angriff; aber Schwarz ist nicht ohne Gegenchancen, denn er steht sehr fest.

III. Auf **6. Lc1–g5** hingegen ist e7–e5 weniger zu empfehlen, weil 7. Lg5

×f6 Dd8×f6, 8. Sc3–d5 Df6–d8, 9. Sd4–f5 zur Blockade der weißen Felder führt. Schwarz begnügt sich dann mit 6. ... e7–e6, wobei das ungestüme Vorgehen 7. f2–f4 b7–b5, 8. e4–e5 d6×e5, 9. f4×e5 Dd8–c7, 10. e5×f6 Dc7–e5+ ungeklärte Folgen hat.

IV. Unternehmend ist **6. Lf1–c4,** um den Läufer sofort aktiv einzusetzen, z. B. 6. ... e7–e6, 7. a2–a3 (Schafft eine Zuflucht für den Lc4 und hält gleichzeitig den schwarzen b-Bauern auf.) 7. ... Lf8–e7, 8. Lc4–a2. (Weiß mußte mit dem Scheinopfer Sf6×e4, 9. Sc3×e4 d6–d5 rechnen.) 8. ... 0–0, 9. 0–0 b7–b5, 10. f2–f4 nebst Tf1–f3 und Tf3–h3.

V. Zielbewußt ist **6. Lf1–d3** mit der Idee, auf 6. ... e7–e6, 7. f2–f4 zu spielen. Schwarz darf nun kaum b7–b5 ziehen (nötig wohl Dd8–c7), weil dann 8. e4–e5! d6×e5, 9. f4×e5 Sf6–d5, 10. Dd1–g4 geschieht. (Diagramm 63.)

63

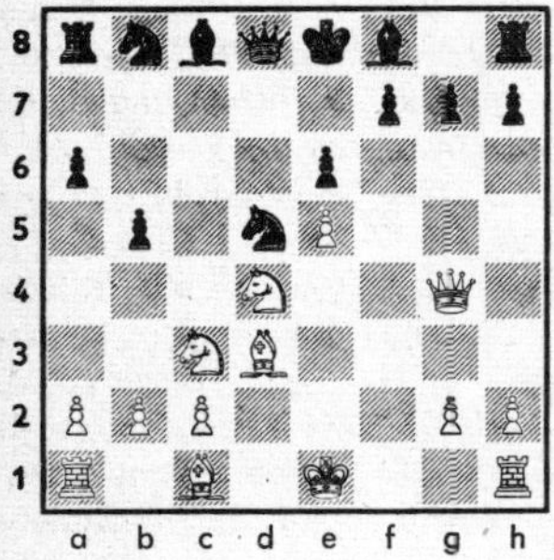

Weiß hat viel Raum am Königsflügel und starken Angriff (Parma–Gheorghiu, Den Haag 1961).

VI. Ruhiger, aber sehr nachhaltig ist **6. g2–g3** nebst Lf1–g2. Der Läufer erschwert das Gegenspiel b7–b5. Weiß wird bald rochieren und mit f2–f4, h2–h3, g3–g4 und g4–g5 vorgehen. Nach 6. ... e7–e5, 7. Sd4–e2 Sb8–d7, 8. Lf1–g2 b7–b5, 9. a2–a4 b5–b4, 10. Sc3–d5 stünde Schwarz beengt.

Diese Hinweise mögen einen kleinen Einblick in den Inhaltsreichtum dieser Verteidigung geben. Die Aufgabe ist für beide Teile schwierig, der Stärkere wird gewinnen. Weiß kann den Bestrebungen des Nachziehenden entgegentreten, indem er **2. Sb1–c3** spielt und den Vorstoß des d-Bauern nach d4 hintanstellt. Ein Anhänger dieser »geschlossenen« Behandlungsweise ist Exweltmeister Smyslov. Allerdings erreicht Weiß nicht viel, wenn Schwarz, wie der große Botwinnik vorschlägt, auf 2. ... Sb8–c6, 3. g2–g3 g7–g6, 4. Lf1–g2 Lf8–g7, 5. d2–d3 d7–d6, 6. Sg1–e2 e7–e5! zieht. Die Idee ist, 7. f2–f4 mit f7–f5 zu beantworten. Ein anderer, interessanter Aufbau für Weiß ist 3. f2–f4 g7–g6, 4. Sg1–f3 Lf8–g7, 5. Lf1–b5 d7–d6, 6. 0–0 Lc8–d7, 7. Lb5×c6 Ld7×c6, 8. d2–d3 Sg8–f6, 9. Dd1–e1 b7–b6, 10. Kg1–h1 Dd8–c7, 11. Lc1–d2 e7–e6, 12. De1–h4 (Pietzsch–O'Kelly, Madrid 1960). Weiß plant f4–f5.

Der Lernende prüfe die dargebotenen Varianten und wähle die für ihn geeigneten aus. Die Eröffnung soll ja dazu dienen, dem Spieler eine Stellung zu verschaffen, die seinem Geschmack entspricht.

15. STUNDE

Spezielle Eröffnungstheorie (V)

Französisch

Seit der Mitte des vorigen Jahrhunderts hat die »Französische Verteidigung« Eingang in die Spielpraxis gefunden. Sie stellt an die Verteidigungskunst und Geduld des Führers der schwarzen Steine hohe Anforderungen. Er erwidert auf **1. e2–e4** mit **e7–e6** und bereitet den Vorstoß d7–d5 vor. Schwarz nimmt eine Einengung in der Mitte und am Königsflügel in Kauf und hat Sorgen, wie er den Damenläufer (Lc8) verwenden soll. Seine Chance besteht nach (1. e2–e4 e7–e6, 2. d2–d4 d7–d5) 3. e4–e5 (jetzt oder später) darin, die weißen Mittelbauern zu unterminieren. Dazu bieten sich die Züge c7–c5 und f7–f6 an. Gelingt es Schwarz, die Bauern auf den Feldern d4 und e5 abzutauschen und diese Felder mit seinen Bauern oder Figuren zu kontrollieren, erlangt er im Zentrum die Oberhand. Weiß strebt danach, die Herrschaft über den Punkt e5 zu behaupten und dadurch ein Vorrücken des Be6 zu verhindern. Den Bauern d4 tauscht er mitunter gegen den schwarzen c-Bauern ab, wenn er die Chance hat, auf d4 eine Figur, meistens einen Springer, niederzulassen, der dort eine beherrschende Stellung einnimmt.

Zunächst dreht sich der Kampf im allgemeinen um den Punkt d4. Nach **1. e2–e4 e7–e6, 2. d2–d4 d7–d5, 3. e4–e5** wird Schwarz mit **c7–c5** aktiv: er greift die Basis der Bauernkette an. Er ist dazu »moralisch« berechtigt, denn der dritte weiße Zug war entwicklungstechnisch gesehen ein Zeitverlust – er förderte nicht die Entfaltung der Figurenkräfte. In der Folge wird Weiß den Punkt d4 verteidigen, Schwarz ihn angreifen: **4. c2–c3 Sb8–c6, 5. Sg1–f3 Dd8–b6.**

64

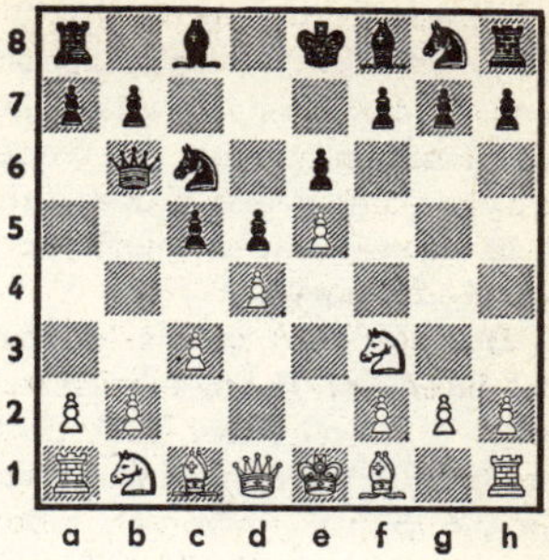

6. Lf1–e2. (Möglich ist aber auch 6. Lf1–d3 c5×d4, 7. c3×d4, weil hier der Bauernraub mit Sc6×d4, 8. Sf3×d4 Db6×d4 wegen 9. Ld3–b5+ für Schwarz katastrophal enden würde. Schwarz müßte zuerst 7. ... Lc8–d7 spielen, um das Läuferschach auf b5 auszuschalten. Dann muß Weiß entweder 8. Ld3–e2 zur Deckung von d4 spielen oder mit 8. 0–0 ein echtes Bauernopfer bringen, das nach Ansicht von Exweltmeister Tal Chancen bietet, z. B. 8. ... Sc6×d4, 9. Sf3×d4 Db6×d4, 10. Sb1–c3 a7–a6!, wobei 10. ... Dd4×e5, also die Wegnahme des zweiten Bauern, äußerst gefährlich ist: 11. Tf1–e1 De5–d6, 12. Sc3–b5 usw.). **6. ... c5×d4, 7. c3×d4 Sg8–h6, 8. b2–b3** (8. Lc1×h6? Db6×b2!) **8. ... Sh6–f5, 9. Lc1–b2 Lf8–b4+, 10. Ke1–f1.** Weiß muß die Rochade aufgeben, weil das Dazwischensetzen auf d2 die Antwort Sc6×d4 zuließe. **10. ... h7–h5** (Damit der Sf5 nicht durch g2–g4 vertrieben werden kann.) **11. h2–h4.** Weiß wird nun mit g2–g3 nebst Kf1–g2 »künstlich« rochieren. Die Aussichten sind ungefähr gleich.

Der Entwicklungszug **3. Sb1–c3** (anstelle von 3. e4–e5) ist beliebter.

Tauscht Schwarz nun auf e4 (d5× e4), vermeidet er zwar die Einengung e4–e5, gibt dafür jedoch seinen Zentrumsstützpunkt auf. Seine Stellung bleibt fest, aber Weiß hat Raumvorteil und kann sich bequemer entwickeln. Ein Beispiel: **4. Sc3×e4** Sg8–f6, 5. Se4× f6+ Dd8×f6 (oder g7×f6, 6. Sg1–f3 b7–b6, 7. Lc1–f4 Lc8–b7, 8. c2–c3 Lf8–d6, 9. Lf4–g3 Sb8–d7, 10. Dd1–a4 a7–a6, 11. Lf1–d3 zugunsten von Weiß), 6. Sg1–f3 h7–h6 (als Sicherung gegen 7. Lc1–g5 Df6–g6, 8. Lf1–d3), 7. Lf1–d3 Lf8–d6, 8 0–0 0–0, 9. Dd1–e2 mit der Drohung De2–e4. Schwarz kann auch vor Sg8–f6 erst **4. ... Sb8–d7** spielen, um später auf f6 mit dem Springer zurückschlagen zu können. Auch in diesem Falle behält Weiß das aussichtsreichere Spiel, z. B. **5. Sg1–f3 Sg8–f6, 6. Se4×f6+ Sd7×f6, 7. Lf1–d3 Lf8–e7, 8. Dd1–e2 0–0, 9. Lc1–g5 c7–c5, 10. d4×c5 Dd8–a5+, 11. c2–c3 Da5×c5, 12. 0–0–0 Tf8–d8, 13. Sf3–e5** (Keres).

65

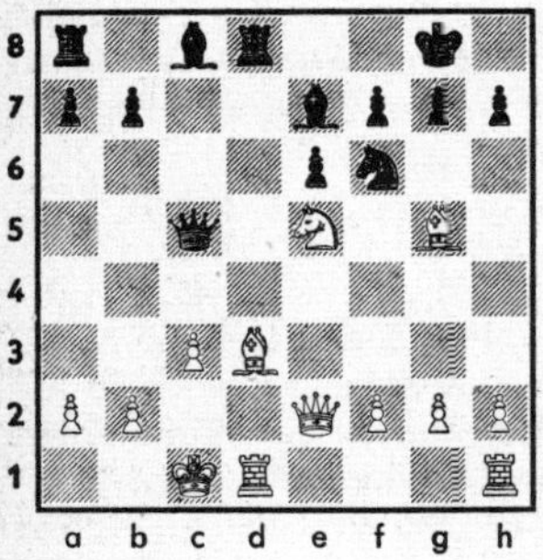

Nun scheitert 13. ... Lc8–d7 an 14. Lg5×f6 Le7×f6, 15. Se5×d7 Td8× d7, 16. Ld3×h7+. Ein schulmäßiger Hereinfall ist übrigens 9. ... b7–b6?, 10. Lg5×f6 Le7×f6, 11. De2–e4 mit Doppeldrohung gegen h/ und a8. Die »klassische« Verteidigung ist **3. ... Sg8–f6, 4. Lc1–g5 Lf8–e7** (gegen die »MacCutcheon-Variante« 4. ... Lf8–b4 spielt man etwa 5. e4–e5 h7–h6, 6. Lg5–d2 Lb4×c3, 7. b2×c3 Sf6–e4, 8. Dd1–g4 Ke8–f8, 9. h2–h4! c7–c5, 10. Th1–h3 Dd8–a5, 11. Lf1–d3 Se4×d2, 12. Th3–g3!) **5. e4–e5 Sf6–d7.** Früher wurde nun immer auf e7 getauscht. Dr. Aljechin zeigte die Stärke von **6. h2–h4.** Eine Idee ist, auf **6. ... f7–f6** mit **7. Dd1–h5+ g7–g6** (oder Ke8–f8, 8. e5×f6 Sd7×f6, 9. Dh5–e2), **8. e5 ×f6! g6×h5, 9. f6×e7** fortzufahren. In der modernen Spielpraxis ist Nimzowitschs Zug **3. ... Lf8–b4** am beliebtesten. Nach **4. e4–e5 c7–c5, 5. a2–a3 Lb4×c3+, 6. b2×c3 Sg8–e7** (oder Dd8–c7, 7. Dd1–g4 f7–f5), **7. Dd1–g4** kann Schwarz dem Einschlag auf g7 mit **7. ... Se7—f5** begegnen und nach **8. Lf1–d3 h7–h5, 9. Dg4–f4** den Damentausch anbieten: **9. ... Dd8–h4.** Gligoric hat gezeigt, daß Weiß ihn zulassen kann und besser steht, also **10. Sg1–e2 Dh4×f4, 11. Se2×f4** usw. Die ganze Variante ist äußerst verwickelt und wohl nur für fortgeschrittene Spieler geeignet.

Weiß kann der Fesselung begegnen und **3. Sb1–d2** (Tarrasch) spielen. Er wahrt nach **3. ... Sg8–f6, 4. e4–e5 Sf6–d7, 5. f2–f4 c7–c5, 6. c2–c3 c5×d4, 7. c3×d4 Dd8–b6, 8. Sd2–f3! Lf8–b4+, 9. Ke1–f2** unter Aufgabe der Rochade einen Raumvorteil.

Schwarz kann allerdings auch **3. ... c7–c5** spielen, muß jedoch nach **4. e4×d5 e6×d5, 5. Sg1–f3** mit der Schwäche des Bauern d5 rechnen. Deswegen bevorzugen manche **4. ... Dd8×d5, 5. Sg1–f3 c5×d4,** wobei Weiß nach **6. Lf1–c4 Dd5–d6, 7. 0–0 Sb8–c6, 8. Sd2–b3** den preisgegebenen Bauern mit gutem Spiel zurückgewinnt (8. . . . e6–e5, 9. Tf1–e1!)

Wer es versteht, aus der Defensive blitzschnell zur Offensive überzugehen, sobald sich eine Gelegenheit bietet, für den ist die »Französische« die ideale Verteidigung.

16. STUNDE

Spezielle Eröffnungstheorie (VI)

Caro-Kann

Die »Caro-Kann-Verteidigung« (**1. e2–e4 c7–c6**), von den Meistern Caro (Berlin) und Kann (Wien) 1886 theoretisch untersucht und in die Praxis eingeführt, spielte jahrzehntelang eine untergeordnete Rolle. Sie erwachte zu neuem Leben, als sich der damalige Weltmeister Botwinnik ihrer annahm und sie in seinen Wettkämpfen mit Smyslov und Tal (1957–1961) mit Erfolg anwandte. Seitdem bedienen sich fast alle Größen der Schachwelt ihrer, wie Petrosjan, Keres, Barcza und andere. Die Idee dieser Verteidigung ist gesund: Schwarz will einen Bauern auf dem Zentralfeld d5 festsetzen (bei sofortigem d7–d5, 2. e4×d5 Dd8×d5, 3. Sb1–c3 könnte er das nicht) und gleichzeitig die Einsperrung des Damenläufers (die die »französische« Fortsetzung e7–e6 zur Folge hat) vermeiden.

Nach **1. e2–e4 c7–c6, 2. d2–d4** (oder 2. Sb1–c3, siehe A), **2. . . . d7–d5** hat Weiß die Wahl, 1. den Bauern zu decken, 2. ihn vorzurücken und 3. ihn zu tauschen.

66

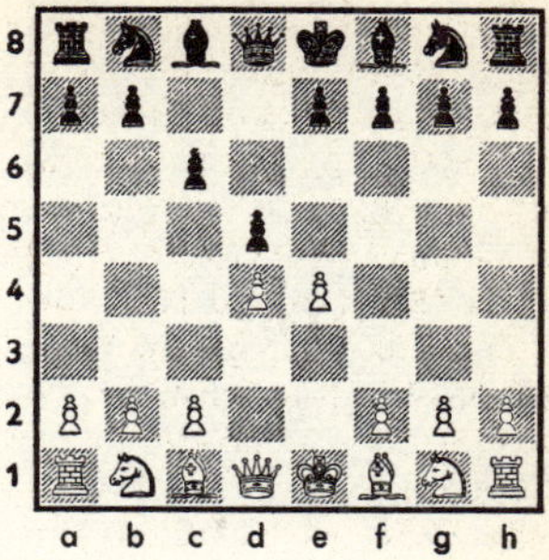

1. Als Deckung kommt vor allem **3. Sb1–c3** in Frage (denn 3. Lf1–d3 d5×e4, 4. Ld3×e4 Sg8–f6 verliert Zeit) mit der Folge **3. . . . d5×e4, 4. Sc3×e4 Lc8–f5** (spielbar ist auch 4. . . . Sg8–f6, obgleich nach 5. Se4×f6+ das Bauernskelett des Schwarzen leidet; ebenso ist auch 4. . . . Sb8–d7 nebst Sg8–f6 möglich), **5. Se4–g3 Lf5–g6, 6. h2–h4.** Weiß kann auch ruhiger fortsetzen, z. B. 6. Sg1–f3 Sb8–d7 (Schwarz muß in der Lage sein, einen auf e5 auftauchenden Springer sofort zu beseitigen. So erhielte Weiß nach 6. . . . Sg8–f6?, 7. h2–h4 h7–h6, 8. Sf3–e5 Lg6–h7, 9. Lf1–c4 eine starke Stellung.) 7. Lf1–c4 e7–e6, 8. 0–0 usw.

6. . . . h7–h6, 7. f2–f4. (Eine vehemente Idee Najdorfs. Meist spielt man hier 7. Sg1–f3 Sb8–d7, 8. Lf1–d3 Lg6×d3, 9. Dd1×d3 Dd8–c7, 10. Lc1–d2 Sg8–f6, 11. 0–0–0 e7–e6, 12. Kc1–b1! und Weiß steht wohl eine Idee besser.) **7. . . . e7–e6, 8. Sg1–f3 Sb8–d7, 9. h4–h5 Lg6–h7, 10. Lf1–d3 Lh7×d3, 11. Dd1×d3 Sg8–f6, 12. Lc1–d2 Dd8–c7, 13. 0–0–0 0–0–0, 14. Sf3–e5!**

67

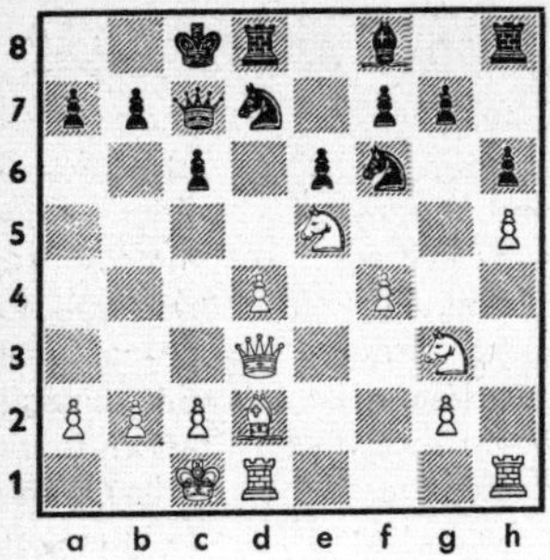

68

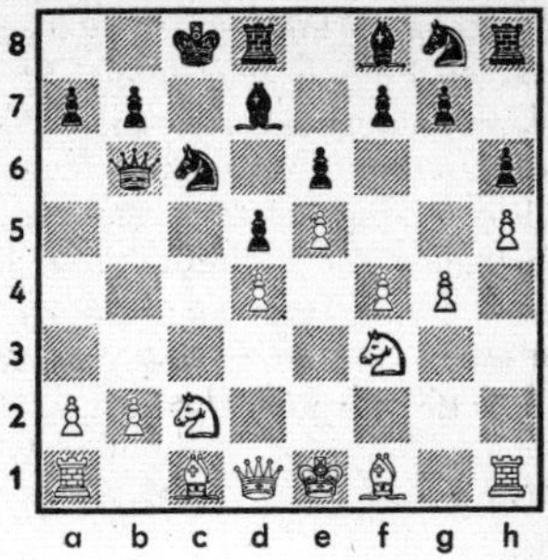

Falls nun Sd7×e5, 15. f4×e5 Sf6–g4, so 16. Dd3–e2! Td8×d4?, 17. Th1–h4 und Weiß gewinnt Geht der Springer im 15. Zuge woanders hin, kann Weiß ein Spiel in der f-Linie einleiten.

2. Der Vorstoß **3. e4–e5** ist ein Lieblingszug des Exweltmeisters Tal. Als gute Erwiderung gilt **3. . . . Lc8–f5,** aber im Turnier von Bled 1961 erhielt Tal gegen Pachman mit eigenwilligen Bauernzügen eine vorzügliche Stellung: **4. h2–h4 h7–h6** (nicht e7–e6?, 5. g2–g4 Lf5–e4, 6. f2–f3 Le4–g6, 7. h4–h5 und der Läufer ist gefangen!) **5. g2–g4 Lf5–d7** (Auf 5. . . . Lf5–h7 fürchtete Schwarz 6. e5–e6 f7×e6, 7 Lf1–d3), **6. h4–h5 c6–c5, 7. c2–c3 e7–e6, 8. f2–f4.** (Nach acht Zügen hat Weiß noch keine Figur gezogen! Aber Schwarz steht sehr beengt und die Stellung ist geschlossen, so daß der Entwicklungsrückstand nicht ins Gewicht fällt.) **8. . . . Dd8–b6, 9. Sg1–f3 Sb8–c6, 10. Sb1–a3 c5×d4, 11. c3×d4 0–0–0, 12. Sa3–c2.** Weiß kam in der Folge mit Ld3, Tb1, Ld2 und b2–b4 zum Angriff (siehe Bild 68).

Mit 3. . . . c6–c5 hat Botwinnik gegen Tal keine guten Erfahrungen gemacht: 4. d4×c5 e7–e6, 5. Dd1–g4! Sb8–c6, 6. Sg1–f3 Dd8–c7. (Besser dürfte 6. . . . Dd8–a5+ nebst Da5×c5 sein.) 7. Lf1–b5 Lc8–d7, 8. Lb5×c6 Ld7×c6, 9. Lc1–e3 Sg8–h6, 10. Le3×h6 g7×h6, 11. Sb1–d2 Dc7×c5, 12. c2–c4! 0–0–0. (Die Theoretiker empfehlen Ld7–c6.) 13. 0–0 Kc8–b8, 14. Tf1–d1 und die Aussichten der weißen Partie sind günstiger. Wie wir angedeutet haben, läßt sich das schwarze Spiel verbessern.

3. Viele Meister bevorzugen den »Panov-Angriff« **3. e4×d5 c6×d5, 4. c2–c4.** Nach **4. . . . Sg8–f6, 5. Sb1–c3 e7–e6, 6. Sg1–f3 Lf8–e7** spielte man lange Zeit 7 c4–c5 zwecks Bildung einer Bauernmehrheit am Damenflügel, der jedoch das sofortige »Anknabbern« 7. . . . b7–b6 so ziemlich den Giftzahn ausbricht. Deswegen spielt man heutzutage meistens **7. c4×d5,** z. B. 7. . . . Sf6×d5, 8. Lf1–d3 0–0, 9. 0–0 Sb8–c6, 10. Tf1–e1 Lc8–d7, 11. Sc3×d5 e6×d5, 12. Sf3–e5 Sc6×e5, 13. Te1×e5 Ld7–e6, und Schwarz wird sich verteidigen können.

Wie in allen Eröffnungen, sind auch hier noch viele Probleme ungelöst. Das ist gut so. Es heißt eben, sich frisch in das Gewühl zu stürzen und den theoretischen Stoff lediglich als Anregung zu betrachten.

A. Eine typische Eröffnungsfalle ist bei **1. e2–e4 c7–c6, 2. Sb1–c3** (anstelle von d2–d4), **2. ... d7–d5, 3. Sg1–f3 d5×e4** (gut auch Lc8–g4), **4. Sc3×e4** zu beachten. Jetzt wäre nämlich **4. ... Lc8–f5** riskant wegen **5. Se4–g3 Lf5–g6?** (das geringere Übel ist Lf5–g4), **6. h2–h4 h7–h6, 7. Sf3–e5 Lg6–h7, 8. Dd1–h5 g7–g6.**

69

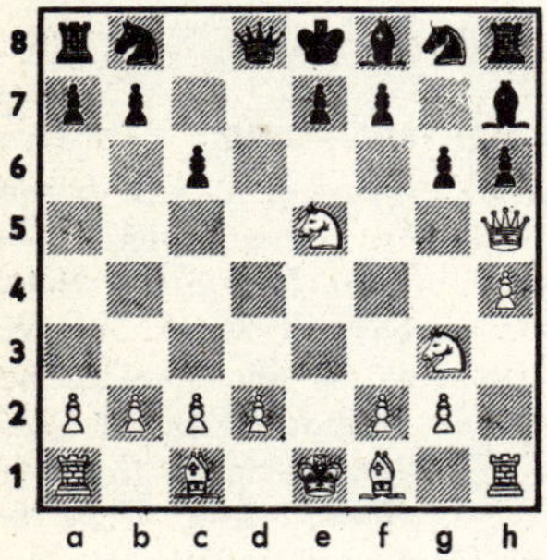

9. Lf1–c4! (droht wieder Matt auf f7), 9. ... e7–e6, 10. Dh5–e2 mit der Absicht Se5×f7 nebst De2×e6. Weiß stünde weit überlegen. Schwarz zieht anstelle von 4. ... Lc8–f5 einfacher Sb8–d7 und läßt dann Sg8–f6 folgen.

Das Fazit unserer Betrachtungen über die aktuelle Caro-Kann-Verteidigung: sie bietet zwar keine Patentlösung, verschafft aber dem Schwarzen eine feste, verteidigungsfähige Stellung.

17. STUNDE

Spezielle Eröffnungstheorie (VII)

Zur Gruppe der »halboffenen Spiele« (anders als e7–e5 als Antwort auf 1. e2–e4) gehören noch einige weniger gebräuchliche Eröffnungen wie die Aljechin-Verteidigung (1. e2–e4 Sg8–f6), die Pirc-Verteidigung (1. e2–e4 d7–d6), die Skandinavische Verteidigung (1. e2 –e4 d7–d5) und die Nimzowitsch-Verteidigung (1. e2–e4 Sb8–c6). Für den theoretisch unbewanderten Schachfreund ist es nicht abwegig, sich auf eine dieser Spielweisen zu spezialisieren, wenn er die schwarzen Steine führt. Einmal bewegt er sich dann stets auf vertrautem Gebiet, zum anderen nimmt er dem Gegner die Chance, mit Überraschungen aufzuwarten. Das Schachspiel ist so unerhört vielgestaltig, daß man Eintönigkeit oder Wiederholungen nicht zu fürchten braucht.

Die Aljechin-Verteidigung

Der Sinn des Springerzuges (**1. e2–e4 Sg8–f6**) besteht darin, den weißen Mittelbauern vorzulocken, um später leichter zum Tausch des d-Bauern gegen den weißen e-Bauern zu kommen. Weiß muß sich in acht nehmen, seine Stellung nicht durch zu viele Bauernzüge zu lokkern. Am besten fährt er wohl, wenn er sich mit einem geringen Raumgewinn zufrieden gibt. Das ist übrigens ein nachahmenswertes Erfolgsrezept der großen Meister: sich auf das wirklich Erreichbare (und das ist meistens sehr wenig) zu beschränken! Dies ist eine der Hauptvarianten: 1. e2–e4 Sg8–f6, 2. e4–e5. (Mit 2 Sb1–c3 ist nichts zu erreichen: Schwarz erwidert entweder 2. ... e7–e5, lenkt damit in die »Wiener Partie« ein und hat die gefährliche »Spanische Partie« vermieden, oder er spielt 2. ... d7–d5,

3. e4–e5 d5–d4). 2. Sf6–d5, 3. d2–d4 d7–d6, 4. Sg1–f3 Lc8–g4. (Der richtige Zug. 4. ... Sb8–c6 gäbe Weiß Angriff durch 5. c2–c4 Sd5–b6, 6. e5–e6! f7×e6 [nicht aber Lc8×e6, 7. d4–d5], 7. Sf3–g5!). 5. Lf1–e2 e7–e6, 6. 0–0 Lf8–e7, 7. c2–c4 Sd5–b6, 8. e5×d6 c7×d6, 9. b2–b3.

70

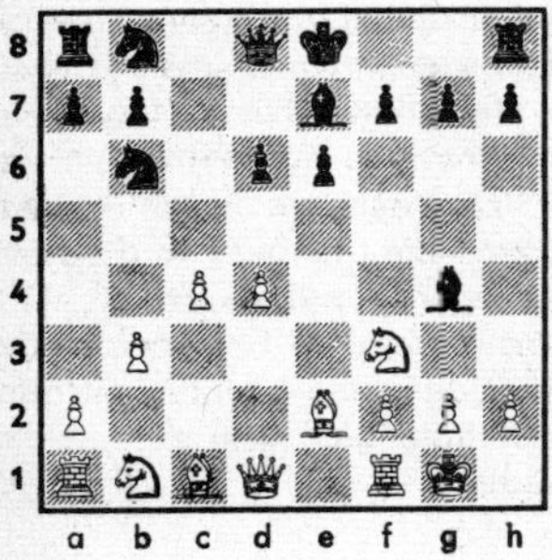

Weiß wird den Läufer nach b2, den Damenspringer nach d2 entwickeln und ein wenig besser stehen – das Verfahren von Exweltmeister Smyslov Das stürmische Vorgehen 1. e2–e4 Sg8–f6, 2. e4–e5 Sf6–d5, 3. c2–c4 Sd5–b6, 4. d2–d4. (Auch 4. c4–c5, das »Jagdgambit«, ist möglich. Weiß will nach 4. ... Sb6–d5, 5. Lf1–c4 e7–e6 mit 6. Sb1–c3 einen Bauern opfern, z. B. 6. ... Sd5×c3, 7. d2×c3 Lf8×c5, 8. Dd1–g4 Ke8–f8 – aber nicht 0–0? 9. Lc1–h6! – 9. Lc1–f4 d7–d5, 10. 0–0–0 Sb8–c6 und beide Teile haben Chancen.) 4. ... d7–d6, 5. f2–f4. (Das gebräuchliche »Jagdspiel«. Einfach und gut ist 5 e5×d6 e7×d6, 6. Sb1–c3 Sb8–c6, 7 Lc1–e3 Lf8–e7, 8. Lf1–d3 0–0, 9. Sg1–e2 Lc8–g4.) 5. ... d6×e5. (Schwarz öffnet die d-Linie und will auf d4 drücken.) 6. f4×e5 Sb8–c6, 7. Lc1–e3 Lc8–f5, 8. Sb1–c3. (Ein Fehler ist 8. Lf1–d3? Lf5×d3, 9. Dd1×d3 Sc6×e5.) 8. ... e7–e6, 9. Sg1–f3 Sc6–b4. (Schwarz kann auch 9. ... Dd8–d7, 10. Lf1–e2 0–0–0, 11. 0–0 f7–f6 spielen, obwohl dann Weiß mit 12. d4–d5! Sc6×e5, 13. Sf3×e5 f6×e5, 14. a2–a4 nach W. Adams zum Angriff kommt.) 10. Ta1–c1 c7–c5, 11. Lf1–e2. (Auf 11. a2–a3 schaltet Schwarz c5×d4 ein.) 11. ... Lf8–e7, 12. 0–0 0–0, 13. a2–a3 c5×d4, 14. Sf3×d4 Sb4–c6, 15. Sd4×f5 e6×f5, 16. Tf1×f5 g7–g6, 17. Tf5–f1 Le7–g5!, 18. Le3–c5 Tf8–e8 mit ungefähr gleichem Spiel.

Die Pirc-Verteidigung

Schwarz beabsichtigt, sich in der Mitte defensiv zu verhalten, seinen Königsläufer zu flankieren, schnell zu rochieren und, wenn möglich, am Damenflügel sein Spiel zu machen. Sein Aufbau ist sehr fest und schwer zu überrumpeln. **1. e2–e4 d7–d6, 2. d2–d4 Sg8–f6.** (Diese Eröffnung hat noch den Vorteil, daß man die gleiche Stellung auch erreichen kann, wenn Weiß mit dem Damenbauern beginnt, also 1. d2–d4 d7–d6, 2. e2–e4 Sg8–f6.) 3. Sb1–c3 g7–g6, 4. Lc1–g5. (Hier sind natürlich noch mehrere andere gute Züge möglich. Die Theorie hält 4. f2–f4 für am angriffsfreudigsten. Ruhig und gut ist 4. Sg1–f3, solide 4. f2–f3, interessant 4. Lf1–e2 nebst Vormarsch des h-Bauern.) 4. ... Lf8–g7, 5. f2–f4 0–0. (Neuerdings hält man 5. ... h7–h6 für erforderlich, damit nach 6. Lg5–h4 c7–c5, 7. e4–e5?! Sf6–h5 der Bf4 angegriffen ist. Aber Weiß zieht wohl besser 7. d4×c5 Dd8–a5, 8 Dd1–d2.) 6. e4–e5 Sf6–e8, 7. Sg1–f3 Sb8–d7, 8. h2–h4! mit Angriffschancen, wie eine nette Partie Nettheim–Hamilton, Australien 1958, beweist: 8. h7–h6, 9 h4–h5 h6×g5, 10. Sf3×g5 Sd7–b6, 11. Lf1–d3 f7–f6, 12. h5×g6 f6×g5, 13. Th1–h8+!

71

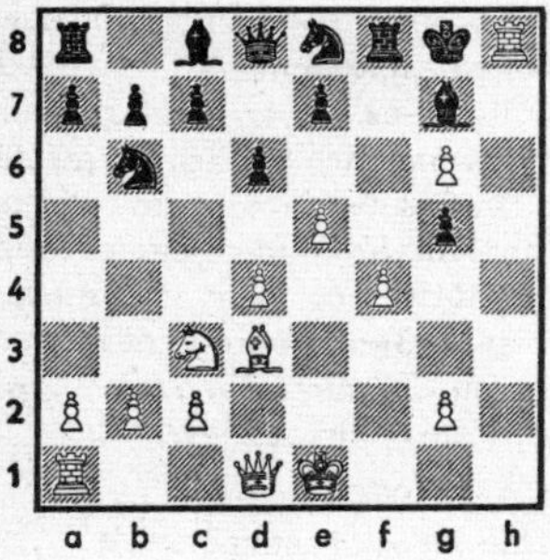

und Schwarz gab auf (13. ... Lg7×h8, 14. Dd1–h5 Tf8×f4, 15. Dh5–h7+ nebst matt).

Skandinavisch

In nordischen Schachkreisen war um die Jahrhundertwende der Versuch sehr beliebt, das Zentrum mit **(1. e2–e4) d7–d5** sofort aufzulösen. Auch der Leipziger (1954 verstorbene) Meister Mieses hatte damit Erfolge. Nach 2. e4×d5! Dd8×d5, 3. Sb1–c3 Dd5–d8, 4. Sg1–f3 hat Weiß glatt einen Zug gewonnen, so daß strategisch gesehen diese Verteidigung zu verurteilen ist. – Mieses setzte sich daher für 3. ... Dd5–a5 ein, um die Rückentwicklung zu vermeiden. Allerdings kann dann leicht die Dame in Schwierigkeiten geraten. So führt 4. d2–d4 e7–e5 (eine Grundidee), 5. d4×e5 Da5×e5+, 6. Lf1–e2 Lc8–g4, 7. Dd1–d5 wiederum zu deutlichem Zeitgewinn für Weiß, während 4. ... Sg8–f6 (Mieses' Zug), 5. Sg1–f3 Lc8–g4 (oder Sb8–c6, 6. Lf1–b5 Lc8–g4, 7. h2–h3), 6. h2–h3! Lg4–h5 (das geringere Übel ist der Tausch), 7 g2–g4 Lh5–g6, 8. Sf3–e5 wegen der Drohung 9. Se5–c4 doch zum Rückzug der Dame führt (8. ... c7–c6, 9. h2–h4 Sb8–d7, 10. Se5–c4 Da5–c7, 11. h4–h5 Lg6–e4, 12. Sc3×e4 Sf6×e4, 13. Dd1–f3), und Weiß stünde ausgezeichnet. Häufig trifft man den Versuch an, nicht mit der Dame, sondern mit dem Springer zurückzuschlagen und 1. e2–e4 d7–d5, 2. e4×d5 Sg8–f6 fortzusetzen. Weiß wird dann den Bauern nur vorübergehend halten und mit gutem Spiel wieder preisgeben, z. B. 3. c2–c4 c7–c6, 4. d5×c6. (Man kann auch mit 4. d2–d4 in die Panov-Variante der Caro-Kann-Verteidigung einlenken.) 4. ... Sb8×c6, 5. d2–d3 e7–e5, 6. Sb1–c3 Lc8–f5, 7. Sg1–f3 Dd8–d7, 8. Lf1–e2 Ta8–d8, 9. 0–0 Lf5×d3, 10. Le2×d3 Dd7×d3, 11. Dd1–a4 (nach Lasker; Diagramm 72).

72

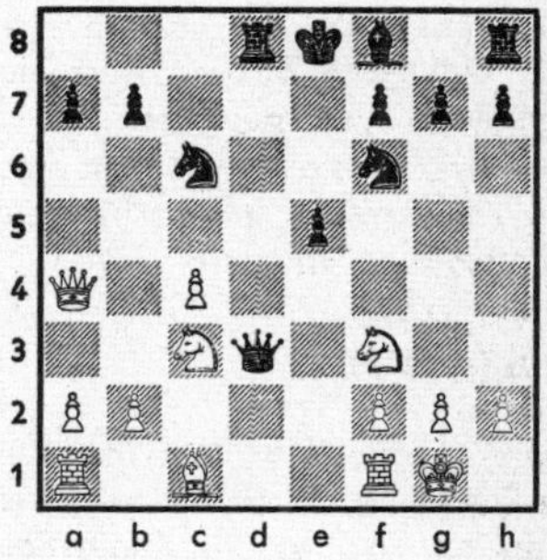

Die Nimzowitsch-Verteidigung

Der Zug **(1. e2–e4) Sb8–c6** hat keine selbständige Bedeutung, wenn nun Weiß 2. Sg1–f3 erwidert. Dann gelangen wir nach 2. ... e7–e5 zu den bekannten Stellungen. Weiß kann aber 2. d2–d4 ziehen. Wie es weitergehen kann, zeigen drei Beispiele: a) 2. ... d7–d5, 3. e4–e5 Lc8–f5, 4. Sg1–e2 e7–e6, 5. Se2–g3 Lf5–g6, 6. c2–c3 und 7. Lf1–d3. – Weiß steht gut; b) 2. ... e7–e6, 3. Sg1–f3 d7–d5, 4. e4–e5 b7–b6, 5. c2–c3 Sc6–e7, 6. Lf1–d3 a7–a5, 7. Dd1–e2 (verhindert Lc8–a6)

73

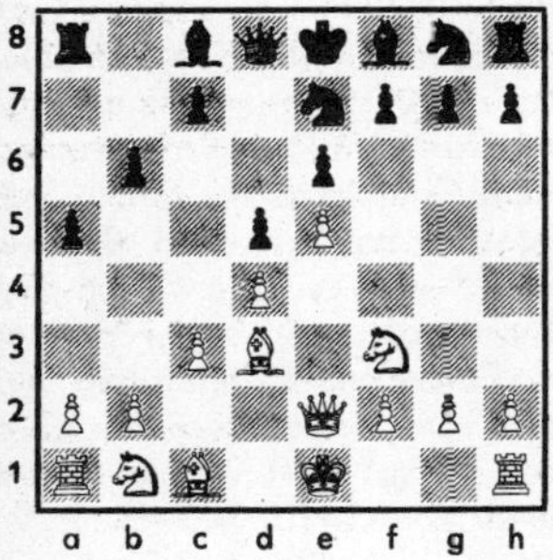

und Weiß steht besser; c) 2. ... e7–e5, 3. d4×e5 Sc6×e5, 4. Sg1–f3 Dd8–f6, 5. Lf1–e2 Lf8–b4+, 6. Sb1–d2 Se5×f3+, 7. Le2×f3 Sg8–e7, 8. 0–0 0–0, 9. Sd2–b3. Auch hier steht Weiß etwas günstiger.

Man suche sich aus, was dem eigenen Geschmack entspricht; und dann heißt es: spielen!

18. STUNDE

Spezielle Eröffnungstheorie (VIII)

Die Eröffnung der Schachpartie mit dem Doppelschritt des Königsbauern (1. e2–e4), mit der wir uns bisher befaßt haben, erfreut sich beim großen Schachpublikum größter Beliebtheit. In den Kreisen der Turnierspieler dagegen werden auch andere Partieanfänge, die als »Geschlossene Spiele« bezeichnet werden, viel angewandt. Welche Eröffnung man bevorzugt, ist Sache des Temperaments und auch des Gefühls. Zwei der größten Meister der Gegenwart, Exweltmeister Michail Tal (UdSSR) und Bobby Fischer (USA), spielen fast ausschließlich 1. e2–e4. Petrosjan und Botwinnik dagegen schwören auf 1. d2–d4 oder 1. c2–c4. Jeder kann gezwungen werden, sich als Schwarzer gegen den »geschlossenen« Partieanfang zu verteidigen. Daher ist es unerläßlich, sich auch auf diesem Gebiet einige theoretische Kenntnisse anzueignen. Zunächst befassen wir uns mit 1. d2–d4.

»Orthodoxes« Damengambit

1. d2–d4 d7–d5. (Auf die »indischen« Verteidigungen, bei denen Schwarz 1. ... Sg8–f6 zieht, kommen wir noch zu sprechen.) **2. c2–c4.** (Vorsichtige Gemüter spielen zuerst 2. Sg1–f3, weil sie sich vor Albins Gegengambit 2. c2–c4 e7–e5 fürchten. Zu Unrecht – Weiß darf nur nicht den Fehler machen, den nach 3. d4×e5 gewonnenen Bauern auf Kosten der Entwicklung behaupten zu wollen, und er muß außerdem wissen, daß nach 3. ... d5–d4, 4. e2–e3? unrichtig ist wegen 4. ... Lf8–b4+, 5. Lc1–d2 d4×e3, 6. Ld2×b4? e3×f2+, 7. Ke1–e2 f2×g1S+, eine witzige Wendung. Das Beispiel eines guten Aufbaus für Weiß ist 4. Sg1–f3 Sb8–c6, 5. Sb1–d2 Lc8–e6, 6. g2–g3 Dd8–d7, 7. Lf1–g2 Sg8–e7, 8. 0–0 Se7–g6, 9. a2–a3 Lf8–e7, 10. Dd1–a4 Ta8–d8, 11. b2–b4 0–0, 12. Lc1–b2 usw.)

2. .... e7–e6. (Die klassische Entgegnung, doch ist auch 2. ... c7–c6, »Slawisch«, beliebt, und auch die Annahme des Gambits, 2. ... d5×c4, ist spielbar.) **3. Sb1–c3 Lf8–e7,**

4. Sg1–f3 Sg8–f6, 5. Lc1–g5 0–0, 6. e2–e3 h7–h6. (Die damit eingeleitete »Tartakower-Variante« zählt zu den sichersten Spielweisen.) **7. Lg5–h4.** (Weiß kann auch schärfer 7. Lg5×f6 Le7×f6, 8. Dd1–b3 c7–c6, 9. 0–0–0 Sb8–d7, 10. e3–e4 fortsetzen.) **7. ... b7–b6, 8. Lf1–d3 Lc8–b7, 9. 0–0 c7–c5.**

74

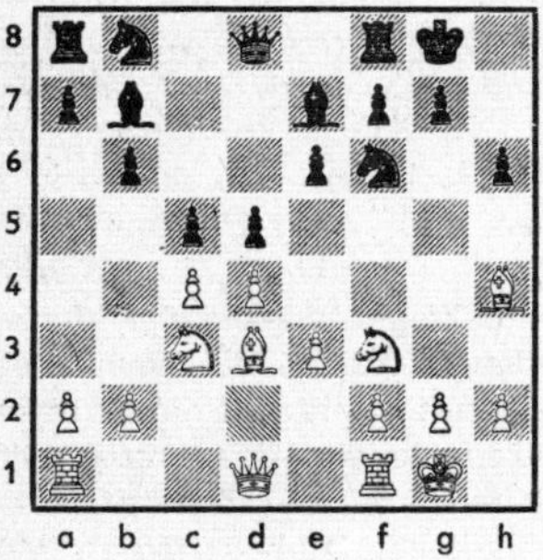

Schwarz hat sich einigermaßen befreit. Das ist fast immer der Fall, wenn er im Damengambit den Zug c7–c5 ohne Nachteil durchsetzen kann. Dr. Tarrasch hielt bereits nach 3. Sb1–c3 den Zug c7–c5 für »den einzig richtigen«. Den vereinzelten Bauern, den Schwarz nach 4. c4xd5 e6xd5 erhält, betrachtete er nicht als Nachteil. Der gleichen Ansicht ist Weltmeister Spaßky, der sich der Tarrasch-Verteidigung im Wettkampf mit Petrosjan 1969 mehrmals bediente (18. Partie: 5. Sg1–f3 Sb8–c6, 6. g2–g3 Sg8–f6, 7. Lf1–g2 Lf8–e7, 8. 0–0 0–0, 9. Lc1–g5 c5xd4, 10. Sf3xd4 h7–h6, 11. Lg5–e3 Tf8–e8! mit gleichem Spiel.).

»Slawisches« Damengambit

1. d2–d4 d7–d5, 2. c2–c4 **c7–c6.** (Das hat gegenüber e7–e6 den Vorteil, daß der Damenläufer nicht eingesperrt wird. Dafür nimmt aber Schwarz dem Springer das gute Feld c6 und verzichtet auf den Zug c7–c5, ohne aber ein späteres c6–c5 aus dem Auge zu verlieren. Ein gutes Beispiel für die Grundidee dieser Verteidigung bildet der Anfang der Partie Uhlmann-Teschner, Stockholm 1962, den wir hier folgen lassen.) **3. Sg1–f3.** (Auf 3. Sb1–c3 muß Weiß auch mit e7–e5 rechnen, z. B. 4. d4×e5 d5–d4.) **3. ... Sg8–f6, 4. Sb1–c3.** (Die Abtauschvariante 4. c4×d5 c6×d5, 5. Sb1–c3 Sb8–c6, 6. Lc1–f4 e7–e6 bietet die geringe, aber nicht zu unterschätzende Chance, den Tempovorsprung noch eine Weile festzuhalten.) **4. ... d5 ×c4.** (Nicht so gut ist 4. ... Lc8–f5, 5. c4×d5 c6×d5, 6. Dd1–b3.) **5. a2–a4.** (Interessant ist das Gambit 5. e2–e4 b7–b5.) **5. ... Sb8–a6** (Smyslovs Zug. In der Praxis wird 5. ... Lc8–f5, 6. e2–e3 e7–e6, 7. Lf1×c4 Lf8–b4 bevorzugt.) **6. e2–e3.** (Schärfer ist 6. e2–e4 Lc8–g4, 7. Lc1–e3, wie Pomar gegen den gleichen Gegner zog. Auf 6. Sf3–e5 erwidert Schwarz mit Sf6–g4, 7. Se5×c4 e7–e5 und hat ein gutes Spiel.) **6. ... Lc8–g4, 7. Lf1× c4 e7–e6.** (Es drohte 8. Lc4×f7+ Ke8×f7, 9. Sf3–e5+.) **8. 0–0 Sa6–b4, 9. Dd1–e2 Lf8–e7, 10. Tf1–d1 0–0, 11. a4–a5 Dd8–c8, 12. e3–e4 c6–c5.**

75

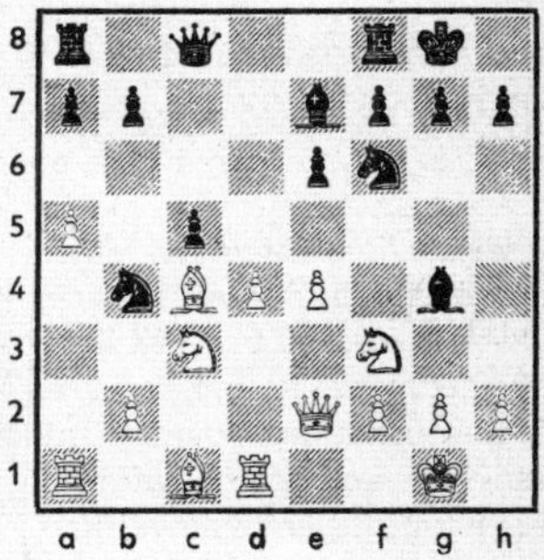

Nach Boleslavsky hätte Weiß mit 12. h2–h3 Lg4–h5, 13. b2–b3 c6–c5, 14. d4×c5 fortsetzen sollen. Auch hier befreit sich Schwarz mit diesem strategisch wichtigen Zug. Die viel gespielte »Meraner Variante« entsteht nach den Zügen **4. e2–e3** (anstelle von 4. Sb1–c3) **4. ... e7–e6.** (Möglich ist auch Lc8–f5.) **5. Sb1–c3 Sb8–d7, 6. Lf1–d3.**

Die Idee des Schwarzen besteht darin, den Damenflügel wie folgt zu entwickeln: 6. ... d5×c4, 7. Ld3×c4 b7–b5, 8. Lc4–d3 a7–a6. Schwarz hat sein Ziel erreicht, wenn er noch c6–c5 und Lc8–b7 durchsetzen kann. Weiß spielt am besten sofort seine Mehrheit in der Mitte aus, z. B. 9. e3–e4 c6–c5, 10. d4–d5. (Gebräuchlich ist vor allem 10. e4–e5 c5×d4, 11. Sc3×b5 mit schwierigen Verwicklungen.) 10. ... e6–e5, 11. b2–b3 c5–c4, 12. b3×c4 Lf8–b4, 13. Lc1–d2 b5×c4, 14. Ld3–c2.

76

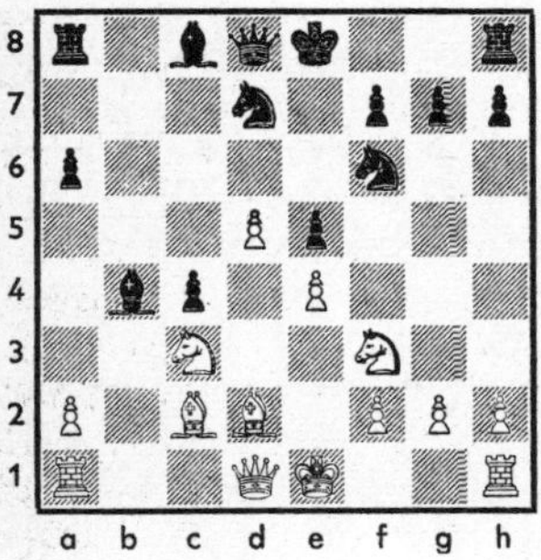

Das weiße Spiel ist vorzuziehen (14. ... Dd8–a5, 15. Sc3–e2 Sf6×e4, 16. Lc2×e4 c4–c3, 17. Se2×c3 Lb4×c3, 18. 0–0 Lc3×d2, 19. Sf3×d2 0–0, 20. Sd2–c4, Uhlmann-Pomar, Stockholm 1962). Das Bauernopfer 11. ... c5–c4 ist nicht ganz vollwertig.

19. STUNDE

Spezielle Eröffnungstheorie (IX)

Der Zusammenhang Indiens, des Ursprungslandes des Schachspiels, mit den modernen Eröffnungssystemen, die seinen Namen tragen, ist recht unbestimmt. Seit etwa hundert Jahren kennt man Partien, die in Indien gespielt und mit 1. d2–d4 Sg8–f6 eröffnet wurden. Das geschah aber auch anderswo, und der Grund, weswegen Dr. Tartakower um 1920 diesen Partieanfang mit »Indisch« bezeichnete, ist darin zu sehen, daß er das Geheimnisvolle, das ihm anhaftet, ausdrücken wollte. Es gab damals eine »hypermoderne« Schule, die neue Wege im Schach suchte und fand. Ein Gedankengang war, das Zentrum ohne Zuhilfenahme von Bauern zu bekämpfen oder zu beherrschen. Nimzowitsch war einer der ersten, der herausfand, daß es mitunter besser war, die Mitte nicht zu besetzen, sondern mit Figuren zu beschießen. Nach 1. d2–d4 verhindert also Sg8–f6 zunächst e2–e4 und »drückt« außerdem auf d5. Weiß hat nicht die Möglichkeit, den schwarzen d-Bauern mit c2–c4 abzutauschen, wie es im Damengambit geschieht. Die Mittelbauern seien besonders wertvoll, lehrte die hypermoderne Schule, und deswegen solle man sie zunächst zurückhalten. Damals brach auch die große Zeit der Flankeneröffnungen an. Réti hatte großen Erfolg mit seinem speziellen System (z. B. Partie Réti–Bogoljubow, New York 1924: 1. Sg1–f3 d7–d5, 2. c2–c4 e7–e6, 3. g2–g3 Sg8–f6, 4. Lf1–g2 Lf8–d6, 5. 0–0 0–0, 6. b2–b3 Tf8–e8, 7. Lc1–b2 Sb8–d7, 8. d2–d4 mit gutem Spiel), das er ähnlich auch als Nachziehender handhabte. Je nachdem, wie Schwarz sich weiter verhält, gabelt sich das Spiel in »Nimzowitsch-Indisch« (1. d2–d4 Sg8–f6, 2. c2–c4 **e7–e6, 3. Sb1–c3 Lf8–b4**), »Damen-Indisch« (1. d2–d4 Sg8–f6, 2. c2–c4 **e7–e6, 3. Sg1–f3 b7–b6**) und »Königs-Indisch« (1. d2–d4 Sg8–f6, 2. c2–c4 **g7–g6**).

Nimzowitsch-Indisch

Der Zug **3. ... Lf8–b4** (nach 1. d2–d4 Sg8–f6, 2. c2–c4 e7–e6) setzt den Kampf um das Feld e4 fort. Am besten entwickelt sich der Weiße nun zielstrebig weiter wie folgt: **4. e2–e3 c7–c5.**

77

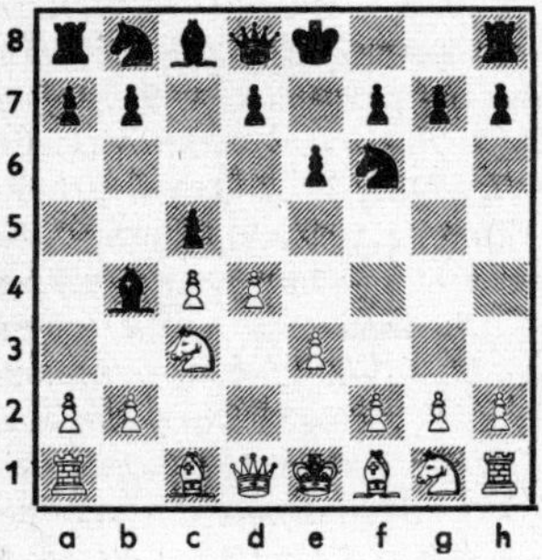

Eigenartig, aber nicht schlecht ist 4. ... b7–b6, 5. Sg1–e2 Lc8–a6, 6. a2–a3 Lb4×c3+, 7. Se2×c3 d7–d5. Spielt Weiß 5. Sg1–f3, folgt Lc8–b7, 6. Lf1–d3 0–0, 7. 0–0 Lb4×c3, 8. b2×c3 Lb7–e4. Schwarz befolgt das gleiche Rezept, das Weiß mit 2. c2–c4 vor Augen hatte: der c-Bauer drückt auf das Zentrum, bevor der Damenspringer entwickelt wird. **5. Sg1–f3 0–0, 6. Lf1–d3 d7–d5.** Schließlich also doch dieser Zug. Schwarz muß sonst mit der Einengung d4–d5 rechnen. **7. 0–0 Sb8–c6,** eine Stellung, die oft vorgekommen ist. Weiß kann sich mit 8. a2–a3 Lb4×c3, 9. b2×c3 das »Läuferpaar« verschaffen, das bis ins Endspiel hinein einen Trumpf bedeutet. Ein Beispiel aus dem Schacholympia, Leipzig 1960: 9. ... d5×c4, 10. Ld3×c4 Dd8–c7, 11. Lc4–d3! e6–e5, 12. Dd1–c2 Tf8–e8, 13. d4×e5 Sc6×e5, 14. Sf3×e5 Dc7×e5, 15. f2–f3 Lc8–e6, 16. Tf1–e1 Ta8–d8, 17. Ta1–b1!, Gligoric–Dr. Euwe.

Damen-Indisch

Die Bezeichnung rührt von dem fianchettierten Damenläufer her. Schwarz kann diese Verteidigung nur wählen, wenn Weiß im zweiten oder dritten Zuge den Königsspringer entwickelt: 1. d2–d4 Sg8–f6, 2. Sg1–f3 b7–b6 oder 1. d2–d4 Sg8–f6, 2. c2–c4 e7–e6, 3. Sg1–f3 b7–b6. Bei 3. Sb1–c3 dagegen ist b7–b6 nicht empfehlenswert, weil der Läufer nach 4. e2–e4 Lc8–b7, 5. f2–f3 sofort »auf Granit« beißt.

In der Hauptvariante hat Weiß nach **1. d2–d4 Sg8–f6, 2. c2–c4 e7–e6, 3. Sg1–f3 b7–b6** die Wahl, ob er mit dem Gegenfianchetto 4. g2–g3 oder mit der »normalen« Entwicklung 4. e2–e3 fortfahren soll (mit 4. Sb1–c3 Lf8–b4 ginge das Spiel in die »nimzoindische« Verteidigung über, wie es im Fachjargon heißt).

a) **4. g2–g3 Lc8–b7, 5. Lf1–g2 Lf8–e7, 6. 0–0 0–0, 7. Sb1–c3 Sf6–e4.** (Nicht gut ist 7. ... c7–c5, 8. d4–d5. Brauchbar 7. ... d7–d5, 8. Sf3–e5 c7–c6.) **8. Dd1–c2 Se4×c3, 9. Dc2×c3.** Verlockend, aber fehlerhaft 9. Sf3–g5? (eine Spekulation auf die ungedeckte Stellung des Lb7 in Verbindung mit der Mattdrohung gegen h7) wegen 9. ... Sc3×e2+, und Weiß muß entweder die Mattdrohung aufgeben oder zulassen, daß sich der Lb7 mit Schachgebot tauscht **9. ... f7–f5, 10. d4–d5** mit der Idee **e6×d5, 11. Sf3–e1.** Schwarz hält nach **11. ... Dd8–c8, 12. c4×d5 Sb8–a6** das Gleichgewicht.

b) **4. e2–e3.** Das ist wohl etwas gefährlicher für Schwarz. **4. ... Lc8–b7, 5. Lf1–d3 Lf8–e7.** Nicht besser ist 5. ... Lf8–b4+, 6. Sb1–d2!, 0–0, 7. 0–0 d7–d5 (sonst e3–e4), 8. b2–b3 Sb8–d7, 9. Lc1–b2 Dd8–e7, 10. Dd1–c2 nebst e3–e4 und Weiß steht vorteilhaft.

78

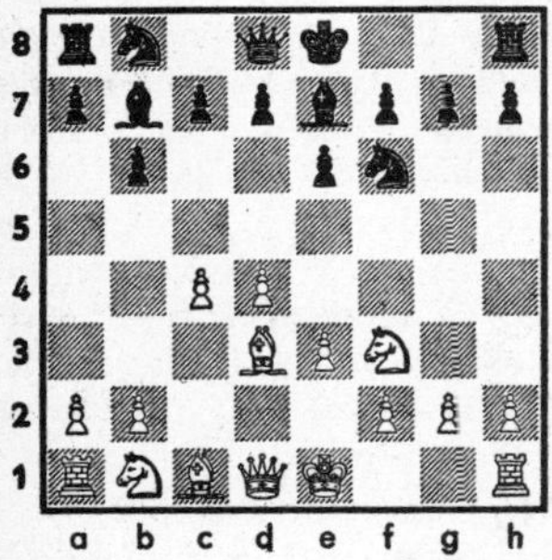

6. Sb1–c3 d7–d5. Eine lehrreiche Wendung ergibt sich nach 6. ... c7–c5, 7. 0–0 c5×d4, 8. e3×d4 0–0, 9. d4–d5! e6×d5, 10. c4×d5 Sf6×d5, 11. Sc3×d5 Lb7×d5, 12. Ld3×h7+ Kg8×h7, 13. Dd1×d5 mit Vorteil für Weiß. Schwarz muß im 8. Zuge d7–d5 spielen. **7. 0–0 0–0, 8. Dd1–e2 Sb8–d7.** (Oder 8. ... c7–c5, 9. b2–b3! c5×d4, 10. e3×d4 Sb8–d7, 11. Lc1–b2 Sf6–e4, 12. Ta1–d1, und Weiß hat eine starke Stellung, wie eine Partie Stahlberg-Eliskases, Mar del Plata 1948, zeigte.) **9. b2–b3 a7–a6, 10. Lc1–b2 Le7–d6, 11. e3–e4** mit Raumgewinn für Weiß. – In der neueren Praxis geht der Schwarze nach 3. Sg1–f3 meistens mit 3. ... d7–d5 in das Damengambit über.

Königs-Indisch

1. d2–d4 Sg8–f6, 2. c2–c4 g7–g6. Eine kämpferische Eröffnung, die die Fähigkeit voraussetzt, aus der Defensive heraus die Chance auf Gegenangriff abzuwarten. Sie gehört heute zu den meistgespielten. Zu ihrer Verbreitung haben besonders die Großmeister Gligoric, Geller und Fischer beigetragen. Interessante, für Schwarz nicht ungefährliche Probleme entstehen durch den »Vierbauernangriff« **3. Sb1–c3 Lf8–g7.** (Auch die Grünfeld-Verteidigung 3. ... d7–d5 hat ihre Anhänger. Am einfachsten spielt Weiß 4. c4×d5 Sf6×d5, 5. e2–e4 Sd5×c3, 6. b2×c3 c7–c5, 7. Lf1–c4 Lf8–g7, 8. Sg1–e2 0–0, 9. 0–0 Sb8–c6, 10. Lc1–e3.) **4. e2–e4 d7–d6, 5. Lf1–e2.** (Weiß wartet die Rochade ab.) **5. ... 0–0, 6. f2–f4.** (Ruhig und nachhaltig ist 6. Sg1–f3 e7–e5, 7. d4–d5.) **6. ... c7–c5!** Schwarz versucht, die Stellung von der Flanke her zu öffnen. **7. d4–d5.** (Uhlmann und Pomar bevorzugen 7. Sg1–f3 c5×d4, 8. Sf3×d4 Sb8–c6, 9. Lc1–e3, wonach 9. ... Lc8–g4, 10. Sd4×c6 Lg4×e2, 11. Sc6×d8 Le2×d1 zu einem ausgeglichenen Endspiel führt.) **7. ... e7–e6, 8. Sg1–f3 e6×d5, 9. e4×d5 Lc8–f5, 10.**

79

0–0 Sf6–e4, 11. Sc3×e4 Lf5×e4, 12. Sf3–g5 Tf8–e8, 13. Le2–d3 Le4×d3, 14. Dd1×d3. Siehe Diagramm 79.
Nun zöge sich Schwarz mit dem »selbstverständlichen« Zuge 14. ... Sb8–d7 den starken Angriff 15. f4–f5! auf den Hals, den er nur mit 14. ... h7–h6 vermeiden kann und muß (das Opfer 15. f4–f5 h6×g5, 16. f5×g6 Lg7–d4+!, 17. Kg1–h1 f7–f6 genügt nicht).
Es steht fest, daß die »indischen« Verteidigungen den klassischen ebenbürtig sind und viele neue, verwickelte Probleme heraufbeschwören.

20. STUNDE

Spezielle Eröffnungstheorie (X)

Außer dem »indischen« Verteidigungssystem gegen den Zug 1. d2–d4, den wir in der vorigen Stunde kurz besprachen, gibt es noch einige andere, bei denen der Symmetriezug 1. ... d7–d5 ebenfalls vermieden wird. Ihnen ist der kämpferische Charakter gemeinsam, der für beide Parteien schwierige Probleme entstehen läßt. Deshalb wird sich der Stärkere ihrer bedienen, wenn er die schwarzen Steine führt.

Die holländische Verteidigung (1. d2–d4 f7–f5)

Ein ähnliches Verfahren, wie wir es von der sizilianischen Partie her kennen (1. e2–e4 c7–c5). Während dort der Kampf um das Feld d4 geht, geht er hier um den Punkt e4, den Schwarz später einmal besetzen will. Grundsätzlich ist aber »Holländisch« gefährlicher als »Sizilianisch«, weil der Zug f7–f5 die Sicherheit des Königs beeinträchtigt. Auch entwicklungsmäßig ist zugunsten von f7–f5 nichts anzuführen, während c7–c5 immerhin Platz für die Dame macht. Trotzdem ist eine eigentliche Widerlegung dieser Spielweise nicht bekannt.
Kombinationsfreudige Spieler gehen mit dem Staunton-Gambit 2. e2–e4 scharf vor, um nach 2. ... f5×e4, 3. Sb1–c3 Sg8–f6 (fehlerhaft 3. ... d7–d5?, 4. Dd1–h5+ und 5. Dh5×d5) mit 4. f2–f3! den Bauern endgültig aufzugeben. Nimmt Schwarz, also 4. ... e4×f3, so erhält Weiß nach 5. Sg1×f3 genügend Angriff. Am besten scheint 4. ... d7–d5, 5. Lc1–g5 Lc8–f5, 6. f3×e4 d5×e4, 7. Lf1–c4 Sb8–c6 zu sein mit der Idee, lang zu rochieren.
Beide Teile haben Chancen.

80

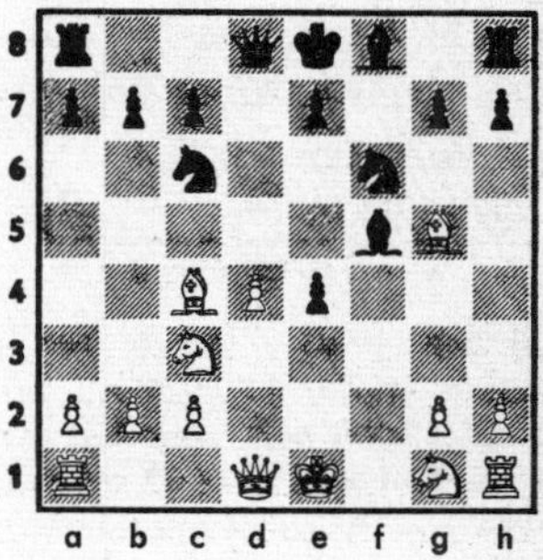

Ruhig, aber sehr nachhaltig ist das von Steinitz ersonnene System, bei dem Weiß Schritt für Schritt den Vormarsch seines e-Bauern nach e4 vorbereitet: **2. c2–c4 e7–e6, 3. e2–e3 Sg8–f6, 4. Lf1–d3,** gefolgt von Sg1–e2, f2–f3 und e3–e4. Schwarz kann versuchen, den Plan des Weißen durch Druck gegen den Punkt d4 zu stören und 4. ... Sb8–c6 zu ziehen. In einer Partie Teschner–Franz, Riga 1959, geschah weiter 5. Sb1–c3 Lf8–b4, 6. Sg1–e2 0–0, 7. 0–0 b7–b6 (nicht d7–d6, weil nach 8. Sc3–b1! der Lb4 in Gefahr geriete). 8. f2–f3 d7–d5, 9. Dd1–c2 und Weiß drohte 10. c4×d5.

Am gebräuchlichsten ist der Aufbau **2. c2–c4 e7–e6, 3. g2–g3,** mit dem Bronstein gegen Botwinnik im Weltmeisterschaftskampf 1951 Erfolg hatte. Die 22. Matchpartie lief: **3. ... Sg8–f6, 4. Lf1–g2 Lf8–e7, 5. Sb1–c3 0–0, 6. e2–e3 d7–d5, 7. Sg1–e2 c7–c6, 8. b2–b3 Sf6–e4.** Schwarz hat die »Stonewall«-Aufstellung

81

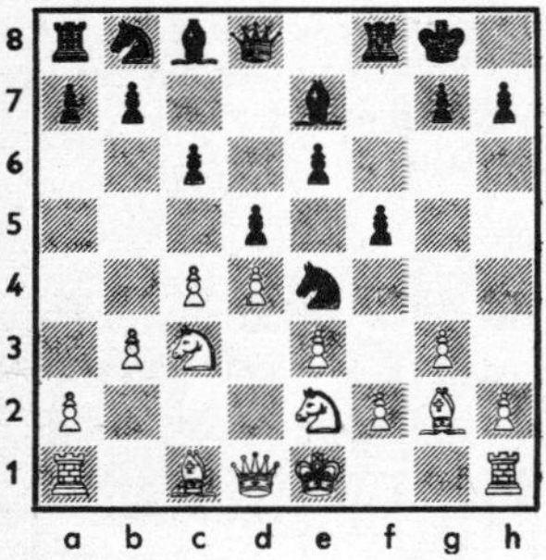

eingenommen, die schwer zu erschüttern ist. 9. 0–0 Sb8–d7, 10. Lc1–b2 Sd7–f6, und nun wäre nach Kotov 11. f2–f3 Se4×c3, 12. Se2×c3 mit der Absicht e3–e4 am folgerichtigsten gewesen. Auf jeden Fall hat Schwarz ein schweres Leben. Freilich werden auch an die weißen Steine hohe Anforderungen gestellt.

Die Ben-Oni-Verteidigung (1. d2–d4 c7–c5)

Schwarz nimmt hierbei eine Einengung in der Mitte in Kauf. Geht Weiß darauf ein und zieht 2. d4–d5, spielt er damit seinem Gegner gewisse Trümpfe in die Hand: Er kann mit e7–e6 die e-Linie öffnen, kann mit dem Läufer von g7 aus gegen b2 und a1 drücken und hat außerdem die Chance eines Vorgehens am Damenflügel mit b7–b5. Schwarz kann aber auch unmittelbar 2. ... e7–e5 spielen, das ergibt eine sehr verschachtelte Stellung.

Die modernen Meister spielen häufig erst nach 1. d2–d4 Sg8–f6, 2. c2–c4 den Ben-Oni-Zug c7–c5, damit Weiß keine Gelegenheit hat, später den Lg7 durch c2–c3 zu verstellen. Mitunter kommt man auch über die »königsindische« Verteidigung 1. d2–d4 Sg8–f6, 2. c2–c4 g7–g6 zu ähnlichen Stellungen, z. B. nach 3. Sb1–c3 Lf8–g7, 4. e2–e4 d7–d6, 5. g2–g3 0–0, 6. Lf1–g2 e7–e5, 7. d4–d5 c7–c5.

Wir geben je ein Beispiel für die Behandlung dieser Eröffnung mit und ohne den Zug c2–c4. Botwinnik–Schmid, Schacholympia 1960: **1. d2–d4 c7–c5, 2. d4–d5 d7–d6, 3. e2–e4 g7–g6, 4. Sg1–f3 Lf8–g7, 5. Lf1–e2 Sg8–f6, 6. Sb1–c3 Sb8–a6.** (Ein typisches Manöver. Der Springer soll nach c7 gehen und den Vorstoß des b-Bauern unterstützen.) **7. 0–0 Sa6–c7, 8. a2–a4 a7–a6, 9. Sf3–d2 Lc8–d7.** (Nach der Partie hielt Schmid 9. ... b7–b6 nebst Ta8–b8 und b6–b5 für richtig.) **10. Sd2–c4!**

82

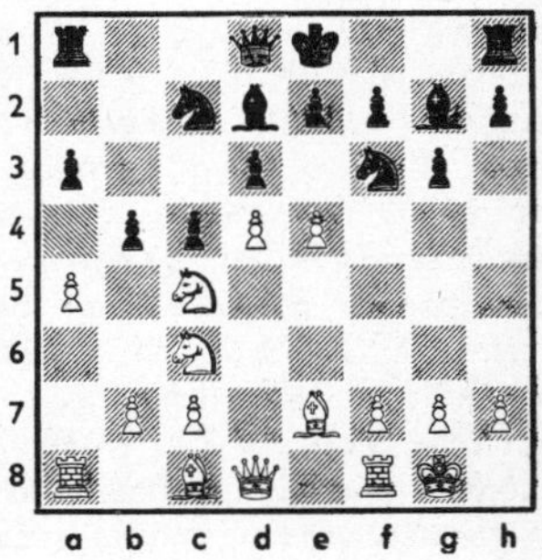

(Das richtige Feld für den Springer, wo er gegen d6 zielt und e4–e5 unterstützt.) **10. ... b7–b5, 11. e4–e5!** und Weiß errang die Initiative (siehe Bild 82).

Penrose–Tal: **1. d2–d4 Sg8–f6, 2. c2–c4 e7–e6** (also eine kleine Umstellung), **3. Sb1–c3 c7–c5, 4. d4–d5 e6×d5, 5. c4×d5 d7–d6, 6. e2–e4 g7–g6, 7. Lf1–d3! Lf8–g7, 8. Sg1–e2!** (Ein von Ojanen eingeführtes System, das Schwarz vor große Schwierigkeiten stellt.) **8. ... 0–0, 9. 0–0 a7–a6.** (Nach H. Müller glich 9. ... Sb8–a6, 10. h2–h3 Sa6–c7, 11. Se2–g3 Ta8–b8, 12. a2–a4 b7–b6, 13. f2–f4 a7–a6, 14. Dd1–f3 b7–b5 das Spiel aus.) **10. a2–a4.** (Weiß läßt b7–b5 nie kampflos zu.) **10. ... Dd8–c7, 11. h2–h3 Sb8–d7, 12. f2–f4 Tf8–e8.** (Logisch war Ta8–b8.) **13. Se2–g3 c5–c4, 14. Ld3–c2 Sd7–c5, 15. Dd1–f3 Sf6–d7, 16. Lc1–e3 b7–b5.** (Schwarz will nicht tatenlos zusehen, wie Weiß zu e4–e5 nebst f4–f5 kommt.) **17. a4×b5 Ta8–b8, 18. Df3–f2 a6×b5, 19. e4–e5!** (Der Schlüsselzug des weißen Spiels.) **19. ... d6×e5, 20. f4–f5!** Mit einem Bauernopfer hat Weiß entscheidende Linien und Felder frei gemacht (insbesondere e4 für den Springer). Schwarz konnte dem Angriff nicht widerstehen.

Alle Beispiele zeigen, daß das Abweichen vom »normalen« Wege (1. ... d7–d5) Fehlerquellen schafft – für beide Teile! Und wie sagte doch Tartakower: »Die Fehler sind das Salz des Schachspiels!«

21. STUNDE

Spezielle Eröffnungstheorie (XI)

Zum Abschluß unserer Betrachtungen über die Eröffnung wenden wir uns den Spielanfängen zu, die weder mit dem Doppelschritt des Königsbauern, noch mit dem des Damenbauern beginnen. Einige davon können mit Zugumstellung zu schon bekannten Bildern führen, andere werfen neue Gedanken in den Kampf und wieder andere benützen bewährte Verteidigungsideen mit einem Tempo mehr angriffsmäßig für die weiße Partei.

Englisch

(1. c2–c4). Dieser Zug gilt heute als absolut gleichwertig gegenüber 1. e2–e4 und 1. d2–d4 (auch 1. Sg1–f3 und 1. g2–g3 gelten als gleichrangig). Weiß bestreicht das wichtige Zentralfeld d5, ohne seine Karten aufzudecken, was er mit den Mittelbauern zu tun beabsichtigt. Er gibt Schwarz Gelegenheit, seinerseits das Zentrum mit 1. ... e7–e5 zu besetzen. Wir erhalten dann gewissermaßen »Sizilianisch« im Anzuge (mit einem Tempo mehr), das schon der frühere Weltmeister Dr. Aljechin als günstig für Weiß ansah. Nach 2. Sb1–c3 Sg8–f6 kann Weiß mit 3. g2–g3 die »Bremer Partie« spielen. Früher pflegte man dann meistens das Spiel mit 3. ... d7–d5, 4. c4×d5

83

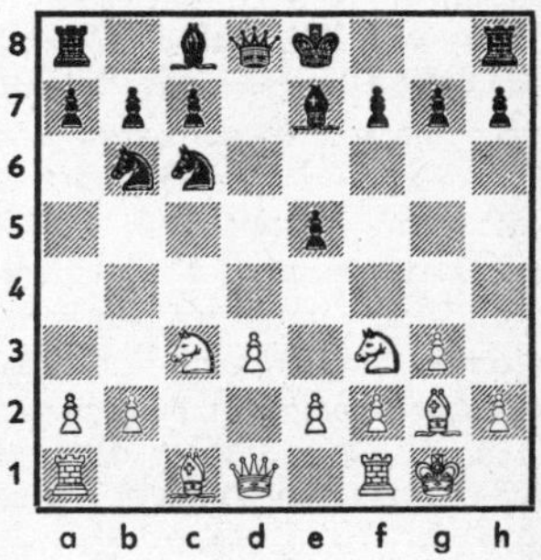

Sf6×d5, 5. Lf1–g2 zu öffnen (z. B. 5. .Sd5–b6, 6. Sg1–f3 Sb8–c6, 7. 0–0 Lf8–e7, 8. d2–d3, mit ähnlichen Bildern wie in der Drachenvariante der Sizilianischen Partie, aber eben mit einem Zug mehr für Weiß; siehe Diagramm 83).

Heute ist man mehr für ein Einlenken in die »königsindische« Verteidigung mit 3. ... d7–d6, z. B. 4. Lf1 –g2 g7–g6, 5. Sg1–f3 Lf8–g7, 6. d2–d4 Sb8–d7 usw.

Für sicher gilt es, mit gleicher Münze heimzuzahlen und **1. ... c7–c5** zu erwidern. Als Beispiel geben wir eine Partie Olafsson–Dr Filip, Stockholm 1962: **2. Sb1–c3 g7–g6, 3. g2–g3 Lf8–g7, 4. Lf1–g2 Sb8–c6, 5. e2–e3 e7–e6, 6. Sg1–e2 Sg8–e7, 7. 0–0 0–0, 8. b2–b3 d7–d5, 9. Lc1–b2 b7–b6, 10. c4×d5 e6×d5, 11. Se2–f4 d5–d4** (Schwarz hat sich elastisch aufgestellt, so daß die Schwäche d5 ohne Belang ist). 12. Sc3–d5 Lc8–b7. (Nun muß Weiß mit 13. d4×e3, 14. Lb2×g7 e3×f2+ mit Bauerngewinn für Schwarz rechnen.) 13. Ta1–b1 Ta8–b8, 14. d2–d3 Se7×d5, 15. Sf4×d5 Sc6–e5, 16. e3×d4 Lb7×d5, 17 d4×e5 Ld5×g2, 18. Kg1×g2 Lg7×e5, 19. Lb2×e5 Dd8–d5+, 20. Dd1–f3 Dd5×e5. Remis.

Zu von 1. d2–d4 her bekannten Systemen führt meisters der Zug **1. ... Sg8–f6,** z. B. **2. Sb1–c3 e7–e6, 3. d2–d4 Lf8–b4** (Nimzowitsch-Indisch). Weiß kann allerdings ausweichen, indem er **3. e2–e4** spielt. Schwarz erwidert dann am besten **3. ... c7–c5,** denn der Vorstoß **4. e4–e5 Sf6–g8** läßt Lücken in der weißen Reihe, wie unter anderen eine Partie Mikenas-Kann, Leningrad 1960, gezeigt hat **5. d2–d4 c5×d4, 6. Dd1×d4 Sb8–c6, 7. Dd4–e4 d7–d6, 8. Sg1–f3 Dd8–a5, 9. e5×d6 Sg8–f6!, 10. De4–f4 Da5–b4,** und Schwarz bekommt den Bauern unter günstigen Umständen zurück.

Den Übergang ins orthodoxe Damengambit kann **1. ... e7–e6** anstreben, »Slawisch« wird 1. ... c7–c6 ergeben (wenn 2. e2–e4, so d7–d5, und wir sind in der Caro-Kann-Verteidigung!). Die Universalität des Zuges 1. c2–c4 ist außerordentlich. Nicht zuletzt deswegen widmete ihm Dr. Tartakower die ehrende Bezeichnung »Stärkster Eröffnungszug der Welt!«

Réti-System

(1. Sg1–f3 d7–d5, 2. c2–c4). Diese Eröffnung wirkte vor etwa vier Jahrzehnten, als Réti sie in die Praxis einführte, fast revolutionär Sie galt als bezeichnend für die »hypermoderne« Schule, die die Mittelbauern zurückhielt. Tatsächlich ist diese Idee die gleiche, die der Ben-Oni-Verteidigung zugrunde liegt (1. d2–d4 c7–c5), und zwar mit einem Tempo mehr. Das einengende Vorgehen **2. ... d5–d4** ist nicht unbedenklich, weil Schwarz damit Zeit verliert und Weiß zu Linienöffnungen kommt, z. B. **3. e2–e3 Sb8–c6, 4. e3×d4! Sc6×d4, 5. Sf3×d4 Dd8×d4, 6. Sb1–c3 c7–c6, 7. d2–d3 Lc8–g4, 8. Dd1–a4,**

84

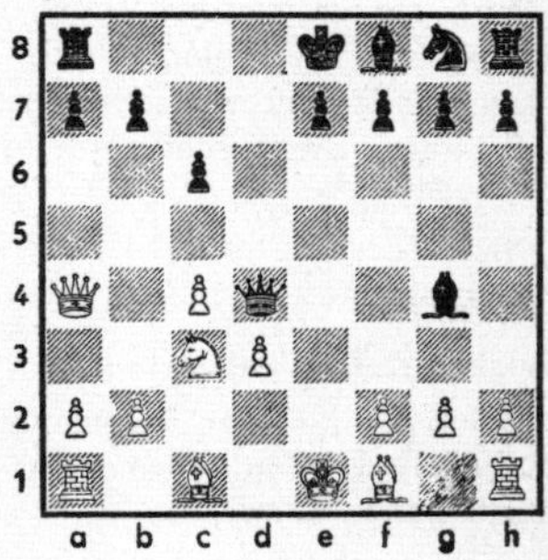

und Schwarz wird kaum verhindern können, daß Weiß günstig Lc1–e3 und d3–d4 durchsetzt.

Auch das Schlagen auf c4 verspricht nicht viel für Schwarz, weil Weiß 3. Sb1–a3, gefolgt von Sa3×c4 spielen kann. Empfehlenswert ist der von Lasker eingeführte »New Yorker« Aufbau **2. ... c7–c6, 3. b2–b3 Sg8–f6, 4. g2–g3 Lc8–f5, 5. Lf1–g2 e7–e6, 6. Lc1–b2 Sb8–d7, 7. 0–0 h7–h6.** Charakteristisch für das Reti-System ist die Flankierung beider Läufer. – Schwarz kann sich auch ähnlich wie beim Damengambit aufbauen, z. B. 2. ... e7–e6, 3. g2–g3 Sg8–f6, 4. Lf1–g2 Lf8–e7, 5. 0–0 0–0, 6. b2–b3 c7–c5, 7. c4×d5 Sf6×d5, 8. Lc1–b2 Sb8–c6.

Flankenspiel

(1. g2–g3). Man könnte auch von der »Kortschnoj-Eröffnung« sprechen, weil der russische Großmeister viele Erfolge mit ihr hatte. Die Absicht ist, eine günstige Überlenkung in Systeme zu finden, die eine frühzeitige Vereinfachung vermeiden. So entsteht nach etwa **1. g2–g3 d7–d5, 2. Sg1–f3 Sg8–f6, 3. Lf1–g2 c7–c5, 4. 0–0 e7–e6, 5. c2–c4 Sb8–c6, 6. c4×d5 Sf6×d5, 7. d2–d4** eine für Weiß recht gute Variante des Damengambits.

85

»Königsindisch« wird es nach **1. ... Sg8–f6, 2. Lf1–g2 g7–g6, 3. e2–e4 d7–d6, 4. d2–d4 Lf8–g7, 5. Sg1–e2** (Benkö–Fischer, Curacao 1962). Einen »königsindischen Angriff« nennt man den Aufmarsch **1. g2–g3 d7–d5, 2. Sg1–f3 g7–g6, 3. Lf1–g2 Lf8–g7, 4. 0–0 c7–c5, 5. d2–d3 Sb8–c6, 6. c2–c3 Sg8–f6, 7. Sb1–d2 0–0, 8. e2–e4 e7–e5,** den Weiß in der Partie Petrosjan–Teschner, Stockholm 1962, interessant mit dem Flügelangriff 9. a2–a3 nebst b2–b4 fortsetzte.

Die Bird-Eröffnung

(1. f2–f4). Auch dieser Zug ist spielbar. Weiß will (nach einer alten Idee Philidors) den Sg1 nach f3 entwickeln, **ohne** den f-Bauern zu verstellen. Häufig läßt er b2–b3 und Lc1–b2 folgen, um den Punkt e5 unter Druck zu setzen und den Läufer auf der langen Schrägen zur Entfaltung kommen zu lassen. Eine energische Entgegnung ist »Froms Gambit« 1. ... e7–e5, bei dessen Annahme 2. f4×e5 d7–d6 Schwarz Initiative erhält. Weiß kann, wenn er will, mit 2. e2–e4 Königsgambit spielen. Ruhiger bleibt der Kampf nach 1. ... d7–d5. Nach 2. Sg1–f3 Sg8–f6, 3. e2–e3 tut Schwarz am besten, Lc8–g4 fortzusetzen und damit den Kampf um das Feld e5 aufzunehmen, z. B. 4. h2–h3 Lg4×f3, 5. Dd1×f3 Sb8–d7, 6. d2–d4 Sf6–e4, 7. Lf1–d3 f7–f5, 8. 0–0 e7–e6, 9. c2–c4 c7–c6. Beide Teile haben Chancen. Wir hoffen, mit diesen Hinweisen unseren Lesern einen Begriff von den vielen Möglichkeiten, die sich in der Eröffnung bieten, gegeben und gleichzeitig die Grundlage für ein Eröffnungsprogramm gelegt zu haben.

22. STUNDE

Kombinations-Motive (I)

Nachdem wir uns mit den Grundprinzipien des Schachspiels und den wichtigsten Eröffnungen ein wenig vertraut gemacht haben, wollen wir uns mit den vielfältigen Kombinationsmöglichkeiten befassen, die sich besonders im Mittelspiel fast von selbst ergeben. Der Schachspieler stößt in der Partie immer wieder auf gewisse Anordnungen der Steine, die in ähnlicher Form schon dagewesen sind. Je mehr »Grundtypen« er kennt, je besser er sie auf die tatsächliche Lage anzuwenden versteht, um so besser spielt er.

Fesselungen

Viele Kombinationen sind geometrischer Natur – vor allem die Fesselungswendung, die wir zunächst untersuchen wollen. Sie ist eigentlich eine besondere Form des Doppelangriffs und kann eintreten, wenn zwei Figuren der gleichen Farbe auf derselben Linie stehen, die von einer feindlichen Figur kontrolliert wird. Die hinten stehende, die entweder sehr wertvoll oder ungedeckt ist, muß von der vorderen mit ihrer Masse geschützt werden.

In Diagramm 86 sehen wir eine Grundform der Fesselung. Schlecht wäre es, den Springer mit 1. f2–f4? anzugreifen, denn er antwortet 1. ... Se5–f3+ und erobert durch einen Doppelangriff den Läufer. Richtig ist **1. Ld2–c3.** Das greift den Springer an und legt ihn gleichzeitig fest. Deckt ihn der König mit

86

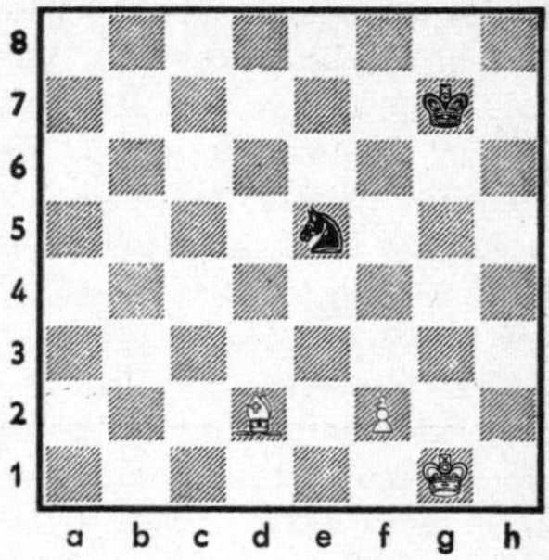

1. ... Kg7–f6, dann erobert ihn Weiß mit **2. f2–f4.**

Ähnlich ist es in Diagramm 87. Völlig verfehlt wäre der Angriff 1. f2–f3?, denn der Springer würde nicht zögern, nach f2 zu hüpfen und den

87

Turm zu erobern. Ein geübter Schachspieler macht den Springer erst unbeweglich, bevor er ihn zu erobern sucht, also **1. Td3–e3 f7–f5, 2. f2–f3.**

Verteidigt die gefesselte Figur nicht den König, sondern einen beliebigen anderen Stein mit ihrem Leibe, dann ist die Fesselung »unecht«, sie

88

ist manchmal nur scheinbar vorhanden. In Diagramm 88 wäre es verfehlt, auf die »Fesselung« zu vertrauen und den Springer mit 1. e3–e4? gewinnen zu wollen. Schwarz antwortet **1. ... Sd5–f6!** und lacht den Weißen aus. (2. Td4×d6? Sf6×e4+, gefolgt von Se4×d6). Weiß muß den Angriff mit **1. d2–d3!** vorbereiten, denn Schwarz hat keine Möglichkeit, den Td6 zu decken. Einen Zug später erobert 2. e3–e4 tatsächlich den Springer. Wäre der Bauer f3 nicht vorhanden, könnte Schwarz mit Td6–f6+ die Fesselung abschütteln.

In Diagramm 89 verfügt Weiß über den starken Zug **1. Dd3–g3.** Er greift

89

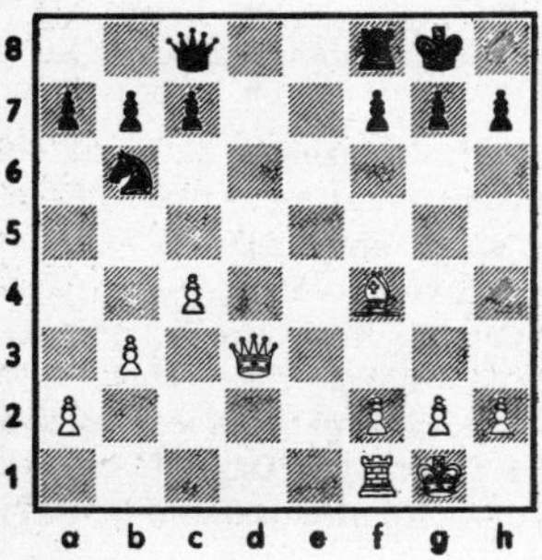

damit den Bc7 ein zweites Mal an, vor allem aber fesselt er den Bg7. Rettet Schwarz c7, also **1. ... c7–c6,** so nützt **2. Lf4–h6** die Lage aus. Schwarz muß die Mattdrohung g7 mit **2. ... g7–g6** parieren und verliert nach **3. Lh6×f8** die Qualität. Es droht also immer Gefahr, wenn eine feindliche Linienfigur und der König (oder häufig auch die Dame) sich auf der gleichen Linie befinden. Es ist ratsam, in solchen Lagen sofort auszuweichen (hier also etwa 1. ... Kg8–h8 zu spielen). Ein weiteres Beispiel dafür ist Diagramm 90. Der schwarze König

90

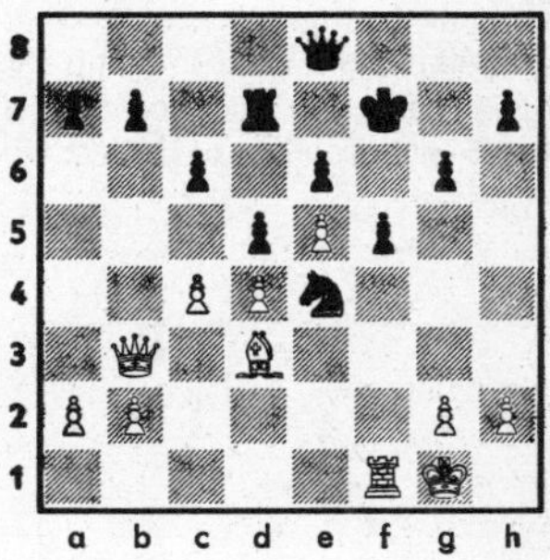

steht in mehrfacher Hinsicht ungünstig. Einmal wegen des Tf1, der den Bf5 fesselt, aber auch, freilich weniger deutlich erkennbar, wegen der weißen Dame. Mit **1. c4×d5** kommt Weiß entscheidend in Vorteil. So erobert er nach **1. ... e6×d5, 2. Ld3×e4** den schwarzen Springer, weil beide Deckungsbauern ausgeschaltet sind. Das kleinere Übel ist 1. ... c6×d5. Weiß fesselt dann mit 2. Ld3–b5 den Turm und »verdient« die Qualität. Daran ändert auch 2. ... Se4–d2 wegen 3. Db3–a4 nichts.

91

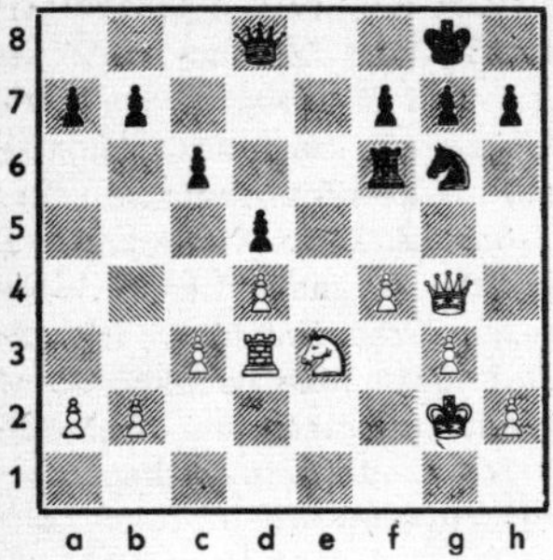

Ziemlich versteckt ist das Fesselungsmotiv in Nr. 91 (ähnliche Wendungen sind ziemlich häufig). Schwarz erzielt mit **1. ... Sg6×f4+!** entscheidenden Materialgewinn. Weil der Weiße nicht den Td3 hergeben will, muß nach **2. g3×f4 Tf6–g6** die Dame dran glauben.

92

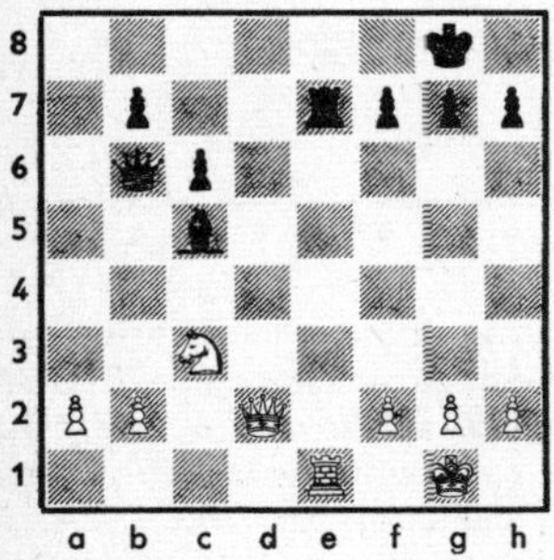

Im Diagramm 92 sind die bedrohten weißen Steine, der Te1 und der Bf2, zwar gedeckt, mit **1. ... Lc5×f2+!** wird die weiße Dame jedoch in eine Fesselung gezwungen, **2. Dd2×f2,** so daß **2. ... Te7×e1** mattsetzt.

Diagramm 93 zeigt das effektvolle Motiv der »Kreuzfesselung«. Das

93

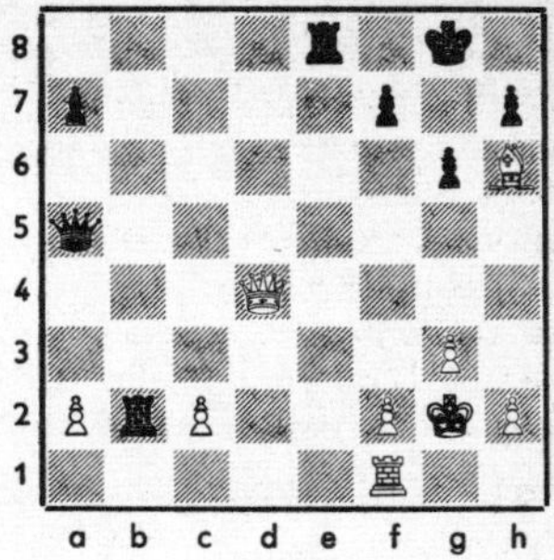

Matt auf g7 und den bedrohten Tb2 kann Schwarz nur mit **1. ... Da5–e5** gleichzeitig verteidigen, aber nach **2. Tf1–e1!** ist die Dame überfordert, sie ist sowohl auf der e-Linie als auch auf der Schrägen gefesselt und geht verloren.

Stellung 94 entstammt einer Partie Lexandrowitsch–Krummhauer, Ber-

94

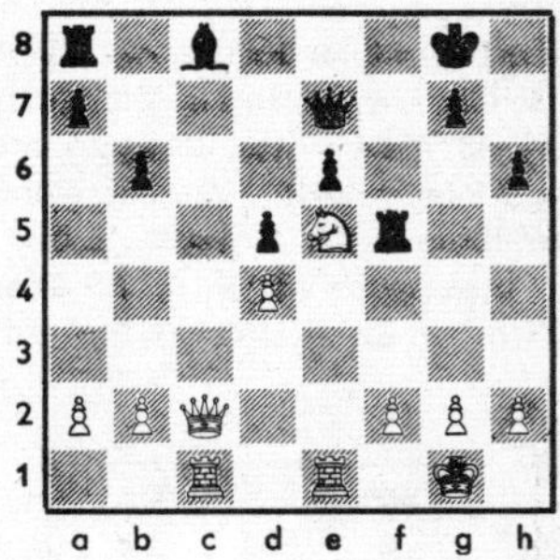

lin 1951. Sie zeigt, daß mitunter Phantasie dazu gehört, eine Fesselung zu erkennen. Denkt man sich den Se5 weg, wäre der Be6 gefesselt und Weiß könnte Dc2×f5 spielen. In dieser Erkenntnis setzte Weiß **1. Se5–g6! De7–f6, 2. Sg6–e7+! Df6×e7, 3. Dc2×f5** fort und gewann. Allerdings hätte 1. Dc2×

c8+ Ta8×c8, 2. Tc1×c8+ Tf5–f8 (oder Kg8–h7, 3. Tc8–h8+! Kh7×h8, 4. Se5–g6+), 3. Se5–g6! De7–g5, 4. Tc8×f8+ Kg8–h7, 5. Sg6–f4 noch rascher entschieden, wie R. Urschel herausfand.

Manchmal dient eine Fesselung nur dazu, einer Figur ein bestimmtes Feld zugänglich zu machen. Weiß opfert in Diagramm 95 die Dame, damit der Springer nach g6 kann:

95

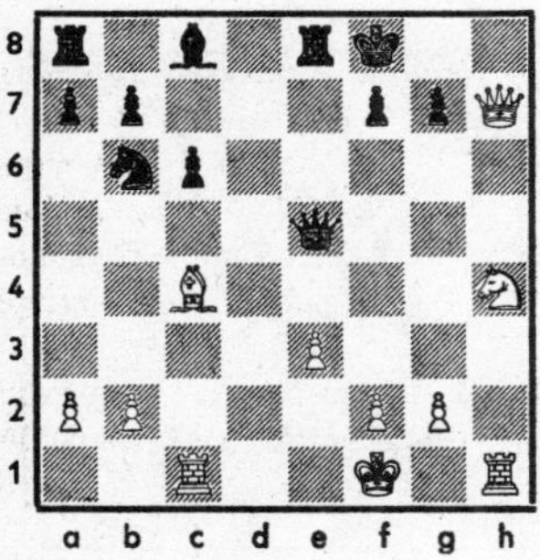

1. Dh7–g8+!! Kf8×g8 (das geringere Übel wäre Kf8–e7, 2. Dg8×f7+), **2. Sh4–g6** und Schwarz kann das Matt auf h8 nur verzögern, nicht vermeiden (Abrahams–Thynne, Liverpool 1932). (S. Nr. 155, S. 91.)

96

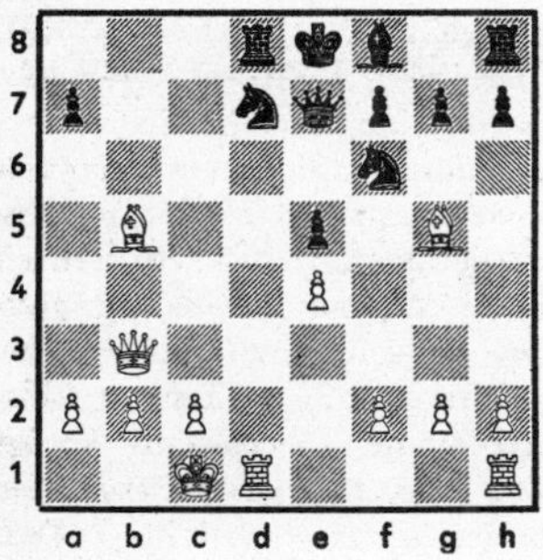

Wir schließen mit einer der berühmtesten Kombinationen der Schachliteratur, in der Weiß die »fesselnde« Wirkung seiner Läufer zur unverzüglichen Heranführung seiner Reserven benützte (Paul Morphy gegen den Herzog von Braunschweig und den Grafen Isouard, Paris 1858): **1. Td1×d7! Td8×d7, 2. Th1–d1 De7–e6, 3. Lb5×d7+ Sf6×d7, 4. Db3–b8+ Sd7×b8, 5. Td1–d8** matt.

23. STUNDE

Kombinations-Motive (II) Doppelangriffe

Zu den häufigsten Kombinationen gehören »Doppelangriffe«. Man kann sie leicht übersehen. Auch große Meister fallen ihnen gelegentlich zum Opfer, wie einige der Beispiele zeigen – ein Trost für uns alle.

97

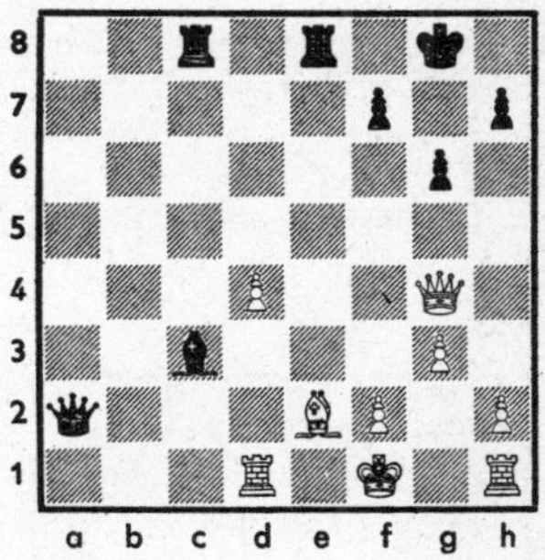

Abbildung 97 kann als Warnungstafel dienen, möglichst keine der Figuren ungedeckt stehenzulassen oder auf ungedeckte Felder zu stellen (Keres–Fischer, Kandidatenturnier 1959). Keres wollte die Türme verbinden und den König nach g2

stellen; aber der Le2 »hängt«. Richtig wäre 1. Lf3, wonach alles gedeckt ist. Keres zog aber **1. Le2–b5?,** büßte nach **1. ... Da2–d5!** (Angriff auf b5 und h1) eine Figur ein und gab sofort auf. Ein schockierender Fehler, der Keres aus seiner Spitzenposition im Turnier zurückfallen ließ.

98

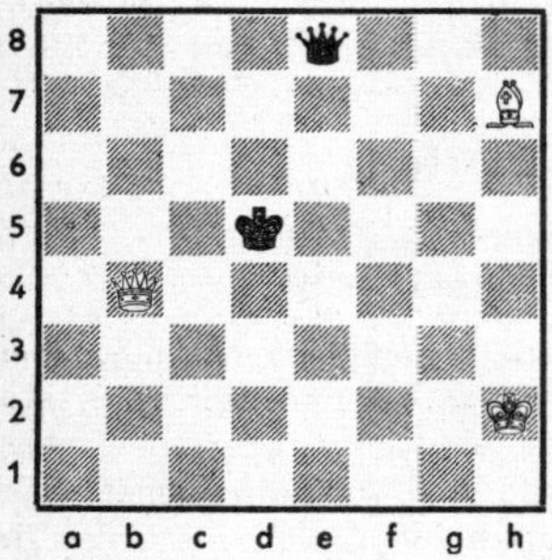

Nr. 98 zeigt einen Doppelangriff als geometrisches Motiv. Die beiden feindlichen Figuren werden auf die gleiche Linie oder Schräge gezwungen: **1. Lh7–g8+!** mit Gewinn der Dame, z. B. **1. ... De8×g8, 2. Db4–b3+,** oder **1. ... Kd5–c6, 2. Db4–a4+,** oder **1. ... Kd5–e5, 2. Db4–e1+.** (Schluß einer Studie von A. A. Troitzky.)

99

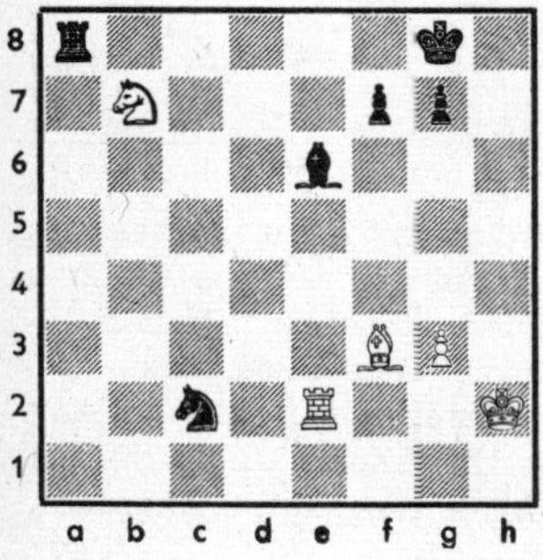

Mitunter bereitet ein Doppelangriff den entscheidenden zweiten vor, wie im Diagramm 99 (Réti–Aljechin, Baden-Baden 1925): **1. ... Sc2–d4, 2. Te2–f2** (das geringste Übel war 2. Te6:), **2. ... Sd4×f3+, 3. Tf2×f3 Le6–d5** und Weiß verliert mindestens den Springer, weil die Figuren sich nicht gegenseitig decken können.

100

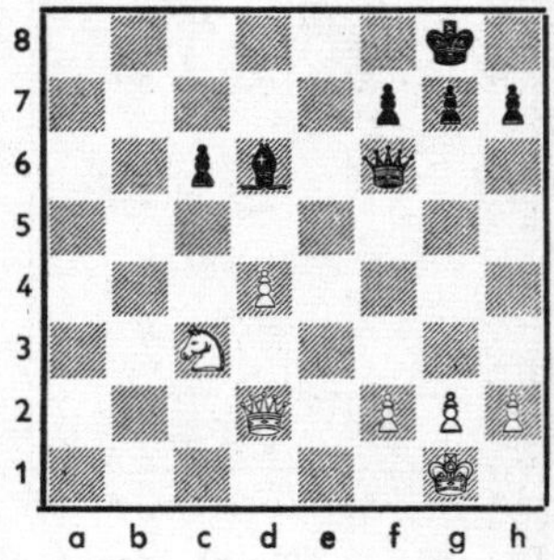

Am häufigsten werden Doppelangriffe übersehen, die durch Scheinopfer eingeleitet werden (ähnlich wie in Nr. 98). Nr. 100 ist ein partieähnliches Beispiel. **1. Sc3–e4?** (ungedecktes Feld!) gestattet den Überfall **1. ... Ld6×h2+, 2. Kg1×h2 Df6–h4+, 3. Kh2–g1 Dh4×e4** mit Gewinn eines Bauern. Schwarz hat also durch das Läuferopfer den zweiten Angriffspunkt für die Dame erst gebildet. In Nr. 101 (Tal–Petrosjan, Willemstad 1962) schuf der Exweltmeister durch seinen letzten Zug (Ta1–a2?), um a3 durch Td1–a1 noch einmal decken zu können, selbst die Möglichkeit zu einem Doppelangriff. Nach **1. ... Ta4×c4!**

101

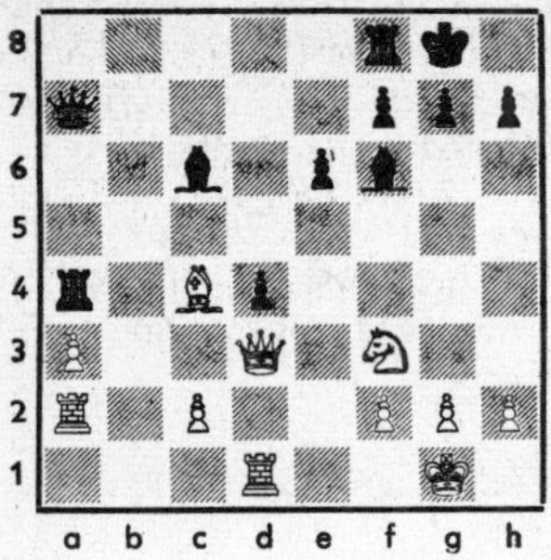

gab er die Partie auf (2. Dd3×c4 Lc6–d5 und der Turm muß daran glauben).

Manchmal leiten zwei aufeinanderfolgende Scheinopfer den Doppelangriff ein, wie Nr. 102 zeigt. Der

102

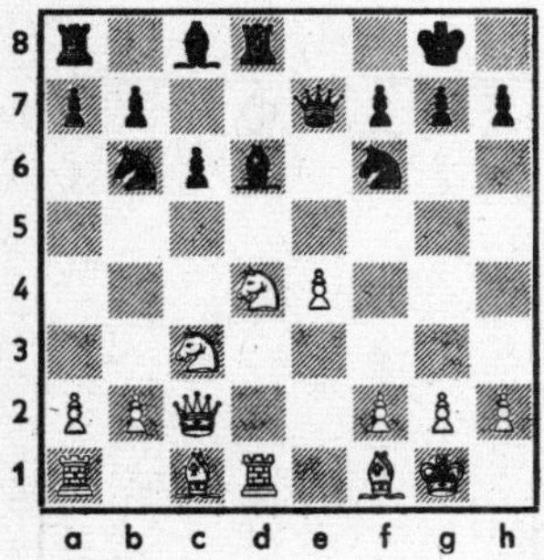

Bauerngewinn ist klar und übersichtlich: **1. ... Ld6×h2+, 2. Kg1×h2 Td8×d4, 3. Td1×d4 De7–e5+** nebst **De5×d4.** Hier werden also beide Angriffsfelder (h2 und d4) durch Scheinopfer vorbereitet. Die Zugumstellung 2. ... De7–e5+, 3. Kh2–g1 Td8×d4 fruchtet wegen 3. Lc1–f4! nichts (De5–c5, 4. Lf4–e3).

Nr. 103 stammt aus einer Partie Tschigorin–Janowski, Paris 1900. 1. Dc3–c5 mit der Mattdrohung auf

103

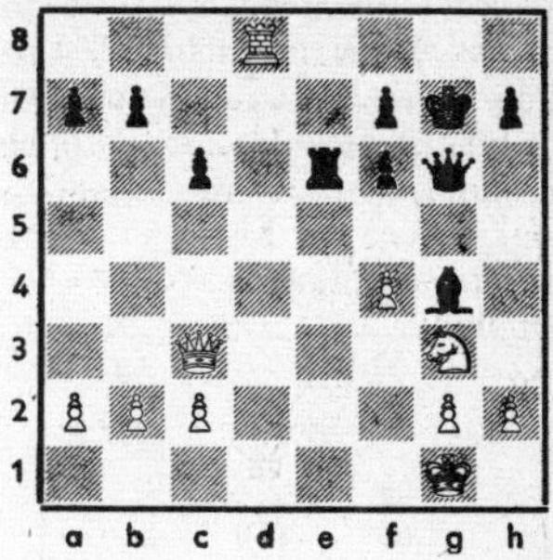

f8 ließe sich durch f6–f5 parieren. Also beginnt Weiß mit der Bauerngabel **1. f4–f5! Lg4×f5,** schafft damit einen zweiten wunden Punkt auf f5, so daß nun **2. Dc3–c5** infolge der Doppeldrohung gegen f8 und f5 sofort entscheidet.

Äußerst effektvoll wird der Doppelangriff in Nr. 104 herbeigeführt. Zwei schwarze Figuren werden in die »Springergabel« hineingelenkt:

104

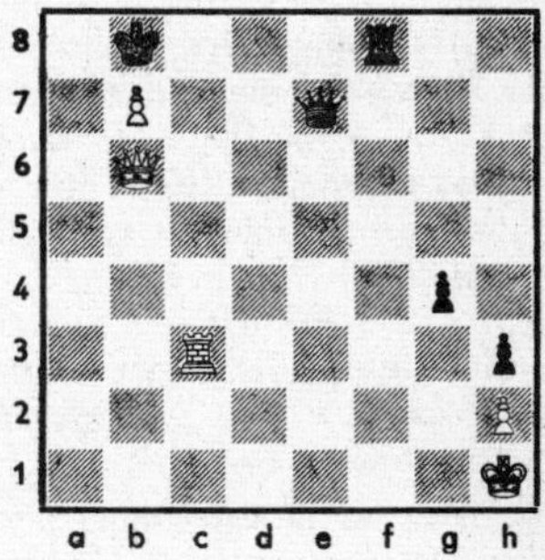

1. Tc3–c8+! Tf8×c8, 2. Db6–a7+! Kb8×a7 (Kc7 ändert nichts). Schwarz besitzt vorübergehend Dame und Turm mehr; doch kommen ihm nun beide abhanden: **3. b7×c8S+!,** schlägt den Turm, im nächsten Zug die Dame und bald beide Bauern, so daß zum Schluß die Umwandlung des h-Bauern zugunsten von Weiß entscheidet.

Mit welchen Raffinessen im Meisterschach vorgegangen wird, zeigt Nr. 105 (Boleslavsky–Flohr, Budapest

105

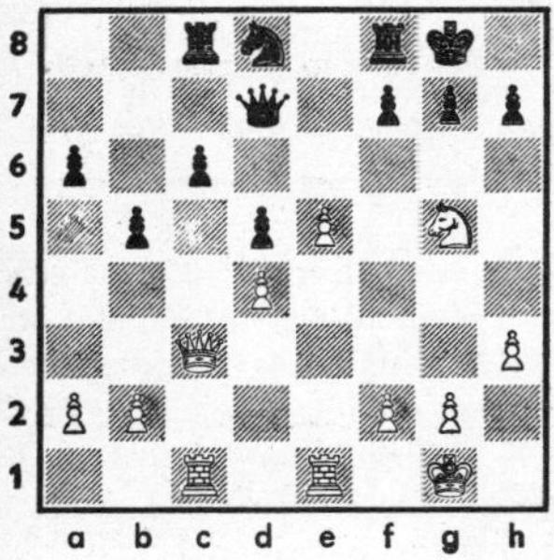

1950). Gut sieht 1. Dc3–a3 aus, weil außer a6 auch f8 angegriffen und dadurch Bh7 gefährdet ist, denn der König kann ja nicht f8 und h7 gleichzeitig decken. Aber 1. ... h7–h6! verteidigt. Daher schaltete Weiß **1. Dc3–d3!** ein und zog erst nach **1. ... g7–g6** (1. ... f7–f5, 2. e5×f6 en passant g7×f6, 3. Sg5–f3 mit überlegenem Spiel für Weiß), **2. Dd3–a3!,** denn nun wäre h7–h6? wegen 3. Sg5–h7! mit der Absicht Sh7–f6+ fatal. Schwarz verliert einen Bauern, z. B. 2. ... Sd8–e6, 3. Sg5×e6 nebst Da3×a6.

Ein klassisches Beispiel einer verpaßten Gelegenheit ist Nr. 106 (von Popiel–Marco). Schwarz gab auf, weil er den Läufer d4 für gefesselt und daher verloren hielt. Dabei konnte er mit dem heimtückischen Doppelangriff **1. ... Ld4–g1!** (ein »Desperado«-Zug des Läufers) die Partie sofort gewinnen. Weiß kann

106

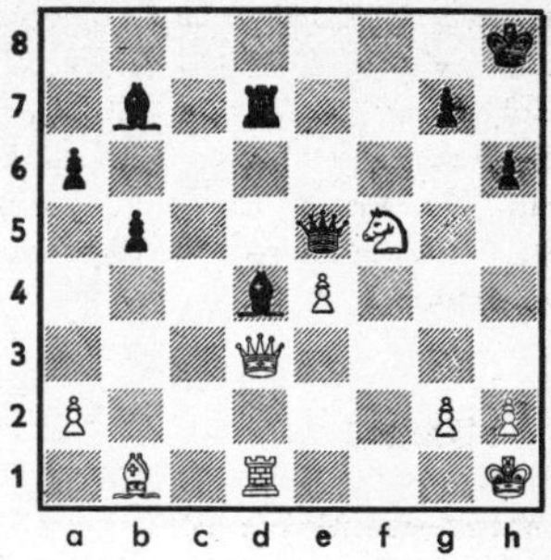

nicht gleichzeitig das Matt auf h2 decken und den Angriff des Turms parieren. Es kommt auch vor, daß ein geplanter Doppelangriff mit einem Gegen-Doppelangriff pariert wird, wie in Nr. 107 (Dr. Tartakower–Capablanca, New York 1924).

107

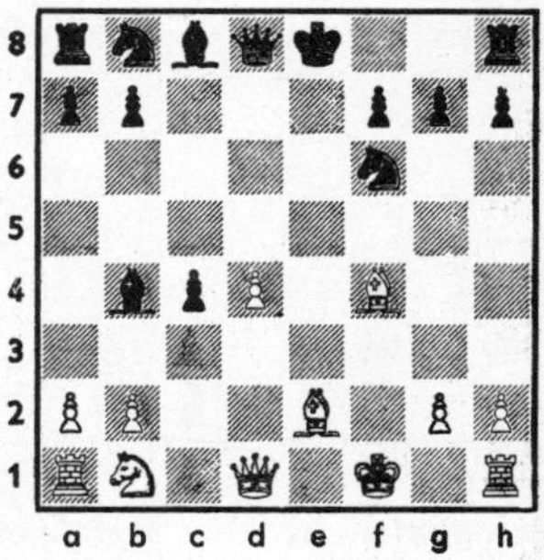

Weiß spielte **1. Lf4×b8** und hoffte, nach Ta8×b8 mit 2. Dd1–a4+ den Läufer b4 zu erobern (sofort 1. Da4+ ließe die Deckung Sc6 zu). Mit dem »Zwischenzug« **1. ... Sf6–d5!** jedoch deckte Schwarz b4 und drohte gleichzeitig Sd5–e3+, eine Springergabel. Die Parade 2. Lb8–f4, um nach Sd5×f4? 3. Dd1–a4+ doch zum Ziele zu kommen, reicht wegen 2. ... Dd8–f6! (infolge der Fesselung des Läufers droht wieder Se3+) nicht aus. Weiß mußte mit **2. Kf1–f2** auf den erhofften Eroberungsfeldzug verzichten und verlor später die Partie (2. ... Ta8×b8 usw.). Wunderbare Vielfalt des Schachspiels!

24. STUNDE

Kombinations-Motive (III)

Uberlastete Figuren

Wir haben gesehen, daß ungeschützte Figuren dem Gegner vorteilhafte Wendungen gestatten. Meistens sind es Fesselungen und Doppelangriffe, die durch sie ermöglicht werden und mit denen wir uns schon befaßt haben. Wer aber nun glaubt, daß Deckung auch Sicherheit bedeutet, den müssen wir enttäuschen. Schutzfiguren erweisen sich oft als überlastet, können beseitigt oder abgelenkt werden.

108

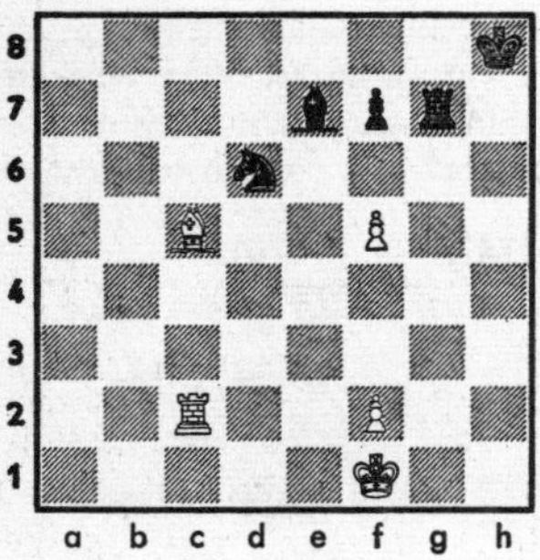

Sehen wir uns die mannigfachen Kombinationsmöglichkeiten in bunter Folge an. In Diagramm 108 (Weiß am Zuge) verliert Schwarz den Springer. Der Le7 deckt ihn zwar, aber nach **1. f5–f6!** erweist sich der Läufer als überlastet: Schwarz hat nur noch die Wahl, den Springer, den Läufer oder den Turm zu verlieren.

109

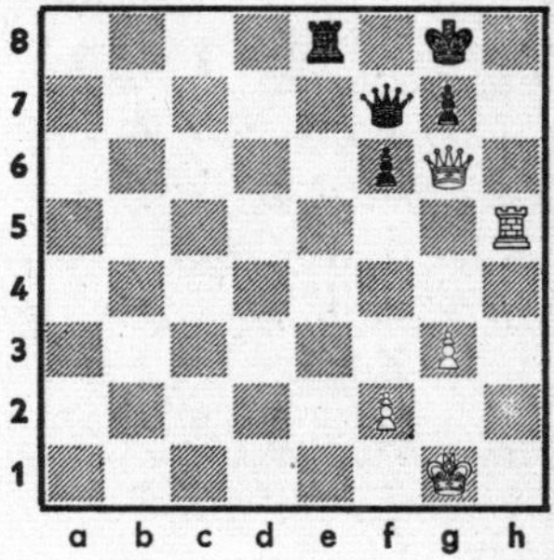

Diagramm 109 ist ein häufig vorkommender Fall (Weiß am Zuge). Der schwarze König soll die Dame decken, kann jedoch nach **1. Th5–h8+** seine Aufgabe nicht mehr erfüllen – eine Ablenkungs-Kombination.

110

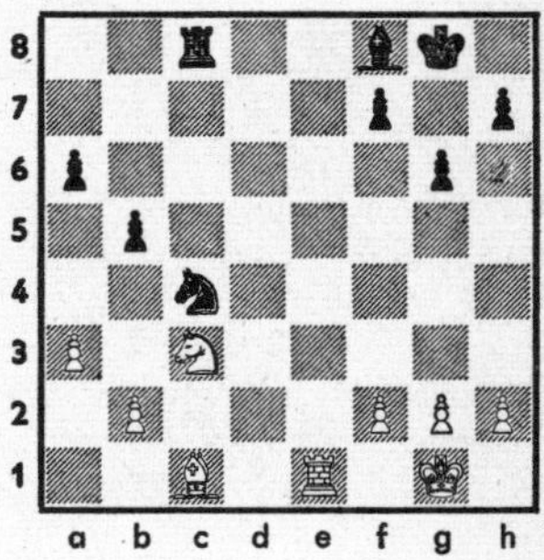

In Nr. 110 (Schwarz am Zuge) scheint auf den ersten Blick der weiße Damenflügel gut geschützt zu sein. In Wirklichkeit ist aber der Bb2 überlastet: er kann nicht gleichzeitig den Ba3 und den Sc3 verteidigen, wie sich nach **1. ... Sc4×a3!** zeigt. Hier war die Angriffslinie des Turmes ursprünglich verdeckt.

111

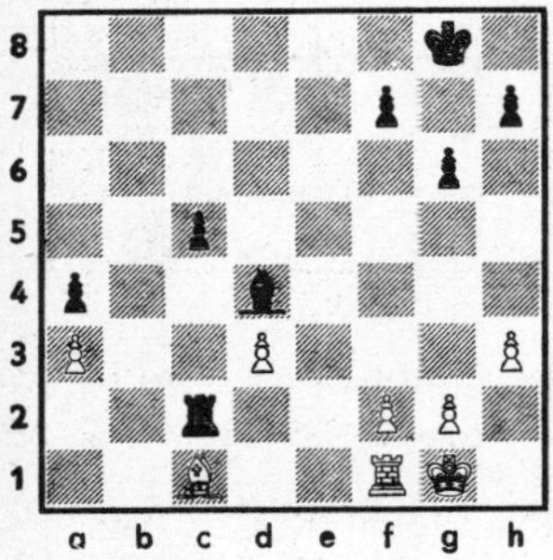

In Nr. 111 (Schwarz am Zuge) ist der weiße Turm überfordert. Er ist nicht in der Lage, den Lc1 und den Bf2 zugleich zu bewachen. Schwarz nützt die Lage mit **1. ... Ld4×f2+** aus.

112

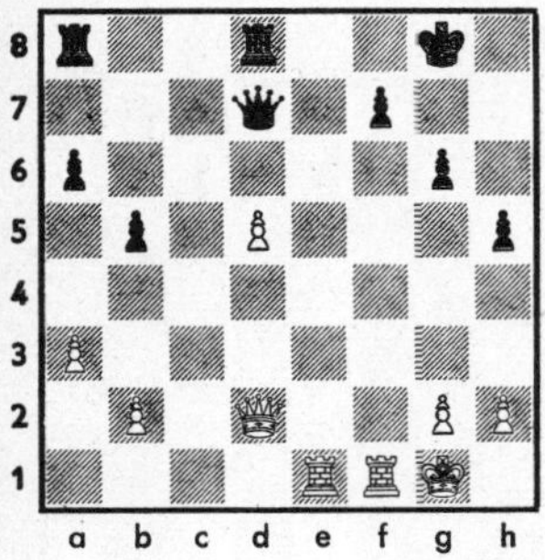

Verwickelter ist das Beispiel Nr. 112 (Schwarz am Zuge). Überlegen Sie bitte: War Schwarz gut beraten, als er den Bauern d5 schlug? Nein! Er verliert nämlich nach **1. ... Dd7×d5? 2. Te1–e8+!** entweder die Dame für einen Turm (2. ... Td8×e8, 3. Dd2×d5) oder einen Turm ohne Gegenwert (2. ... Kg8–g7, 3. Dd2×d5 Td8×d5, 4. Te8×a8).

113

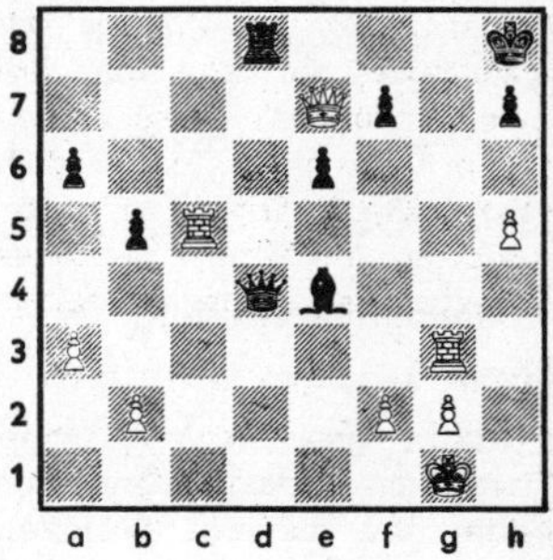

Auch Nr. 113 ist kompliziert. Bevor man den Sinn des nächsten Zuges von Weiß versteht, muß man sich über die Aufgaben der schwarzen Figuren klarwerden, die scharf umrissen sind, weil der schwarze König dringend des Schutzes bedarf. Die schwarze Dame muß den Punkt f6 (gegen Df6 matt) und außerdem den Td8 decken. Der Turm ist an die 8. Reihe gebunden, weil er Df8 matt nicht zulassen darf. Aus diesen Bindungen erklärt sich nun der Zug **1. Tc5–d5!**, der Schwarz vor un-

114

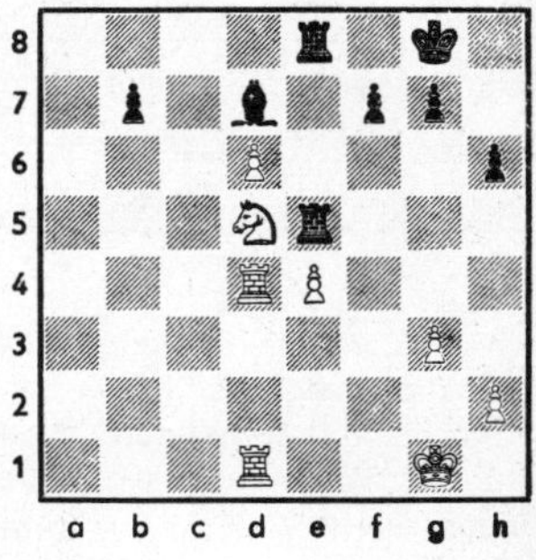

lösbare Aufgaben stellt (aus einer Partie Eliskases–Hölzl, Innsbruck 1931).

Mitunter spielt die Unterbrechung der Zuglinie der Deckungsfigur die entscheidende Rolle. In Nr. 114 (am Zuge ist Schwarz) glaubte der Nachziehende, sich auf den Be4 stürzen zu können; dieser Bauer war jedoch »vergiftet«, wie nach **1. ... Te5×e4?, 2. Sd5–e7+!** sofort klar wurde. Man darf drohende Schachgebote eben nie übersehen.

115

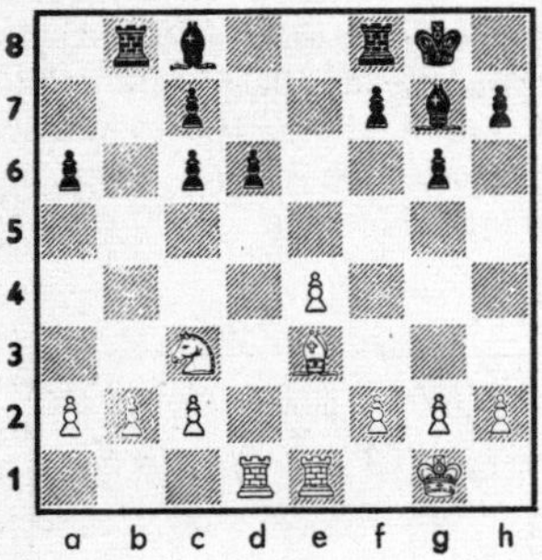

In Nr. 115 (Weiß am Zuge) hat Schwarz soeben mit dem Turm den weißen Bb2 angegriffen. Wie dekken wir ihn? Wir müssen dabei berücksichtigen, daß die deckende Figur die Aufgabe des Bauern übernehmen kann, falls dieser doch geschlagen wird (der Bauer muß nämlich den Sc3 decken). Fehlerhaft wäre **1. Td1–b1?,** weil Schwarz trotzdem **1. ... Tb8×b2** spielt und nach **2. Tb1×b2** mit **Lg7×c3** das vorübergehend preisgegebene Material mit Zinsen zurückerhält. Richtig also 1. Le3–c1.

Im Beispiel Nr. 116 (Weiß am Zuge) darf sich Weiß nicht verleiten lassen, mit dem primitiven Vorgehen

116

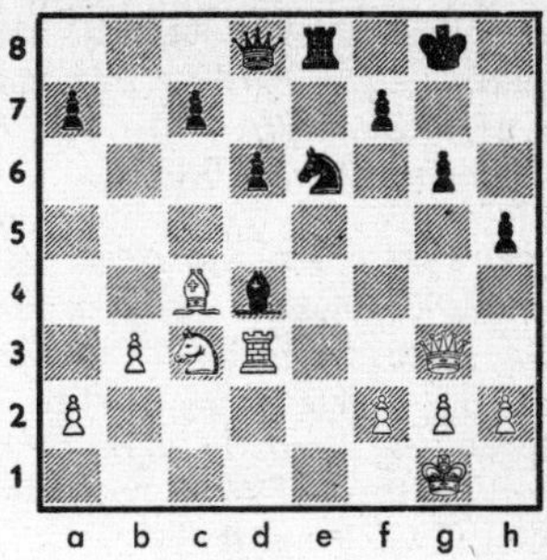

1. Lc4×e6 Te8×e6, 2. Td3×d4?? eine Figur erobern zu wollen. Er stünde nach 2. ... Te6–e1 matt schlecht da. Richtig ist umgekehrt **1. Td3×d4!,** denn nach dem Verschwinden des Springers ist plötzlich der Bf7 gefesselt. Die Folge könnte sein: **1. ... Se6×d4, 2. Dg3×g6+ Kg8–h8** (oder 2. ... Kg8–f8??, 3. Dg6×f7 matt), **3. Dg6×h5+ Kh8–g7, 4. Dh5–g4+ Kg7–f8, 5. Dg4×d4 Te8–e1+, 6. Lc4–f1,** und Weiß ist entscheidend im Vorteil.

117

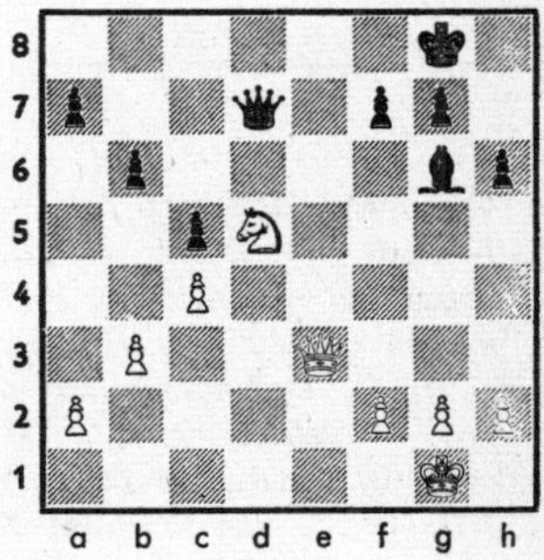

Bevor wir uns auf eine Kombination einlassen, müssen wir sorgfältig prüfen, ob sie nicht vielleicht ein »Loch« hat. So verließ sich Weiß in Nr. 117 darauf, daß der

Bg7 »überlastet« sei und hoffte, mit **1. De3×h6?** einen Bauern zu gewinnen (1. ... g7×h6, 2. Sd5–f6+ Kg8–g7, 3. Sf6×d7). Mit **1. ... Dd7 ×d5!** aber kehrte Schwarz den Spieß um: Weiß hat eine Figur eingebüßt. Man beachte, daß die Kombination des Weißen korrekt wäre, stünde auf d3 ein weißer Bauer. Er könnte dann nämlich 2. Dh6×g6 erwidern! So aber droht auf d1 matt, und Weiß hat keine Zeit zu »Zwischenzügen«.

Eine typische Aljechin-Kombination zeigt Diagramm 118 (Aljechin-Kussman, New York 1924 – aus einer Blindvorstellung des späteren Welt-

118

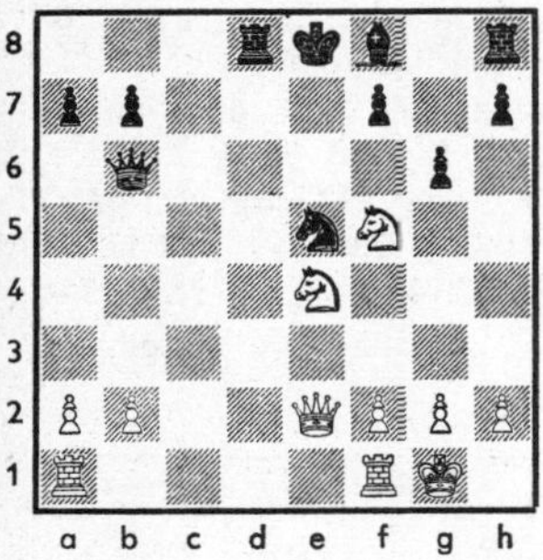

meisters, der hier am Zuge war). Weiß erkannte, daß das Feld b5 nur scheinbar gedeckt war, weil die Dame außerdem f6 bewachen muß, und beendete die Partie sehr eindrucksvoll: **1. De2–b5–! Se5–d7** (Db6×b5?, 2. Se4–f6 matt!) **2. Tf1–e1!** (droht ein Abzugsmatt des Se4), **2. ... Lf8–b4, 3. Se4–f6+ Ke8–f8, 4. Sf6×d7+ Td8×d7, 5. Db5–e5** mit undeckbaren Drohungen.

Nach diesen Beispielen wird es Ihnen nicht schwerfallen, auch in eigenen Partien solche prachtvollen Wendungen zu finden. Oder!?

25. STUNDE

Kombinations-Motive (IV)

Eingesperrte Figuren

Ein Grundprinzip im Schach ist, die Figuren so beweglich wie möglich aufzustellen. Bei jeder Aktion achte man also streng darauf, ob nicht die Gefahr der Ein- oder Absperrung einer Figur auftaucht. Das ist sehr oft der Fall, wenn ein Einbruch ins gegnerische Lager vorgenommen wird. Bevor man sich in eine solche Unternehmung einläßt, vergewissere man sich, ob die vorgeprechte Figur auch einen sicheren Rückweg behält. Besonders gefährdet sind in dieser Hinsicht Läufer und Dame, aber auch Turm und Springer können in Gefahr geraten.

119

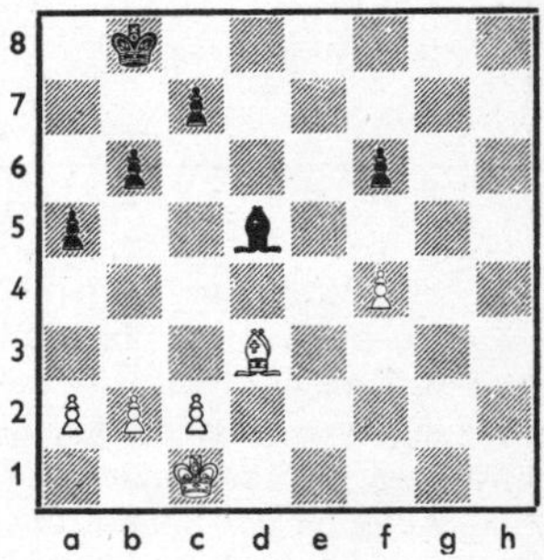

Ein einfaches Beispiel zeigt Diagramm 119. Schwarz darf nicht **1. ... Ld5×a2?** spielen, weil sein Läufer nach **2. b2–b3!** nicht mehr zurückkehren kann. Hier hilft auch die Unterstützung des a-Bauern **2. ... a5–a4** nichts mehr: nach **3. Kc1–b2 a4×b3, 4. c2×b3 La2×b3, 5. Kb2 ×b3** befindet sich Schwarz mit zwei Bauern gegen den Läufer in ziemlich aussichtsloser Lage.

120

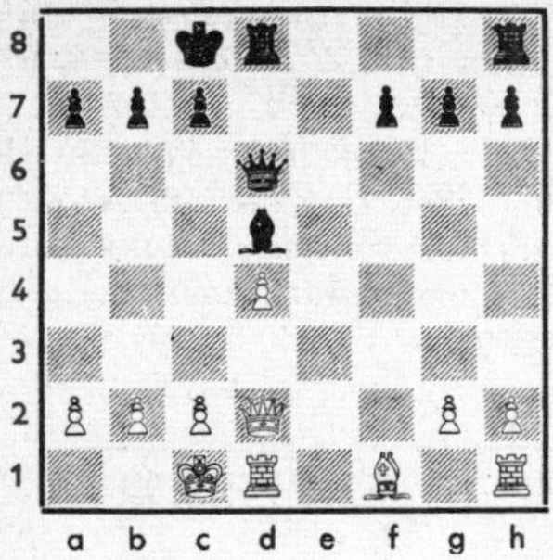

Allerdings darf man im Schach nie schematisch spielen. In Diagramm 120 ist **1. ... Ld5×a2!** stark, weil der Einsperrungszug **2. b2–b3??** wegen **Dd6–a3** matt nicht in Frage kommt (auch der Gegenangriff 2. Dd2–a5 nützt wegen 2. ... Dd6–f4+, 3. Td1–d2 Td8×d4, 4. Lf1–d3 Td4–a4 nichts).

121

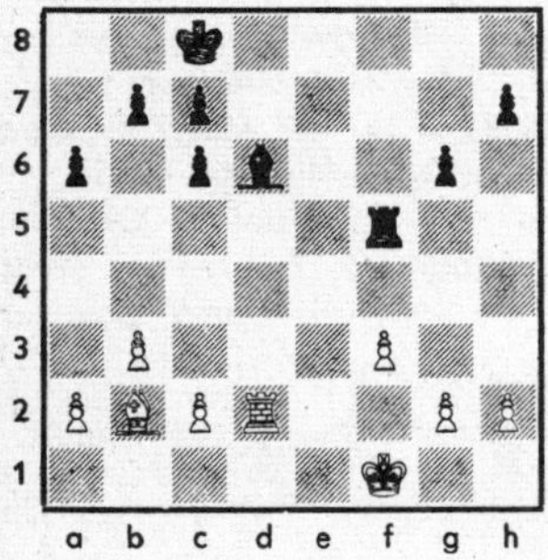

Der gleiche Einsperrungsgedanke spielt in Diagramm 121 eine Rolle (aus einer Partie Réti–Spielmann, Wien 1914). **1. Kf1–f2!** deckte den Bh2 indirekt (weniger gut wäre 1. h2–h3 wegen Ld6–g3). Schwarz darf nicht 1. ... Ld6×h2? antworten, weil 2. g2–g3 den Läufer festhielte (mit der Drohung 3. Kf2–g2 Tf5–h5, 4. Td2–d1 und 5. Td1–h1). Weiß mußte dabei freilich 2. ... Tf5–g5, 3. Td2–d8+! Kc8×d8, 4. Lb2–f6+ nebst Lf6×g5 und Kf2–g2 vorhersehen. Einige Züge später konnte es sogar zu einer Einsperrung des Turms kommen. Schwarz spielte **1. ... Tf5–a5, 2. a2–a4 Tf5–h5, 3. h2–h3 b7–b5, 4. Lb2–c3 Th5–h4** (um den Tausch auf b5 zur Entdoppelung seiner Bauern zu provozieren), **5. g2–g4!,** und nun hätte 5. ... Th4×h3?, 6. Td2×d6! c7×d6, 7. Kf2–g2 Th3–h6, 8. Lc3–g7 Th6–h4, 9. Lg7–f6 Th4–h6, 10. Lf6–g5 eine Figur gekostet. Aber auch nach **5. ... Ld6–f4, 6. Td2–d8+ Kc8×d8, 7. Lc3–f6+ Kd8–d7, 8. Lf6×h4** gewann Weiß schließlich wegen seiner besseren Bauernstellung.

Der Läufer kann nicht nur am Rande in Gefahr geraten. In Diagramm 122 stempelte Weiß (Teschner–Unzicker, Essen 1948) den Lb4 zum Angriffsobjekt, indem er **1. Ld2–c1!** zog. Auf **1. ... De7–d8** (etwas besser Lb4–d6) geschah **2. c4–c5! b6×c5, 3. a2–a3 Lb4–a5, 4. d4×c5.** Zwar rettet **4. ... c7–c6** den Läufer, aber die schwarze Stellung ist desorganisiert.

122

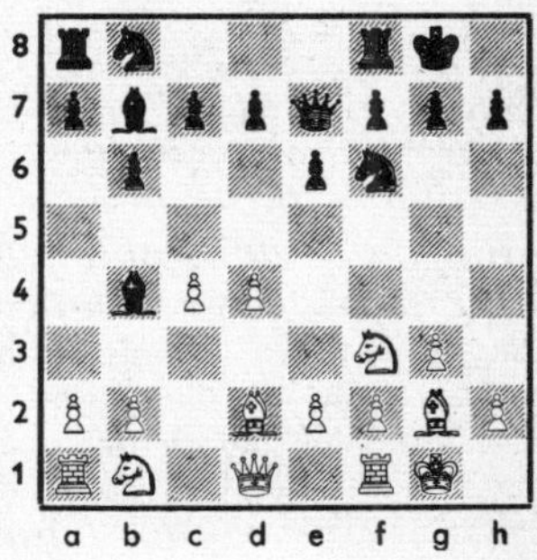

Ganz ähnlich ist die Lage in Diagramm 123 (hervorgegangen aus 1. e4 c5, 2. Sf3 Sc6, 3. d4 cd, 4. Sd4: Sf6, 5. Sc3 d6, 6. Le2 g6, 7. Le3 Lg7, 8. 0–0 0–0, 9. Dd2 Sg4, 10. Lg4: Lg4:,

123

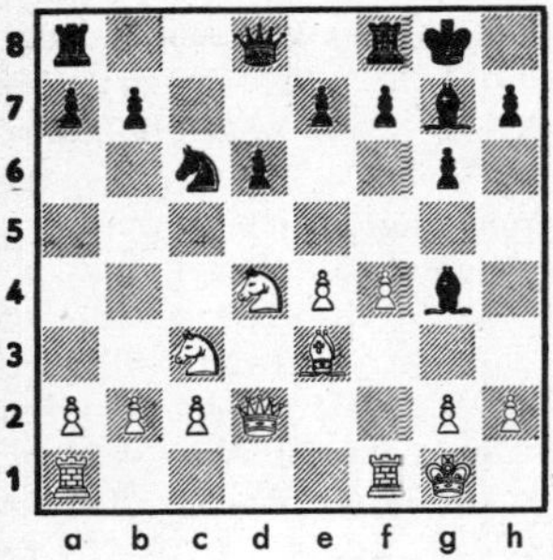

11. f4). Weiß droht 12. f4–f5! g6×f5, 13. h2–h3 Lg4–h5, 14. e4×f5 mit Vorteil. Am einfachsten pariert Schwarz mit **11. ... Sc6×d4, 12. Le3×d4 e7–e5, 13. Ld4–e3 e5×f4.**

124

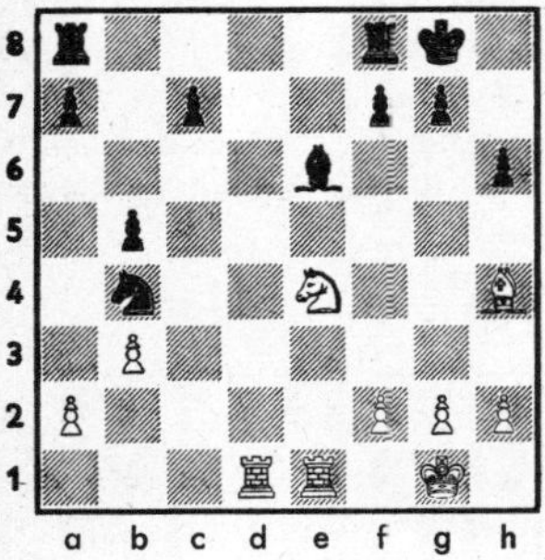

In Diagramm 124 verließ sich Schwarz darauf, daß er den Doppelangriff **1. Lh4–e7** mit dem Gegenschlag **Sb4–c2** beantworten könne. Weiß hat jedoch weitergerechnet – er spielt auf Springerfang! (Sanguineti–Eliskases, Buenos Aires 1962.) **2. Le7×f8 Sc2×e1, 3. Lf8–c5!** (Der Springer muß in die Zwangsjacke.) **3. ... Se1–c2, 4. Td1–d2** (weniger gut 4. Tc1 Td8!, 5. f3 f5), **4. ... Le6–f5** (oder 4. ... Sa1, 5. Ld4), **5. f2–f3 Lf5×e4, 6. f3×e4 Sc2–a1, 7. Td2–d1** (auf 7. Ld4? rettet Td8!) und der Springer muß daran glauben (7. ... Sc2, 8. Tc1).

125

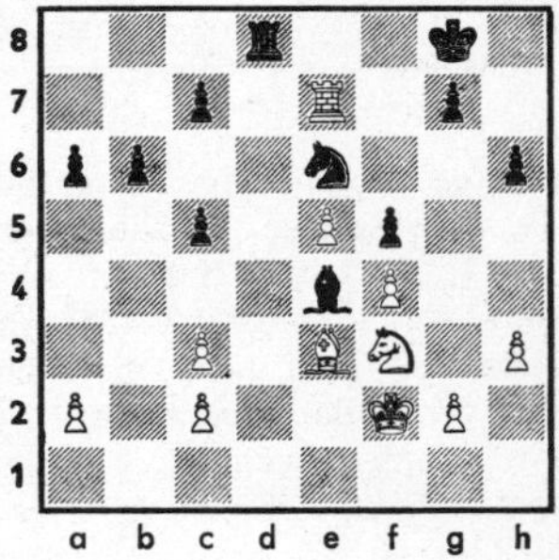

Diagramm 125 zeigt einen vorgepreschten Turm auf verlorenem Posten (Darga–Ivkov, Hastings 1955). Schwarz eroberte mit **1. ... Kg8–f8!, 2. Te7×e6 Kf8–f7** die Qualität und schließlich die Partie.

Besonders gefährdet im Gestrüpp der feindlichen Figuren ist natürlich die wertvolle Dame. Das Her-

126

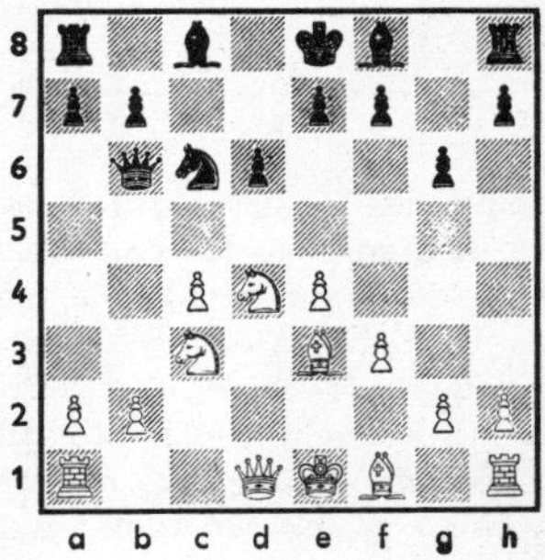

einschlagen auf b2 ist in der überwiegenden Mehrzahl der Fälle ein direkter Fehler. Ein Beispiel für viele ist Diagramm 126 (L. Schmid–Sahlmann, Celle 1948) Schwarz konnte nicht widerstehen und zog **1. . . . Db6×b2?** Auf **2. Sc3–a4! Db2–a3, 3. Le3–c1!** war er jedoch nicht gefaßt. Die Dame sitzt in der Falle (3. Da3–b4+, 4. Lc1–d2 Db4–a3, 5. Sd4–b5), und Schwarz gab auf. Auch Großmeister werden von dem harmlosen Bb2 oft mit magischer Gewalt angezogen. So geschah in Diagramm 127 (Reshevsky–Najdorf,

127

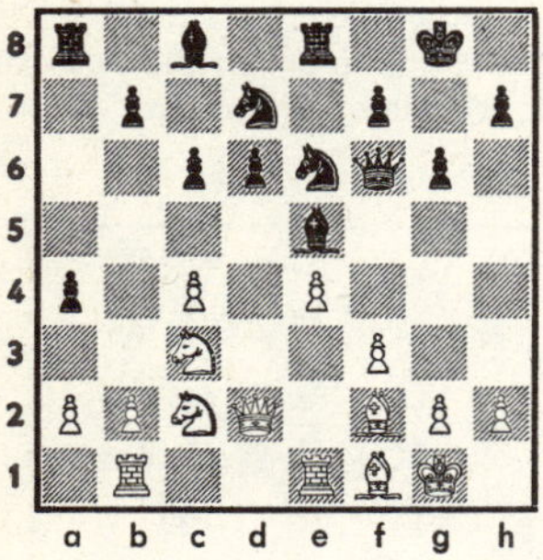

Helsinki 1952) **1. Sc3–e2! Le5×b2?, 2. Tb1×b2! Df6×b2, 3. Se2–c3!,** und gegen 4. Te1–b1 war kein Kraut gewachsen. Weiß gewann rasch.
In Diagramm 128 opferte Weiß (Dr. Aljechin–Podgorny, Prag 1942) die Qualität, um die Dame in die Ecke zu locken: **1. a3×b4! Da5×a1, 2. Sf3–d2!** Die überraschende Idee. Wegen der Drohung 3. Sd2–b3 ist die Antwort erzwungen. **2. . . . Lg4×e2, 3. Dd1×e2+ Sc6–e7** (oder 3. Kf8, 4. Sb3 Da6, 5. b5 Db6, 6. Sa4 Sd4, 7. Dd1), **4. Tf1–e1 0–0.** Nun geht zwar 5. De2×e7 nicht wegen Ta8–e8, aber . . . **5. Sd2–b3**

128

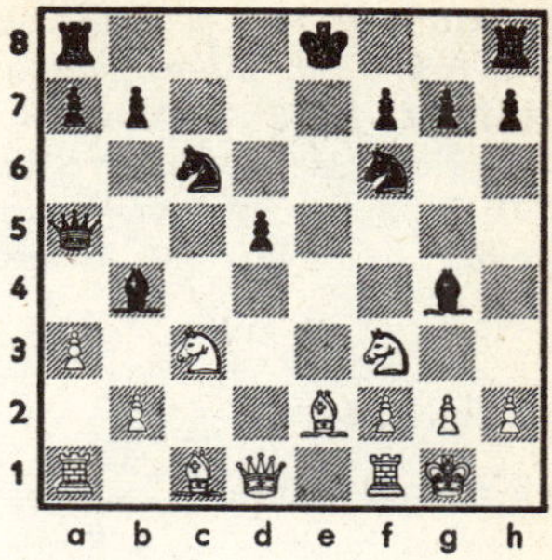

Da1–a6, 6. De2×a6 b7×a6, und nun kann Weiß gefahrlos auf e7 nehmen und hat entscheidenden Vorteil.
Sehr witzig ist auch das letzte Beispiel (Nimzowitsch–Dr. Aljechin, Bled 1931). Weiß glaubte, die geopferte Figur günstig zurückzugewinnen, weil a8, c3 und c6 »hängen«. Eine geniale Damenfang-Falle machte aber seine Bemühungen zunichte: **1. . . . Sc3–d5+!, 2. Lc1–d2 Da5–b6!** (Dd8?, 3. Dc6:+ Dd7, 4. Da8:+), **3. Db7×a8+ Ke8–d7,** und gegen die Drohung 4. . . . Sd5–c7 gibt es keine ausreichende Verteidigung, z. B. 4. a2–a4 Sd5–c7, 5. a4–a5 Db6×b2, 6. Da8×a7 Db2

129

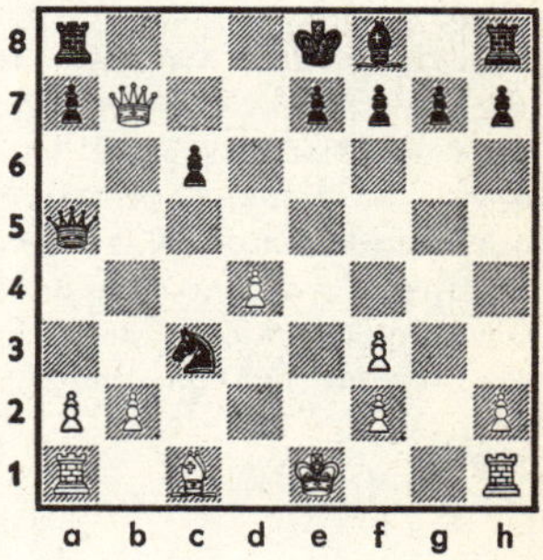

×a1+, und der andere Turm fällt auch noch. Schwarz gewann nach **4. 0–0 Sd5–c7, 5. Ld2–a5 Sc7×a8, 6. La5×b6 Sa8×b6** durch sein Übergewicht. Das Sprichwort »Wer sich in Gefahr begibt, kommt darin um« gilt auch für den Schachfreund!

26. STUNDE

Kombinations-Motive (V)

Zu den wichtigsten Angriffsarten gehören die Demaskierungs-Kombinationen, die man in zwei Gruppen einteilen kann. Die eine ist das Abzugsschach, bei der die Wirkungslinie einer Figur gegen den feindlichen **König** gerichtet und zunächst noch durch einen Stein der eigenen Partei verdeckt ist. Zieht dieser Stein, so wird die Angriffslinie geöffnet und Schach geboten. Häufiger sind jedoch die Abzugsangriffe der zweiten Gruppe: hier ist die Wirkungslinie einer Figur gegen eine feindliche Figur (meistens eine wertvolle) gerichtet und zunächst noch durch einen Stein der eigenen Partei verstellt. Bietet dieser Stein Schach oder stellt eine andere, starke Drohung auf, so

130

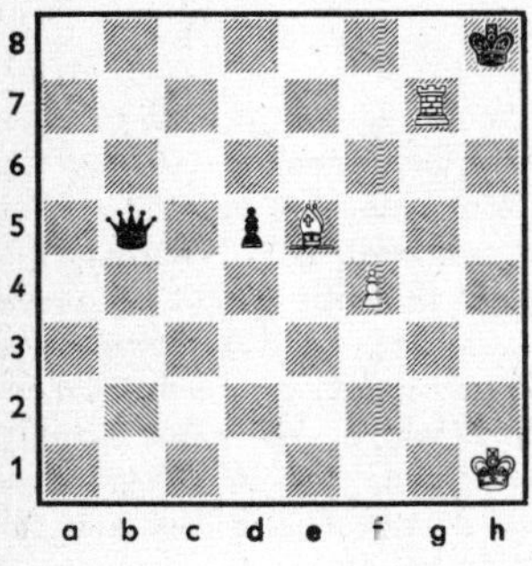

schlägt der verdeckte Angriff durch. Die Urform der ersten Gruppe zeigt Diagramm 130. Es gibt für Schwarz, der am Zuge ist, keine Möglichkeit, seine Dame zu retten, die durch das Abzugsschach Tg7–b7+ bedroht ist, z. B. **1. ... Db5–f1+, 2. Tg7–g1+,** oder **1. ... Db5–d3, 2. Tg7–g3+** und so fort.

Die »Zwickmühle« ist eine Finesse der Abzugsschachkombination, deren Name vom Mühlespiel entlehnt ist. Sie entsteht, wenn der König durch ein Schachgebot in eine Abzugsschachwendung hineingetrieben werden kann, so daß sich Schach und Abzugsschach beliebig oft wiederholen lassen. Dabei ergeben sich mitunter phantastische Möglichkeiten. Diagramm 131, das

131

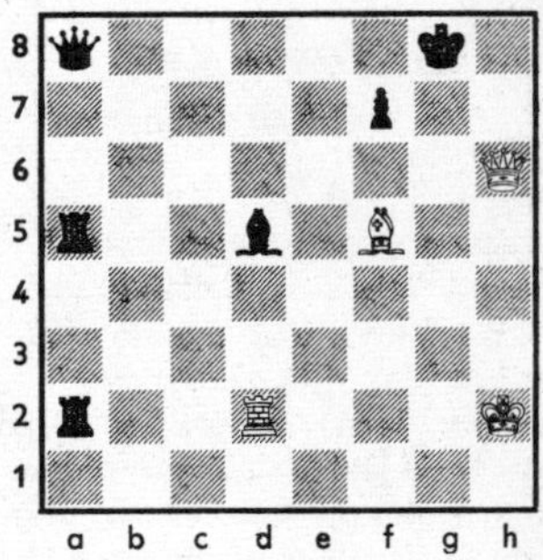

Nimzowitsch entworfen hat (»Mein System«), ist ein Beispiel. Weil der Punkt f7 gedeckt ist, läßt sich die Mattwendung 1. Lf5–h7+ Kg8–h8, 2. Lh7–g6+ Kh8–g8, 3. Dh6–h7+ nebst Matt auf f7 nicht sofort durchführen. Weiß möchte daher den schwarzen Läufer durch ein Schachgebot auf g2 ablenken; aber auch das kann nicht sofort geschehen, weil der Ta2 aufpaßt. Daraus ergibt sich der folgende Gewinnweg:

1. Lf5–h7+ Kg8–h8, 2. Lh7–c2+ Kh8–g8, 3. Td2–g2+ Ld5×g2, 4. Lc2–h7+ Kg8–h8, 5. Lh7–g6+ Kh8–g8, 6. Dh6–h7+ Kg8–f8, 7. Dh7×f7 matt.

132

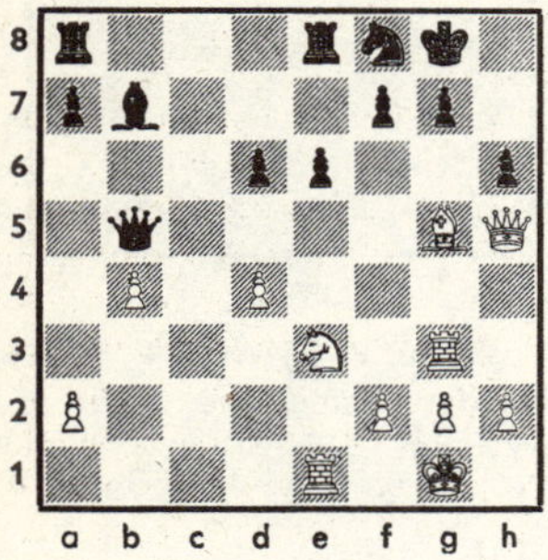

Einen Edelstein der Schachkunst gibt Diagramm 132 wieder. Es zeigt den Schluß einer Partie Torre–Dr. Em. Lasker, Moskau 1925, in der **beide** Kombinationsgruppen, Abzugsangriff und Abzugsschach, zusammenwirken. Scheinbar ist der Lg5 wegen der ungedeckten Dh5 gefesselt, aber **1. Lg5–f6!!** dreht den Spieß um: der Doppelangriff gegen b5 und g7 gestattet die Preisgabe der Dame, weil sie durch die Zwickmühlenkombination mit Zins und Zinseszins zurückerobert wird. **1. ... Db5×h5, 2. Tg3×g7+ Kg8–h8, Tg7×f7+ Kh8–g8, 4. Tf7–g7+ Kg8–h8, 5. Tg7×b7+ Kh8–g8, 6. Tb7–g7+ Kg8–h8, 7. Tg7–g5+ Kh8–h7, 8. Tg5×h5** und Weiß gewann leicht (8. ... Kg6, 9. Th3 Kf6:, 10. Th6:+ Kg5, 11. Th3 Teb8, 12. Tg3+ Kf6, 13. Tf3+ Kg6, 14. a3 a5, 15. ba Ta5:, 16. Sc4 Td5, 17. Tf4 Sd7, 18. Te6:+ Kg5, 19. g3). Das war die sensationellste Niederlage der Laufbahn Dr. Laskers, der 28 Jahre die Schachkrone trug (1892–1920).

133

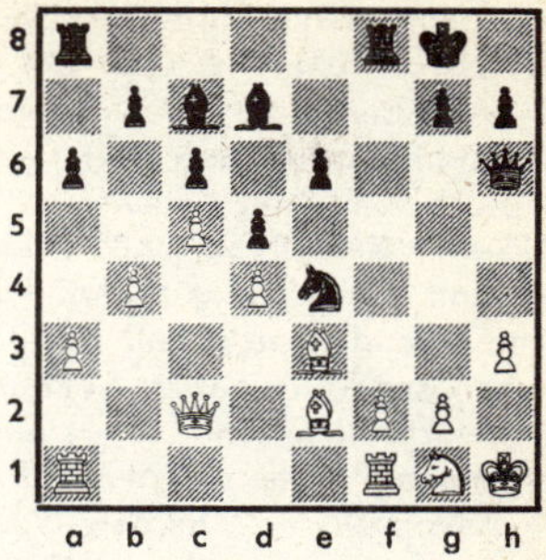

Auch Nr. 133 ist der Spielpraxis (allerdings weniger namhafter Schachfreunde) entnommen. Schwarz am Zuge erfand eine »Zwickmühle«, die seinen Springer glänzend zur Geltung kommen läßt. **1. ... Dh6×e3!!, 2. f2×e3 Se4–g3+, 3. Kh1–h2 Sg3×f1+, 4. Kh2–h1 Sf1–g3+, 5. Kh1–h2 Sg3–e4+!** nebst matt (6. g3 Tf2+, 7. Kh1 Sg3: matt, oder 6. Kh1 Sf2 matt).

134

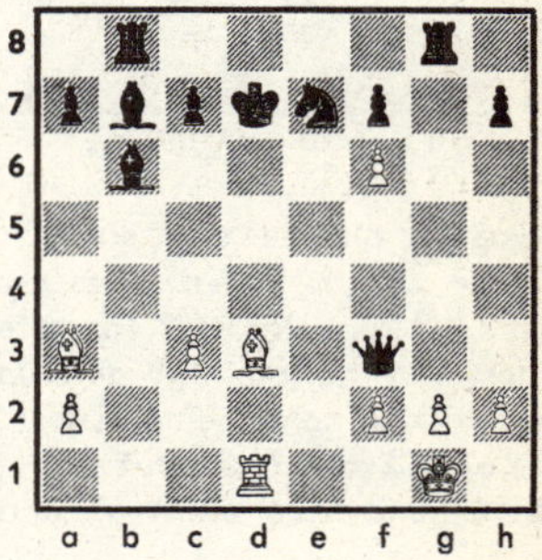

Der schrecklichste Schachzug ist das Doppelschach, das eintritt, wenn nicht nur die demaskierte, sondern auch die demaskierende Figur Schach bietet. Einen berühmten Fall zeigt Nr. 134 (Schluß einer Partie Anderssen–Dufresne, in Berlin um 1850). Der allseits bedrohte Weiße kommt mit Hilfe des Doppelschachs früher: **1. Ld3–f5++ Kd7–e8** (oder Kd7–c6, 2. Lf5–d7 matt; man beachte, daß beim Doppelschach der König ziehen m u ß), **2. Lf5–d7+ Ke8–f8** (oder d8), **3. La3×e7** matt. Um zu zeigen, daß sich solche Wendungen nicht zufällig ergeben, sondern einer regen Phantasie entspringen und von einem bestimmten Punkte ab planmäßig und zwangsläufig herbeigeführt werden, wollen wir zeigen, wie es zu Stellung Nr. 134 kam (siehe Nr. 135).

135

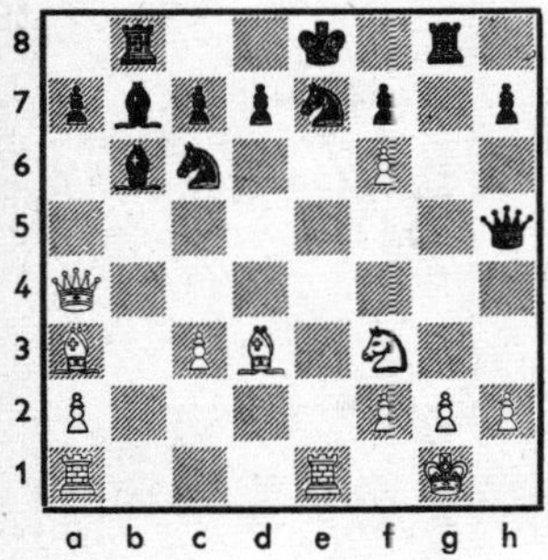

Anderssen machte den scheinbar »stillen« Zug **1. Ta1–d1.** Dufresne griff zu, **1. ... Dh5×f3?** (besseren Widerstand leistete Tg8–g4), und das Schicksal nahm seinen Lauf: **2. Te1×e7+ Sc6×e7, 3. Da4×d7+!! Ke8×d7,** und das Weitere wie unter Nr. 134.

Das Doppelschach braucht nicht unbedingt zum Matt zu führen, es kann auch als Hilfsmittel zum Materialgewinn dienen wie in Nr. 136 (Salwe–Marco, Ostende 1907). **1. Td1×d5!! Dd6×d5** (Das geringere Übel war 1. ... Dd6–c6), **2. Sd7–f6+ g7×f6, 3. Lg4–e6++** mit Gewinn der Dame und Mehrbesitz einer Figur.

136

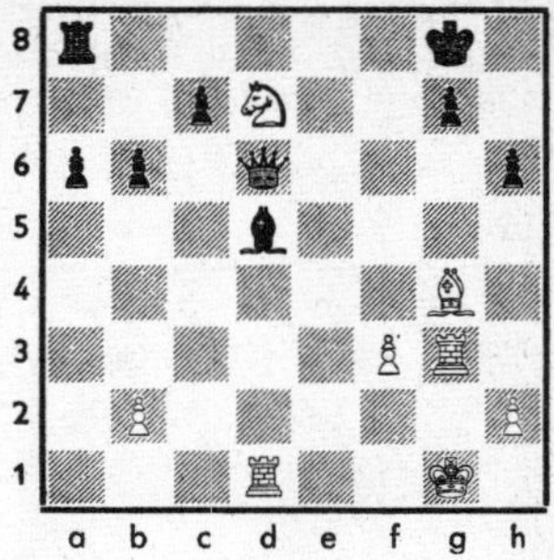

137

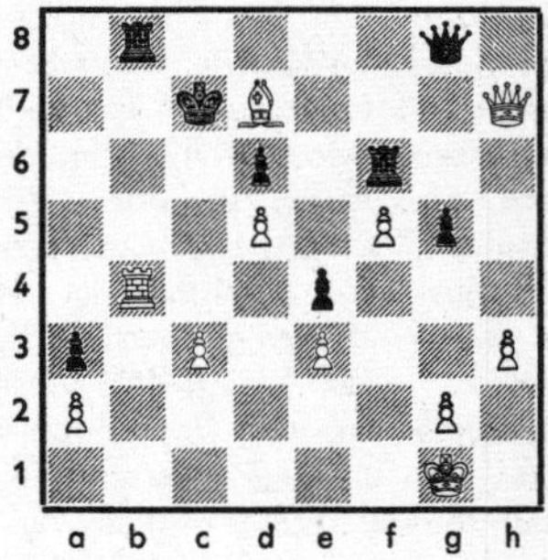

Eine verblüffende Pointe hat Nr. 137. Hier dient das Doppelschach dazu, eine Deckungslinie zu unterbrechen (Mason–Winawer, Wien 1882): **1. Tb4–b7+! Kc7×b7, 2. Ld7–c8++!** und erobert die Dame. Wahrhaft diabolisch.

Mitunter muß die Konstellation für einen Abzugsangriff erst geschaffen werden. Darf Schwarz in Nr. 138 mit dem Turm auf e2 nehmen, obwohl Tf3 »hängt«? Zwar darf der weiße König sich nicht sofort an f3 schadlos halten wegen De4 matt,

138

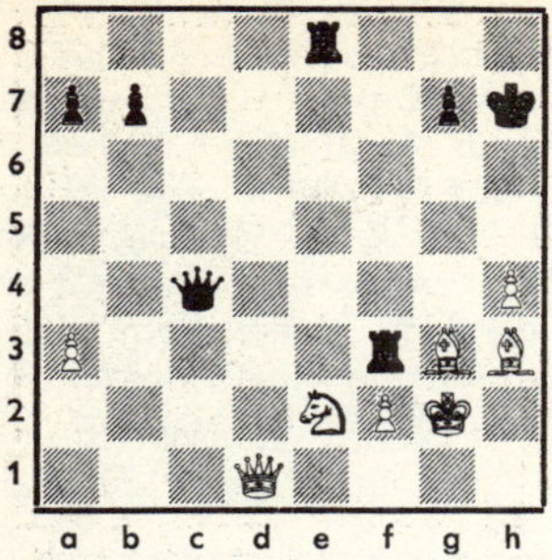

doch Weiß kann ja Db1+ einschalten. Hier nun muß die Phantasie des Schachspielers einsetzen. In der Partie L. Schmid–Teschner, Düsseldorf 1951, dem die Spielphase entnommen ist, geschah **1. ... Te8×e2, 2. Dd1–b1+ Te2–c2!, 3. Kg2×f3 Dc4–d3+!,** und der weiße König kann das Schachgebot des schwarzen Turms, das die Angriffslinie der Dame öffnet, nicht vermeiden.

Nach 4. Kf3–g2 Tc2×f2+, 5. Lg3×f2 Dd3×b1 gewann Schwarz leicht (in der Bildstellung konnte sich Schwarz allerdings Gedankenarbeit sparen, wenn er 1. ... De2:, 2. De2: Tg3:+! nebst 3. ... Te2: gespielt hätte).

Den merkwürdigen Fall, daß ein

139

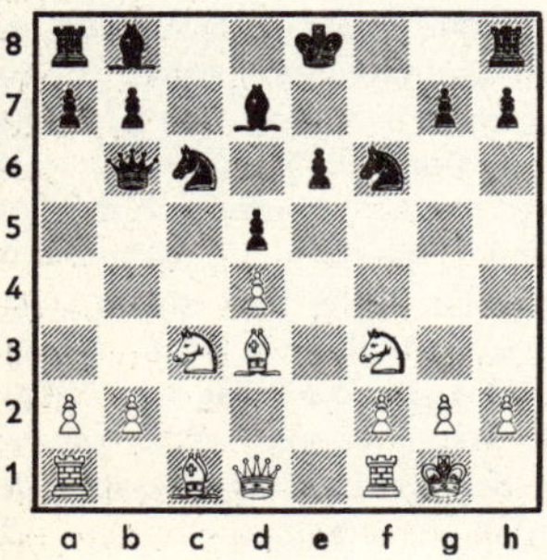

Abzugsangriff durch ein Abzugsschach widerlegt wird, zeigt Nr. 139 (Gligoric–L. Schmid, Hastings 1955). Schwarz nahm unerschrocken den Bd4, denn er hatte erkannt, daß Weiß nach **1. ... Sc6×d4, 2. Sf3×d4 Db6×d4** von dem »Damengewinn« 3. Ld3–g6+? h7×g6, 4. Dd1×d4 nichts hätte, weil Schwarz die Dame mit Hilfe der Zwickmühle 4. ... Lb8×h2+, 5. Kg1–h1 Lh2–e5+ sofort zurückeroberte und eine Figur mehr behielte.

140

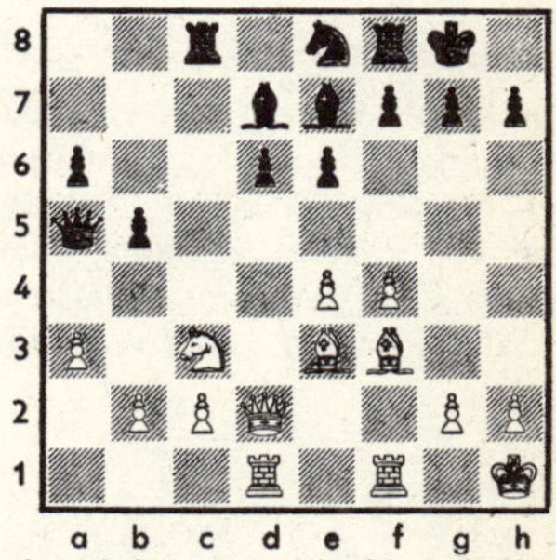

Sehr oft kommt schließlich noch der Kombinationstypus vor, den Bild 140 charakterisiert. Weiß kommt durch den Abzugsangriff **1. Sc3–d5!** in Vorteil, vor allem wegen der ungedeckten Figuren auf a5 und e7, außerdem aber auch, weil der schwarze König sich im Springerbereich befindet. Auf **1. ... Da5×d2** erobert das Zwischenschach **2. Sd5×e7+** eine Figur. Bei 1. ... Le7–d8, 2. Sd5–e7+ kommt Schwarz mit Qualitätsverlust davon, ebenso bei 1. ... Da5–d8, 2. Le3–b6 (die Einsperrung der Dame spielt also auch mit) 2. ... Se8–c7, 3. Lb6×c7 Tc8×c7, 4. Sd5×c7 Dd8×c7.

Und das Leitmotiv all dieser Wendungen: Der König steht im Mittelpunkt!

27. STUNDE

Matt-Kombinationen (I)

»Greift nur hinein ins volle Menschenleben ...«, sagt der Dichterfürst. Mit dem Kapitel, das jetzt beginnt, greifen wir ins volle Schachleben hinein. Matt-Kombinationen und Mattangriffe sind ein so weites Feld, daß es kaum erschöpfend behandelt werden kann Die typischsten, am häufigsten vorkommenden Fälle wollen wir aber unseren Lesern vorführen.

Ersticktes Matt

Es gibt wohl keinen Anfänger, der nicht einmal auf das »erstickte Matt« hereingefallen ist – Diese schon von Philidor gezeigte Kombination spielt, wenn auch meistens nur als Drohung, eine wichtige Rolle.

141

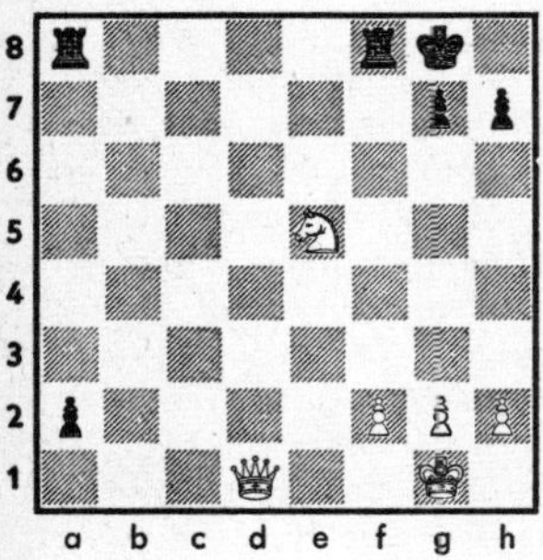

Einen Grundtyp zeigt Diagramm 141 Wesentlich ist dabei, daß die Dame auf der Schrägen Schach bieten und der Springer nach f7 gehen kann **1. Dd1–d5+!** (Das Schach auf b3 genügt hier nicht – die Dame muß auch den Ta8 anvisieren.) **1. ... Kg8–h8** (Auf Tf8–f7 kommt 2. Dd5×a8+) **2. Se5–f7+ Kh8–g8.** Der König muß sich das Doppelschach gefallen lassen, denn nach 2. ... Tf8×f7, 3. Dd5×a8+ wäre es ebenfalls aus. **3. Sf7–h6++ Kg8–h8, 4. Dd5–g8+!** Nimmt dem König das letzte Feld, **4. ... Tf8×g8,** so daß **5. Sh6–f7** mattsetzt. Falls der Punkt g8 durch die Dame geschützt ist, geht diese Kombination nicht, weil dann das Feld f7 verteidigt ist.

142

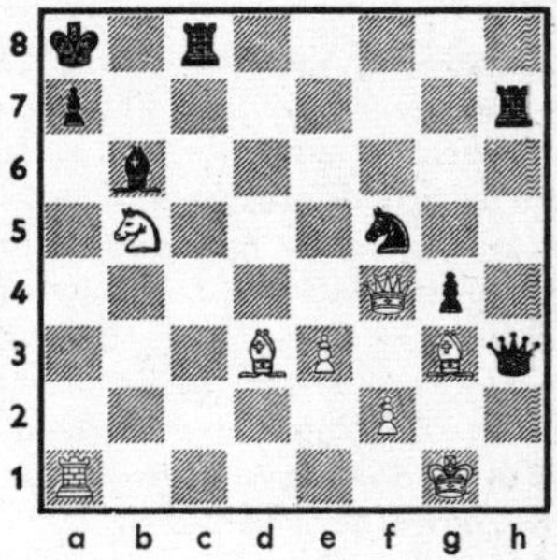

Der Araber Stamma hat dieses Matt in einer »Mansube« dargestellt (die Mansube ist der Vorgänger des heutigen Schachproblems), ohne indessen das Doppelschach zu benötigen (siehe Diagramm 142): **1. Ld3–e4+ Th7–b7, 2. Df4–b8+ Tc8×b8, 3. Ta1×a7+ Lb6×a7, 4. Sb5–c7** matt. Wie diese Kombination als Drohung mitwirken kann, ist aus Diagramm 143 ersichtlich (Dr. Aljechin–Golombek, Margate 1938). Der damalige Weltmeister gab der Partie mit **1. d4–d5!** die entscheidende Wendung Schwarz konnte nicht **1. ... e6×d5?** antworten, weil er nach **2. Lg2×d5+! Dd6×d5, 3. Tc1–d1!** die Diagonale a2/g8 räumen und das tödliche Schachgebot der weißen Dame zulassen müßte, z. B.

143

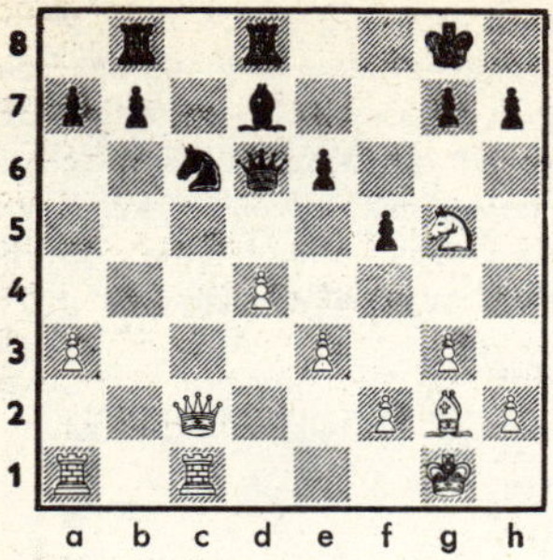

3. . . . Dd5–e5, 4. Dc2–b3+ Ld7–e6 (das einzige), **5. Sg5×e6 Td8×d1+, 6. Ta1×d1 Kg8–h8, 7. Se6–g5** und gewinnt. Schwarz zog daher 1. . . . Sc6–e7 und verlor rasch (2. d5×e6 Ld7×e6, 3. Tc1–d1 Dd6–e5, 4. Lg2×b7! h7–h6, 5. Sg5×e6 De5×e6, 6. Dc2–c7).

144

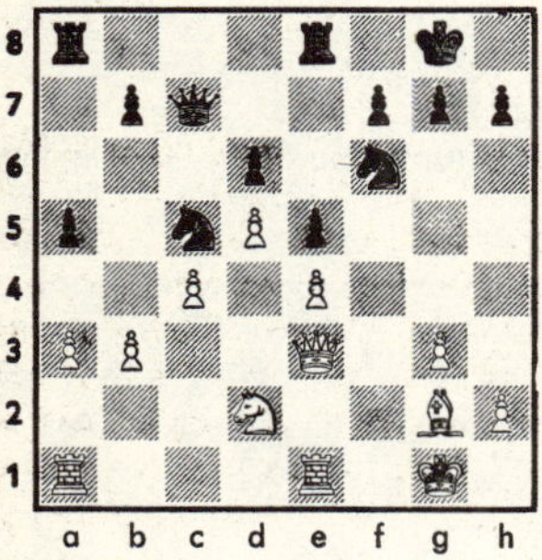

In Diagramm 144 muß die Diagonale für das Damenschach durch ein Springeropfer geöffnet werden (Opocensky–Trifunovic, Zlin 1945). Weiß war nach **1. . . . Sf6–g4, 2. De3–e2 Sc5–d3!** ohne Verteidigung: gleichgültig, welchen Springer er nimmt, das Damenschach führt zum erstickten Matt. Weiß kam mit Qualitätsverlust davon, indem er **3. Lg2–f3 Dc7–c5+, 4. Kg1–g2 Sd3×e1, 5. Ta1×e1** zog, mußte freilich auch so bald die Waffen strecken. (Nicht genügt hätte auch 3. Tf1 Dc5+, 4. Kh1 Sdf2+, 5. Kg1 Sh3+, 6. Kh1 Dg1+ usw.)
Mitunter stellt dieses Matt auch nur einen Teilaspekt der Kombination dar, wie in der interessanten Nr. 145. Weiß zwingt erst den König in die für ihn genehme Stellung und

145

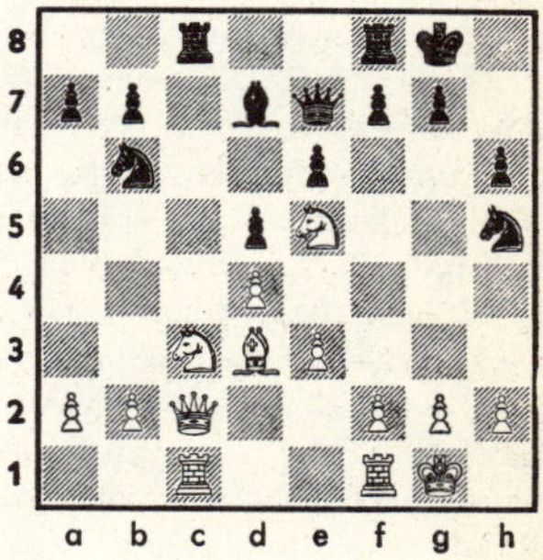

gewinnt das entscheidende Tempo wegen des ungeschützten Springers h5: **1. Ld3–h7+ Kg8–h8, 2. Lh7–g6!** Ein mörderischer Zug: der Läufer darf wegen Se5×g6+ nicht geschlagen werden. Schwarz hat keine Zeit zu dem Deckungszuge

146

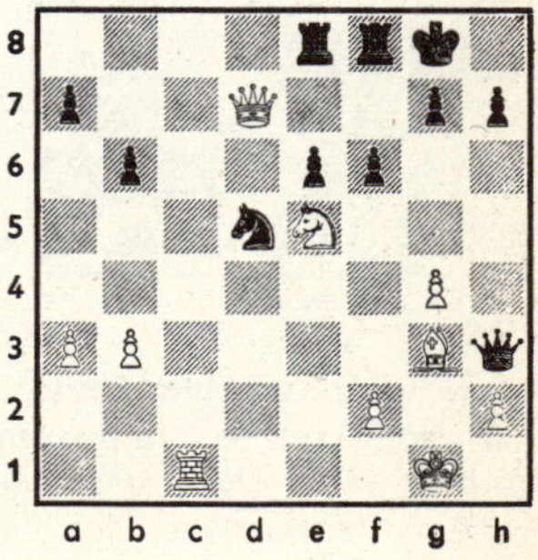

Ld7–e8, weil der Sh5 »hängt« **2. ... Sh5–f6, 3. Lg6×f7!** und Se5–g6+ ist unparierbar Der Versuch, die Dame zu retten, führt nach **3. ... De7–d6, 4. Se5–g6+ Kh8–h7, 5. Sg6×f8+ Kh7–h8, 6. Dc2–h7+! Sf6×h7, 7. Sf8–g6** zum erstickten Matt. Es gibt natürlich auch Fälle, in denen die Spekulation auf das »Erstickungsmatt« fehlschlägt In Nr. 146 (Reyss–Klaarwater, Rotterdam 1932) hatte sich Weiß bei seinem vorhergehenden Spiel auf die Kraft von **1. Tc1–c8** verlassen, denn 1. ... Te8×c8?, 2. Dd7×e6+ Kg8–h8, 3. Se5–f7+ ergibt vertraute Bilder, und die in der Partie gewählte Verteidigung 1. ... Te8–e7? war wegen 2. Dd7–d8! Te7–f7, 3. Se5–d7! nicht besser; aber **1. ... Sd5–e3!** (erzwingt die Öffnung der f-Linie), **2. f2×e3 f6×e5** (droht Matt auf f1) hätte den Turm zurückgezwungen, so daß Schwarz nicht nur materiell im Vorteil, sondern auch im Angriff gewesen wäre.

Matt auf der Grundlinie

147

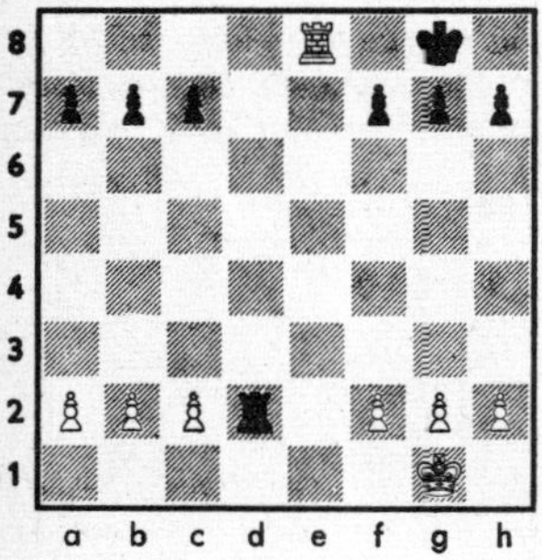

Mit dem erstickten Matt verwandt ist das Randmatt des Turms, das Diagramm 147 als Typ zeigt. Schwarz hatte versäumt, das Einbruchsfeld e8 durch einen Königszug zu verteidigen oder »ein Ventil zu öffnen«, indem er einen der Bauern f7, g7 oder h7 bewegte (im Endspiel ist der Königszug im allgemeinen günstig, weil der König zur Mitte streben sollte). Eine wichtige Verteidigung ist aus Diagramm 148

148

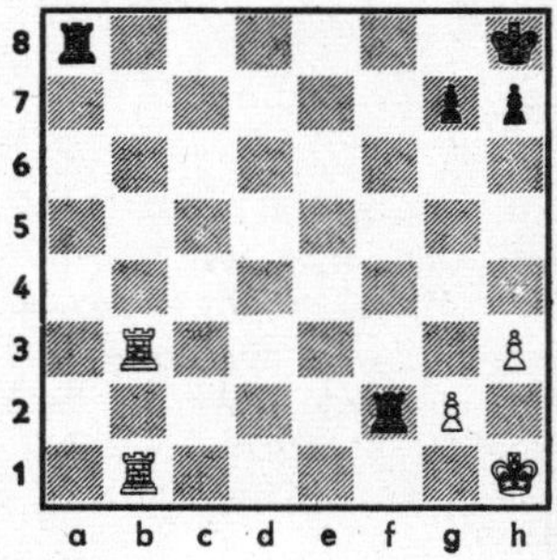

ersichtlich. **1. Tb3–b8+** führt nicht zum Matt, denn Schwarz schlägt den Turm natürlich nicht, sondern spielt **1. ... Tf2–f8!**

Daß mitunter auch ein Großmeister

149

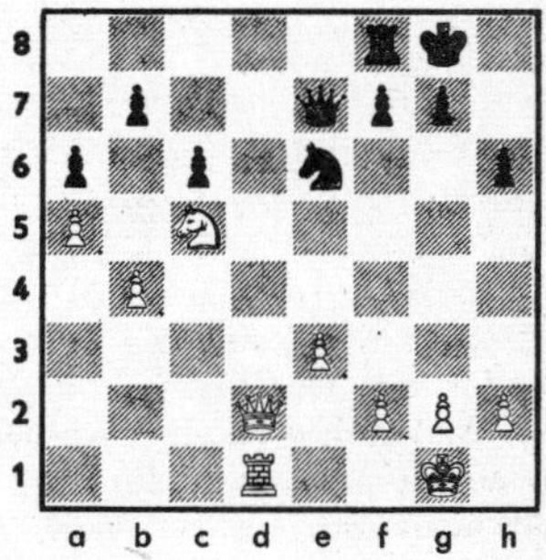

die Gefahr der geschwächten Basis, durch andere Gegebenheiten abgelenkt, vergessen kann, sehen wir in Abbildung 149 (Reshevsky-Dr.

Euwe, New York 1951) Weiß wollte dem Zug Tf8–d8 zuvorkommen und zog, im Hinblick auf die ungedeckte Dame e7, **1. Dd2–d7?** Nun erwiderte Schwarz erst recht **1. ... Tf8–d8!** und Weiß mußte sofort aufgeben, weil seine Dame wegen der Drohung Td8×d1 matt gefesselt ist. Weiß hätte wohl am besten 1. Sc5×e6 gespielt und damit den Besitz der d-Linie gesichert.

150

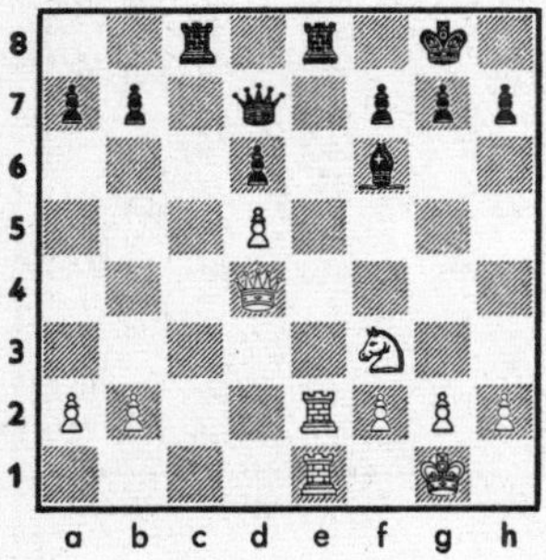

Die Verwundbarkeit des Punktes e8 nützte Weiß in Nr. 150 mit unübertrefflicher Eleganz aus (Adams–Torre, New Orleans 1920). **1. Dd4–g4!** Die schwarze Dame kann nicht schlagen, weil der doppelt bedrohte Punkt e8 doppelt gedeckt bleiben muß. Er hat auch keine Zeit zu dem Zwischentausch 1. ... Te8×e2, weil seine Dame ungedeckt, der Te1 dagegen gedeckt ist (Te8×e2, 2. Dg4×d7 Te2×e1+, 3. Sf3×e1 usw.). **1. ... Dd7–b5** (Dd7–c7?, 2. Dg4×c8!), **2. Dg4–c4!!** Weiß setzt die Ablenkungstaktik fort. **2. ... Db5–d7, 3. Dc4–c7!! Dd7–b5,** Schwarz hat nur Zwangszüge **4. a2–a4!!** Nicht sofort Dc7×b7 wegen Db5×e2 **4. ... Db5×a4, 5. Te2–e4!** Zwingt die Dame nach b5 zurück. **5. ... Da4–b5,** so daß nun **6. Dc7×b7** entscheidet. Schwarz kann den Punkt e8 nicht mehr ohne schwerwiegenden Materialverlust behaupten.

151

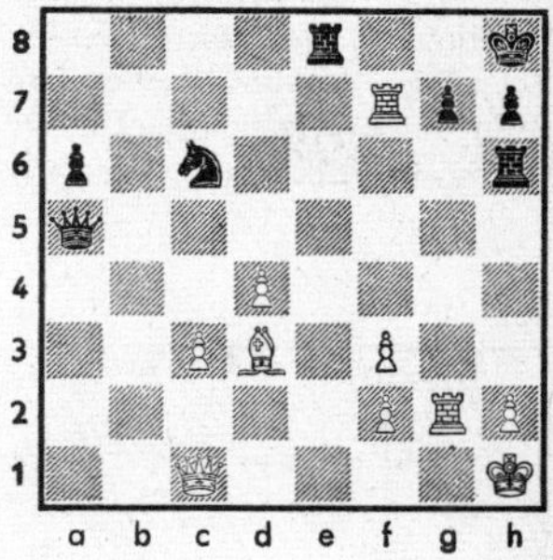

Daß auch beim Eindringen auf die Grundreihe die eigene Sicherheit nicht vernachlässigt werden darf, beweist schließlich Nr. 151. Schwarz glaubte **1. ... Sc6×d4** spielen zu können, übersah aber auf **2. c3×d4! Te8–e1+** die Antwort **3. Ld3–f1!** Jetzt droht nämlich Matt auf f8, und Schwarz hat keine Zeit, die Dame zu schlagen. »Wo immer es Schachspieler gibt, wird es Fehler geben«, stellt Kurt Richter fest, »und wenn es einmal anders sein sollte, dann ist es mit dem Schachspiel vorbei.«

28. STUNDE

Matt-Kombinationen (II)

Rochade-Angriffe sind im allgemeinen nur dann erfolgreich, wenn sie mit einer Übermacht geführt werden. Häufig ist es erforderlich, die Sicherungen gewaltsam wegzureißen. Kein Opfer ist zu hoch, wenn das sehnlichst erstrebte Ziel, die Mattsetzung, erreicht werden kann.

Aber »erst wenn der feindliche König wenig beweglich und nicht allzu sicher ist, macht der Meister den Versuch, eine Kombination, die ein Matt bezweckt, zu suchen, erst dann, das weiß er, sind Mattideen in der Stellung vorhanden«, schreibt der große Emanuel Lasker in seinem Lehrbuch.

Der beengte König

152

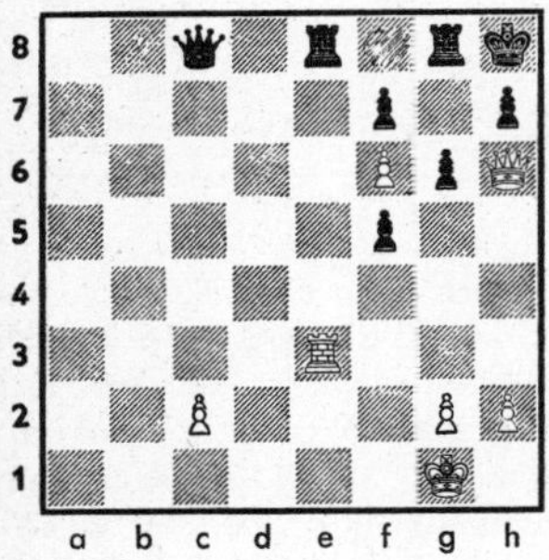

In Diagramm 152 ist der naheliegende Zug 1. Te3–h3 schlecht, weil nun Schwarz zuerst kommt: 1. ... Te8–e1+, 2. Kg1–f2 Dc8×c2+, 3. Kf2×e1 Tg8–e8+, 4. Ke1–f1 Dc2–e2+, 5. Kf1–g1 De2–e1 matt. In der Erkenntnis, daß die Felder g8, g7 und g6 dem König unzugänglich

153

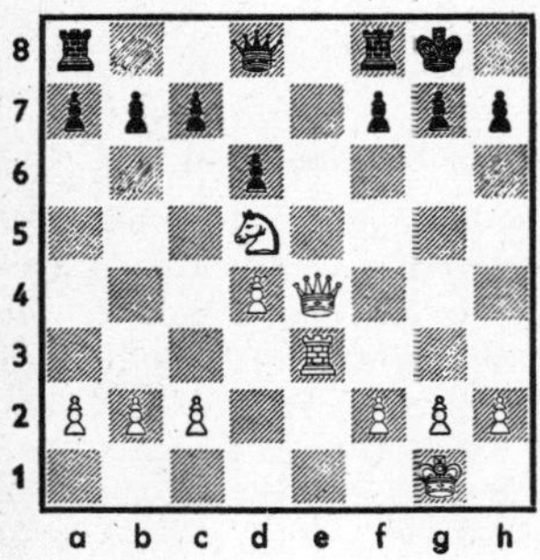

sind, führt Weiß das Randmatt: **1. Dh6×h7+ Kh8×h7, 2. Te3–h3** herbei.

Ähnlich ist es in Diagramm 153. Nach **1. Sd5–e7+** muß Schwarz die Dame für den Springer geben, denn auf **1. ... Kg8–h8** käme der gleiche Schluß wie oben: **2. De4×h7+ Kh8×h7, 3. Te3–h3** matt.

154

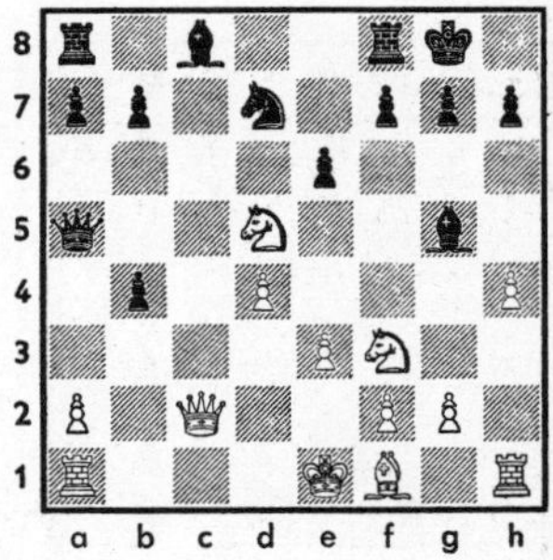

In Nr. 154 hatte Schwarz nur mit dem Schlagen auf g5 gerechnet (er wollte dann vorteilhaft b4–b3+ spielen) und wurde von dem Donnerschlag **1. Dc2×h7+ Kg8×h7, 2. h4×g5+ Kh7–g6, 3. Sd5–e7** matt höchst unsanft geweckt (Casas–Piazzini, Buenos Aires 1952).

155

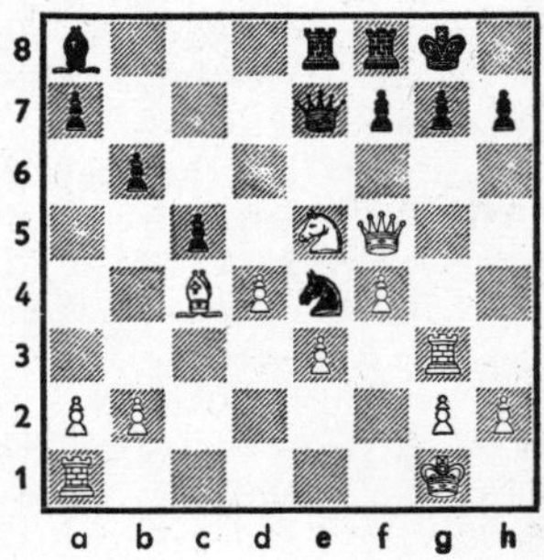

Wie in den vorhergehenden und folgenden Beispielen, fühlt sich Schwarz auch in Nr. 155 hinter seinem Bauernwall zu sicher. Die Invasion spielt sich kurz und schmerzlos ab: **1. Df5×h7+ Kg8×h7, 2. Tg3–h3+ Kh7–g8, 3. Se5–g6,** und es gab keine Rettung gegen das Turmmatt auf h8 (Grünfeld–Wagner, London 1932). Allerdings versäumte Weiß diese Kombination und zog 1. Th3.

156

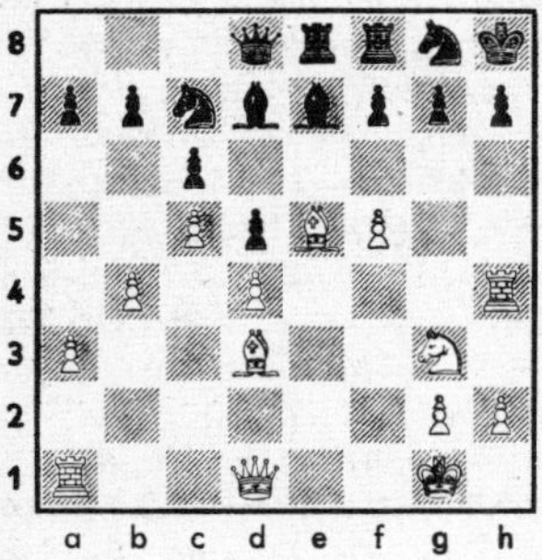

Daß die beengte Lage des schwarzen Königs in Nr. 156 schlagfertig auszunützen ist, versteht sich fast von selbst. Unter Preisgabe von Läufer und Turm nimmt ihn die Dame aufs Korn: **1. Le5×g7+ Kh8×g7, 2. Th4×h7+! Kg7×h7, 3. f5–f6+ Kh7–h8, 4. Dd1–h5+.** Schwarz gab auf (Janowski–David, Paris 1891).

Freilich ist der weiße Angriff so stark, daß auch 1. f5–f6 gewonnen hätte. Bitte nachprüfen!

Angriff mit Übermacht

Sehr typisch ist der Schluß in Diagramm 157. Weiß hat vier Figuren zum Sturm bereit, kein Wunder,

157

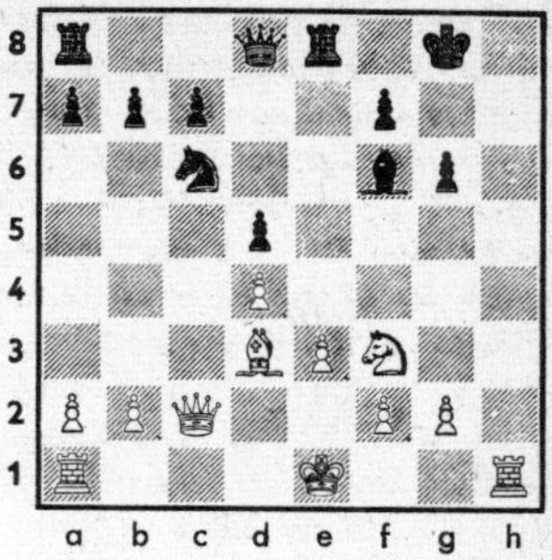

daß die mangelhaft verteidigte Festung zusammenbrechen muß: **1. Ld3×g6 f7×g6, 2. Dc2×g6+ Kg8–f8.** Zieht Schwarz 2. ... Lf6–g7, so folgt das oft vorkommende Manöver 3. Sf3–g5 mit den Drohungen 4. Dg6–f7 matt und 4. Th1–h8+ Kg8×h8, 5. Dg6–h7 matt. – **3. Sf3–g5.** Auch jetzt beendet das Eingreifen des Springers den Kampf sofort, denn **3. ... Lf6×g5, 4. Th1–h8+ Kf8–e7, 5. Th8–h7+ Ke7–f8, 6. Th7–f7** führt zum Matt. Falls 3. ... Dd8–e7, so 4. Sg5–h7+ mit Gewinn der Dame, falls 3. ... Te8–e7, so 4. Dg6×f6+ Kf8–e8, 5. Th1–h8+ und so fort.

158

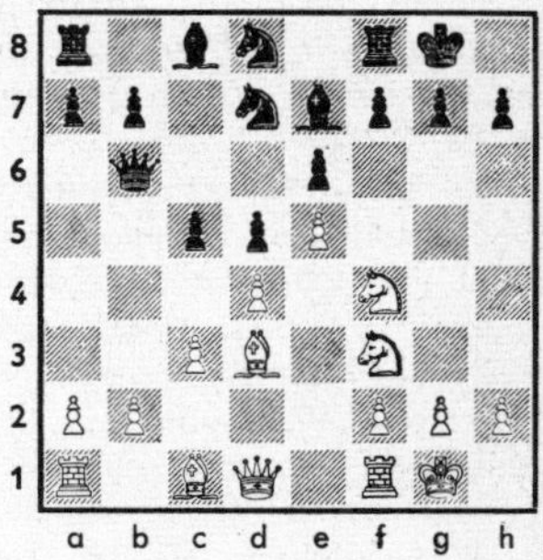

Auch in Diagramm 158 kommen nach **1. Dd1–c2!** vier Offiziere auf den Schwarzen zu, ein fünfter steht auf c1 bereit. Das muß ausreichen, um wenigstens materielle Eroberungen zu garantieren. Der Angriff verlief wie folgt: **1. Dd1–c2 f7–f5.** Auf 1. ... g7–g6! setzt Weiß 2. h2–h4 nebst h4–h5 fort. **2. e5×f6 e. p. Sd7×f6, 3. Sf3–g5.** Droht 4. Ld3×h7+ Kg8–h8, 5. Sf4–g6 matt. **3. ... g7–g6, 4. Ld3×g6.** Da gibt es kein Zögern. **4. ... h7×g6, 5. Dc2×g6+ Kg8–h8, 6. Dg6–h6+ Kh8–g8, 7. Sf4–g6.** Gleich mit zwei Drohungen (gegen h8 und e7). Ebensogut ist auch 7. Sf4–h5. **7. ... Sd8–f7, 8. Sg6×e7** matt.

159

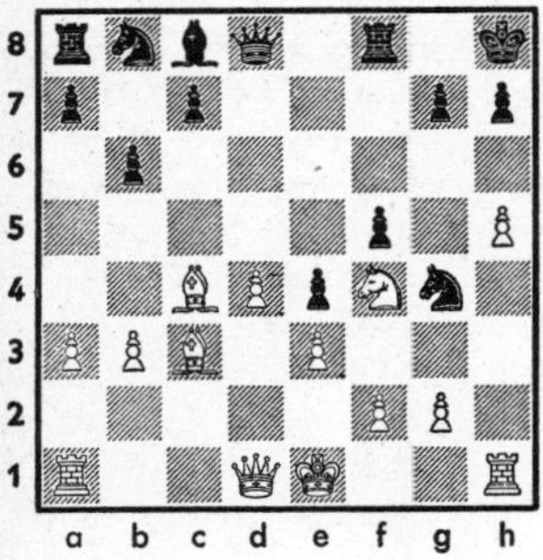

Regelmäßig kommt die Konstellation vor, die wir in Diagramm 159 sehen. Ohne den Springer g4 ginge bereits 1. Sf4–g6+ h7×g6, 2. h5×g6+, so aber verhindert er mit Sg4–h6 das Matt. Das veranlaßt den Weißen, mit **1. Dd1×g4!** zu beginnen, damit er nach **1. ... f5×g4, 2. Sf4–g6+** das Matt erzwingen kann. Im Prinzip ähnlich, aber mit der zusätzlichen Pointe, daß schließlich die Dame auf h2 (!!) mattsetzen soll, ist die Stellung Nr 160. Um seinen Plan zu verwirklichen, opfert Schwarz nicht weniger als sechs

160

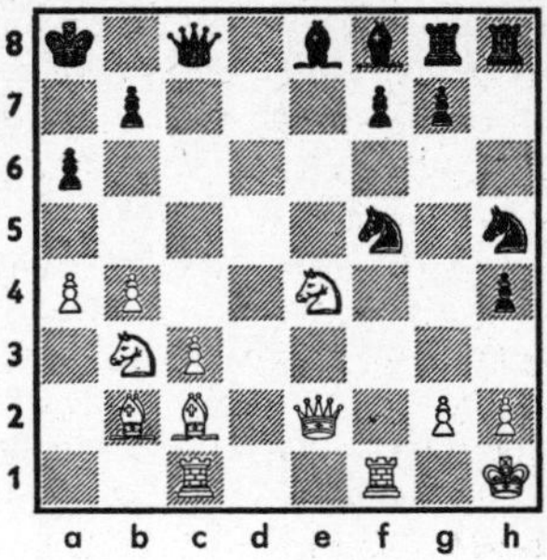

Figuren, wohl ein einmaliger Rekord: **1. ... Le8–b5!** (in weiser Voraussicht, daß der Dame der Weg nach h8 gebahnt werden muß).
2. a4×b5 Sh5–g3+, 3. Se4×g3 Sf5×g3+, 4. h2×g3 h4×g3+, 5. Kh1–g1 Th8–h1+, 6. Kg1×h1 Tg8–h8+, 7. Kh1–g1 Lf8–c5+, 8. Sb3×c5 Th8–h1+, 9. Kg1×h1. Die Vasallen haben ihre Schuldigkeit getan. Ihre Majestät vollzieht das Urteil: **9. ... Dc8–h8+, 10. Kh1–g1 Dh8–h2** matt! Der Sieg des Geistes über die Materie (N. N.–E. Mason, London 1948).

161

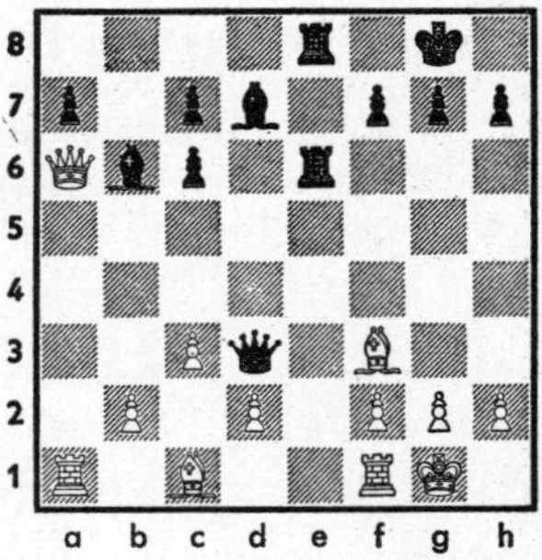

Die klassische Schlußwendung des Diagramms 161 fehlt in keinem Lehrbuch (aus der Partie L. Paulsen–P. Morphy, New York 1857). Mit **1. . . . Dd3×f3!** gab der geniale Amerikaner die Dame für den Läufer und riß dafür die weiße Königsstellung auf. **2. g2×f3 Te6–g6+, 3. Kg1–h1 Ld7–h3.** Im Nu steht das Brett in Flammen. Falls 4. Tf1–g1, so Tg6×g1+, 5. Kh1×g1 Te8–e1+ und Matt; es droht aber 4. . . . Lh3–g2+, 5. Kh1–g1 Lg2×f3 matt. – Weiß ist verloren. Auf **4. Tf1–d1,** wie Paulsen spielte, beendet **4. . . . Lh3–g2+, 5. Kh1–g1 Lg2×f3+, 6. Kg1–f1 Tg6–g2!** (drohend Tg2×f2+ Kf1–g1 Tf2–g2+ nebst Tg2–g1 matt) sofort die Partie. Aber auch das bessere 4. Da6–d3! hätte nach Lasker dem Schwarzen den Gewinn nicht streitig machen können, z. B. 4. . . . f7–f5!, 5. Tf1–d1 (oder 5. Dd3–c4+ Kg8–f8, 6. Dc4–h4 Lh3×f1!, 7. Dh4×h7 Lf1–g2+, 8. Kh1–g1 Te8–e1 matt, oder 6. Dc4–f4! Lb6×f2, und gewinnt.) 5. . . . Lh3–g2+, 6. Kh1–g1 Lg2×f3+, 7. Kg1–f1 Lf3×d1, 8. Dd3–c4+ Kg8–f8, 9. d2–d4 Ld1–e2+, 10. Dc4×e2 Tg6–g1+, und Schwarz gewinnt das Endspiel.

162

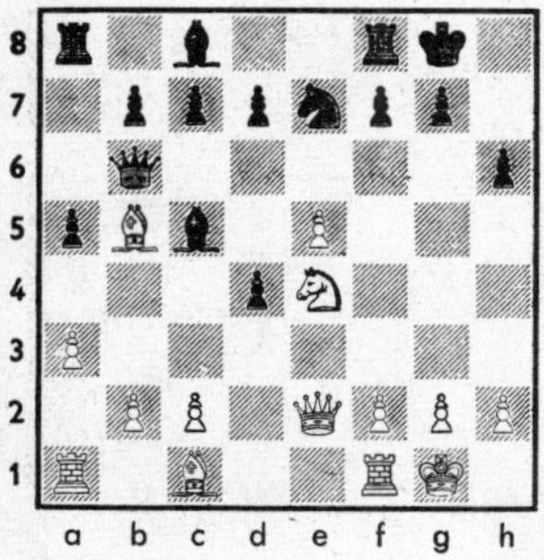

Abschließend stellen wir diesem klassischen ein neueres Beispiel gegenüber, bei dem das gleiche Thema eine Rolle spielt. In Diagramm 162 kam originell **1. b2–b4!** und nach **d4–d3!** (a5×b4?, 2. Se4×c5 Db6×c5, 3. a3×b4 mit Doppelangriff gegen c5 und a8!) **2. Lb5×d3 Lc5–d4** stand alles zum Generalangriff bereit: **3. Se4–f6+ g7×f6** (oder Kg8–h8, 4. De2–e4 Se7–g6, 5. Sf6–d5 Db6–a7, 6. Lc1–e3), **4. De2–g4+ Kg8–h8** (nicht besser ist Se7–g6, 5. Ld3×g6), **5. Lc1×h6 Tf8–g8, 6. Dg4–h4** (droht Lh6–f8 matt) **6. . . . Se7–g6, 7. Ld3×g6 Tg8×g6, 8. Lh6–e3+ Kh8–g8, 9. Le3×d4.** Damit ist die Sache klar (es folgte noch 9. . . . Dc6, 10. f3 fe, 11. Dd8+ Kg7, 12. Le5:+ f6, 13. De7+ Kg8, 14. Ld4 b6, 15. Dd8+ Kh7, 16. Tae1 Lb7, 17. Te7+ Tg7, 18. Tg7:+ Kg7:, 19. De7+ Kg6, 20. h4! De6, 21. h5+ Kf5, 22. Dh7+ Kf4, 23. Dh6+ Kf5, 24. g4 matt. Partie Pachman–Hasek, Prag 1955). Anregungen und Vorbilder sind das wertvollste Rüstzeug des Schachspielers!

29. STUNDE

Matt-Kombinationen (III)

Opfer auf h7 bzw. h2

Zum »täglichen Brot« des Schachspielers gehören Wendungen wie das Läuferopfer auf h7, das, nach einem Wort Spielmanns, »wenn überhaupt möglich, fast immer zwangsläufig zum Siege führt«. Es gibt eine Art Grundschema, das eine Vielzahl von Variationen zuläßt und viele zusätzliche Pointen gestattet, die aufzufinden dem Einfallsreichtum des Spielers überlassen bleiben muß. Einige der häufigsten Fälle wollen wir zeigen.

163

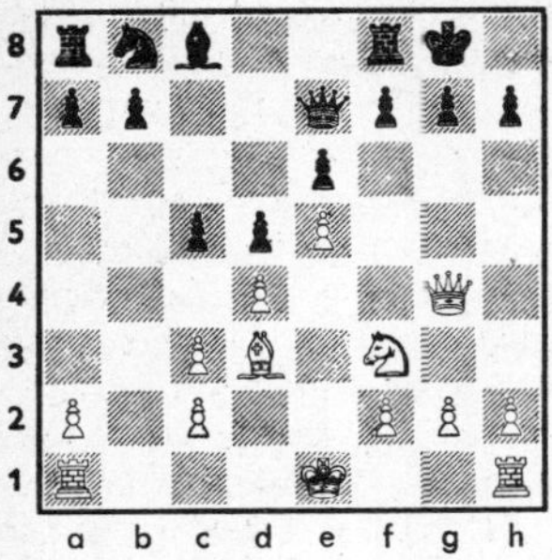

Sehr einfach ist die Stellung im Diagramm 163. Anstatt sich mit f7–f5 zu verteidigen, wollte Schwarz den Läufer abdrängen und zog **1. ... c5–c4?** »Natürlich« folgte **2. Ld3×h7+ Kg8×h7, 3. Dg4–h5+ Kh7–g8, 4. Sf3–g5** und Schwarz konnte den Punkt h7 nicht verteidigen (der Lc8 ist eingesperrt!). Er verliert die Dame (De7×g5) oder wird matt (Tf8–e8, 5. Dh5–h7+ Kg8–f8, 6. Dh7–h8 matt). Wesentlich ist bei dieser Kombination, daß der Springer das Feld g5 betreten kann. Hier deckt ihn die Dame.

164

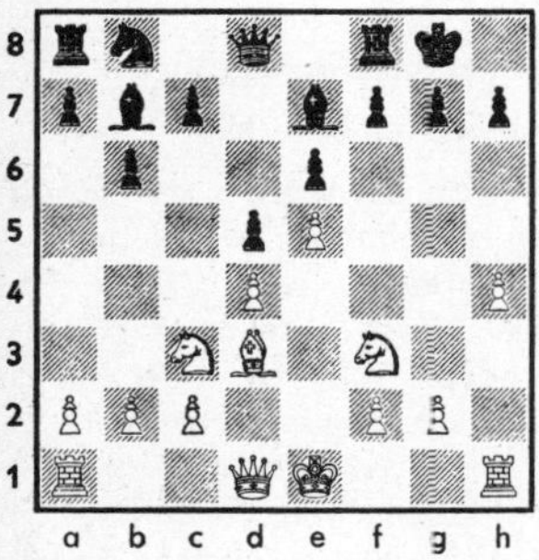

Manchmal ist es aber auch der Läufer oder, wie im Diagramm 164, der Bh4 Hier ist die Sache schwieriger, weil der König nicht in die Ecke zurück muß, sondern versuchen kann, auf einem anderen Wege der »Rache« zu entgehen. Eine wichtige Rolle spielen bei dem einsetzenden Angriff der einengende Be5 und der lauernde Turm h1: **1. Ld3×h7+ Kg8×h7** (auf 1. ... Kh8 spielt Weiß ebenfalls 2. Sg5 nebst eventuell Dh5), **2. Sf3–g5+ Kh7–h6.** (Schlägt der Läufer den Springer, entscheidet die Öffnung der h-Linie: 2. ... Lg5:, 3. hg+ Kg8, 4. Dh5 f6, 5. g6 nebst 6. Dh8 matt bzw. 3. ... Kg6, 4. Dh5+ Kf5, 5. Th3 nebst 6. Tf3 matt. Weicht der König nach g6 aus, so folgt gleich 3. Dd3+.) **3. Dd1–d2.** (Droht Sg5×e6+.) **3. ... Kh6–g6.** (Bei 3. ... Dc8, 4. Se6:+ Kh7, 5. Dd3+ Kg8, 6. Sf8: hätte Weiß das geopferte Material bei besserer Stellung zurückerobert. Anstatt 4. Se6:+ könnte Weiß aber auch mit 4. Se2 auf Angriff spielen.) **4. Dd2–d3+ f7–f5** (Kh6? 5. Dh7 matt, oder Kh5? 5. g4+ Kg4:, 6. Df3 matt.) **5. e5×f6+** (e. p.) **Kg6×f6, 6. Dd3–f3+ Kf6–g6, 7. h4–h5+ Kg6–h6** (Kg5:? 8. Dg3+ Kf5, 9. Dg6+ Kf4, 10. Se2 matt) **8. Sg5–f7+ Tf8×f7** (oder Kh7, 9. Dd3+ Kg8, 10. Sd8:), **9. Df3×f7 Kh6–h7, 10. h5–h6** mit der Doppeldrohung 11. Dg7: matt und 11. hg+.

165

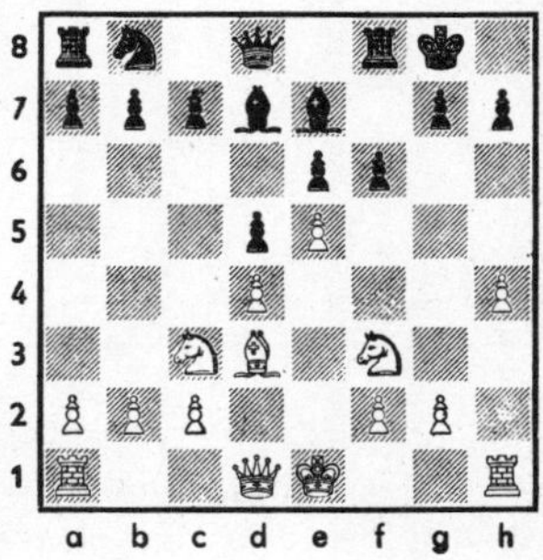

Einige sehr effektvolle Begleitumstände des Opfers auf h7 zeigt Diagramm 165. Weiß (in der Partie Schlechter–Wolf, Wien 1894) begann mit **1. Sf3–g5!** (mit der Idee 1. . . . f5, 2. Dh5 h6, 3. Sh3 nebst 4. Sf4). Schwarz unterschätzte den Angriff, ließ sich auf **1. . . . f6×g5** ein und gestattete damit seinem Gegner, die Schachliteratur um eine schöne Kombination zu bereichern: **2. Ld3×h7+ Kg8×h7** (Kf7, 3. Dh5+ nebst matt), **3. h4×g5+ Kh7–g8** (Kg6, 4. Dh5+ Kf5, 5. Th3 nebst 6. Tf3 matt). Der weiße Angriff beruht nun überraschenderweise nicht auf der Kraft der h-Linie, sondern auf der des g-Bauern. So wäre 4. Dh5? direkt schlecht wegen Lg5:. Auf 4. g6 könnte Schwarz das Eingreifen der Dame durch Tf5 verhindern. Das entscheidende Tempo erobert das weitere Opfer **4. Th1–h8+!**, denn Kh8:, 5. Dh5+ Kg8, 6. g6! Tf5, 7. Dh7+ Kf8, 8. Dh8 führt ebenso zum Matt wie in der Partie **4. . . . Kg8–f7, 5. Dd1–h5+ g7–g6, 6. Dh5–h7+ Kf7–e8, 7. Dh7×g6** matt.

166

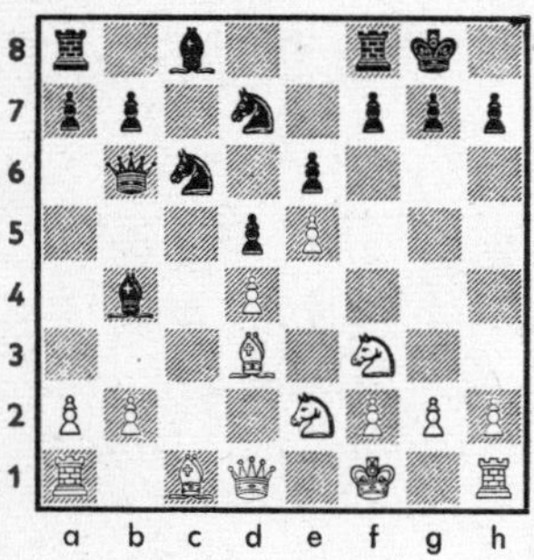

Während in den eben gezeigten Beispielen das Opfer durchschlug, ohne dem Gegner eine Atempause zu gönnen, zeigen wir jetzt eine Kombination, die für den preisgegebenen Läufer zwei Bauern »und Angriff auf den bloßgestellten König« einbringt. Ein unternehmungslustiger Spieler wird sich eine solche Wendung nicht entgehen lassen. In Diagramm 166 (Spielmann–Dekker, Bussum 1934) hatte Schwarz soeben rochiert, weil er das Läuferopfer nicht für spielbar hielt. Aber Weiß zog unerschrocken **1. Ld3×h7+ Kg8×h7, 2. Sf3–g5+ Kh7–g8** (Kg6? 3. Sf4+), **3. Dd1–d3.** Wie man sieht, braucht die Dame nicht unbedingt von h5 aus zu kommen. Gegen Dh7 matt hilft nun g7–g6 nicht wegen 4. Dd3–h3. Schwarz muß also das Eindringen der Dame und damit den Verlust des zweiten Bauern (g7) in Kauf nehmen. **3. . . . Tf8–e8, 4. Dd3–h7+ Kg8–f8, 5. Dh7–h8+ Kf8–e7, 6. Dh8×g7.** Der Angriff ist so stark, daß Schwarz sogar einen dritten Bauern hergeben muß. Daß auf 6. . . . Tf8, 7. Se6:! Ke6:, 8. Sf4+ Kf5, 9. Dh7+ zum Matt führt, hatte Weiß nicht vorherberechnet; das wäre auch unnötig. Das »Gefühl«, das sich in der Erfahrung entwickelt, sagte ihm, daß so etwas »drinstekken« muß. Übrigens genügt auch 7. . . . Te8 nicht wegen 8. Lg5+ Ke6:, 9. Sf4+ Kf5, 10. Dh7+ Kg5:, 11. Sh3+ Kg4, 12. f3 matt. Deckt Schwarz den Punkt f7 mit dem Springer, so gibt es ebenfalls eindrucksvolle Möglichkeiten, z. B. 6. . . . Sd8, 7. Sf7:! Sf7:, 8. Lg5+. Schwarz versuchte **6. . . . Ke7–d8** und verlor nach **7. Dg7×f7 Sd7–f8** (oder 7. . . . Sd4:, 8. Le3 Lc5, 9. Ld4: Ld4:, 10. Sd4: Dd4:, 11. Se6:+ Te6:, 12. De6: Se5:, 13. Df6+ nebst Te1) wegen der Kraft des weißen h-Bauern: **8. h2–h4! Lc8–d7, 9. Lc1–e3 Ta8–c8,**

10. h4–h5 Sc6–e7, 11. Se2–f4 Se7–f5, 12. h5–h6 Sf5×e3+, 13. f2×e3 Ld7–b5+, 14. Kf1–g1 Tc8–c7, 15. h6–h7! und das übrige war leicht (15. ... Tf7:, 16. Sf7:+ Kd7, 17. Dh8 Sg6, 18. Df6 Sf4:, 19. Df4: Ld3, 20. Th8 Lf8, 21. Sd6 Ld6:, 22. Te8: Ke8:, 23. ed Db2:, 24. Df6! Da1:+, 25. Kh2 Kd7, 26. De7+ Kc6, 27. Dc7+ Kb5, 28. d7 Dd1, 29. Db7:+. Schwarz gab auf (Kc4, 30. Db3+ Db3:, 31. ab+ nebst 32. Dd8). Spielmann war einer der größten Angriffsspieler der Schachgeschichte.

167

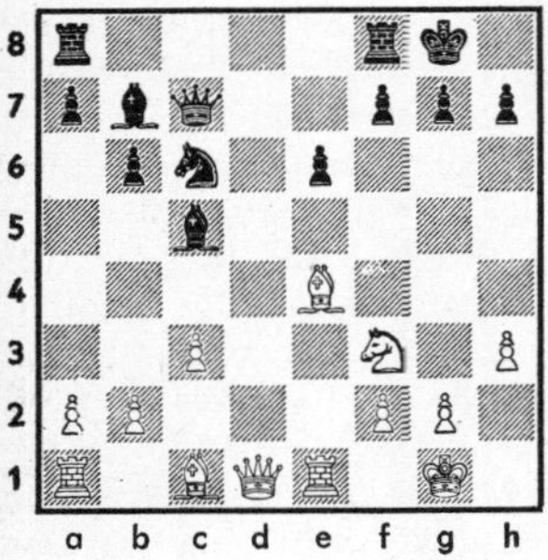

Fehlt die Angriffsspitze, der Be5, so genügt mitunter ein auf e1 wartender Turm als »Ersatz«. Diagramm 167 (Deutschmann–Bauschke, Berlin 1929) beweist es: **1. Le4×h7+ Kg8×h7, 2. Sf3–g5+ Kh7–g6.** (Ähnlich wie in Diagramm 166 steht Schwarz nach 2. ... Kg8, 3. Dh5 Tfe8, 4. Dh7+ Kf8, 5. Dh8+ Ke7, 6. Dg7: sehr unbequem.) **3. Dd1–g4! Kg6–f6?** (Immerhin war f7–f5, 4. Dg4–h4 Ta8–e8 zu versuchen.) **4. Te1×e6+ f7×e6, 5. Dg4×e6** matt. Verwickelter ist Diagramm 168 (Colle–O'Hanlon, Nizza 1930), aber die Pointe ist ähnlich: **1. Le4×h7+ Kg8×h7, 2. Sf3–g5+ Kh7–g6.** (Hier ist 2. ...

168

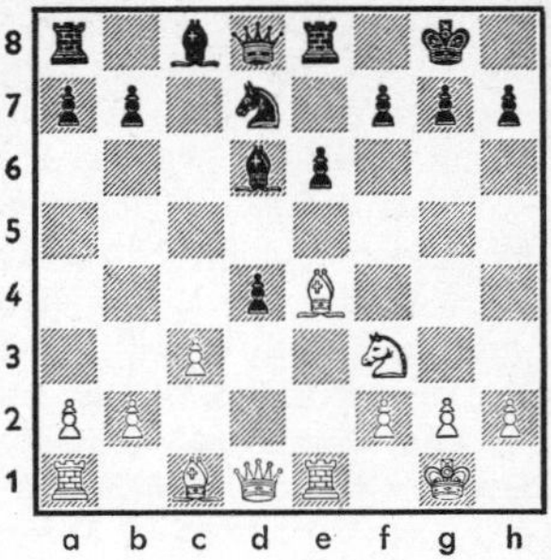

Kg8, 3. Dh5 Sf6, 4. Df7:+ Kh8, 5. Te4! hoffnungslos.) **3. h2–h4!** Die Drohung h4–h5+ belebt den Angriff. **3. ... Te8–h8** (oder Sf6, 4. Dd3+ Kh5, 5. Df3+Kg6, 6. h5). **4. Te1×e6+!** Ein elegantes Turmopfer, dessen Annahme verhängnisvoll wäre (4. ... fe, 5. Dd3+ Kf6, 6. Df3+). **4. ... Sd7–f6, 5. h4–h5+ Kg6–h6** (Th5:, 6. Dd3+ nebst matt), **6. Te6×d6 Dd8–a5, 7. Sg5×f7+ Kh6–h7, 8. Sf7–g5+ Kh7–g8, 9. Dd1–b3+.** Der erste Zug der Dame, und Schwarz muß aufgeben. Colle hat zahllose Partien mit dem Läuferopfer auf h7 gewonnen.

169

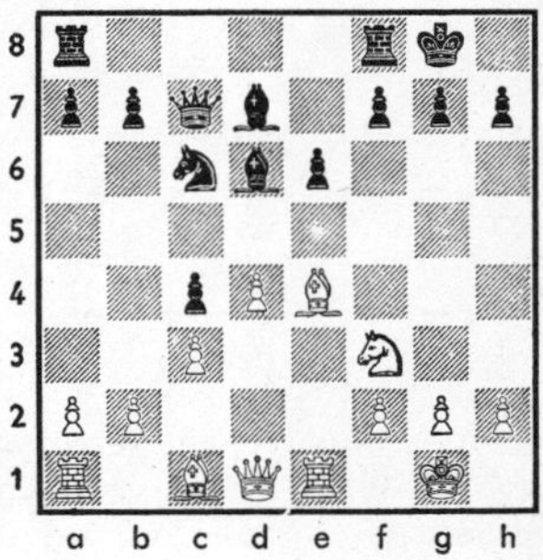

Daß man aber auch nicht kritiklos auf h7 opfern soll, zeigt unser Diagramm 169 (Fincke–Horn, Berlin 1931). Hier ist der Punkt e6 zu gut gedeckt, und nach **1. Le4×h7+? Kg8×h7, 2. Sf3–g5+ Kh7–g6!** ging es für Weiß nicht recht weiter (3. Dg4 f5! und e6 ist verteidigt!). Er versuchte **3. h2–h4 Tf8–h8, 4. Dd1–f3 Ta8–f8, 5. h4–h5+ Th8×h5, 6. Sg5×f7** und war nach **6. ... Th5–f5!** verloren (7. Se5+ Se5:, 8. Dg3+ Kf7, 9. de Le5:, 10. Dg4 Kg8, 11. Lh6 Tf2:. Weiß gab auf). Ein ganz anderes Schema zeigt schließlich Diagramm 170, wo das Opfer die Öffnung der h-Linie und das Eingreifen der Dame ermöglicht: **1. ... Ld6×h2+, 2. Sf3×h2 Dd8–h4.** Der Springer darf wegen Dh4–h1 matt nicht weichen. Schwarz hat einen Bauern erobert und ist in das weiße Spiel eingedrungen. Und nun wünschen wir Ihnen, liebe Leser, daß Sie möglichst viele Siege mit dieser Wendung erringen und – nie darauf hereinfallen mögen!

170

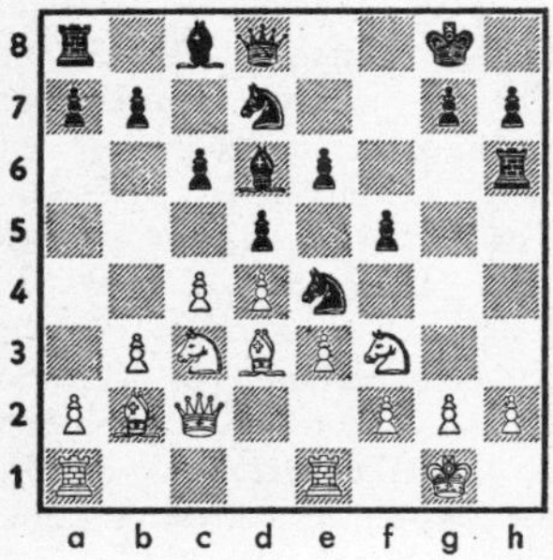

30. STUNDE

Matt-Kombinationen (IV)

Aljechins Mattangriffe

Bei der ungeheuren Vielfalt des Schachspiels leuchtet es ein, daß sich Kombinationen selten aufs Haar gleichen. Fast immer müssen mehrere Motive miteinander verflochten werden, die der Spieler erst wie den Ariadnefaden aus einem schier unentwirrbaren Knäuel herausfinden muß. Wir wollen uns einmal einige Angriffe ansehen, die der frühere Weltmeister Dr. A. Aljechin (geb. 1892, gest. 1946), der »genialste Angriffsspieler aller Zeiten«, geführt hat.

171

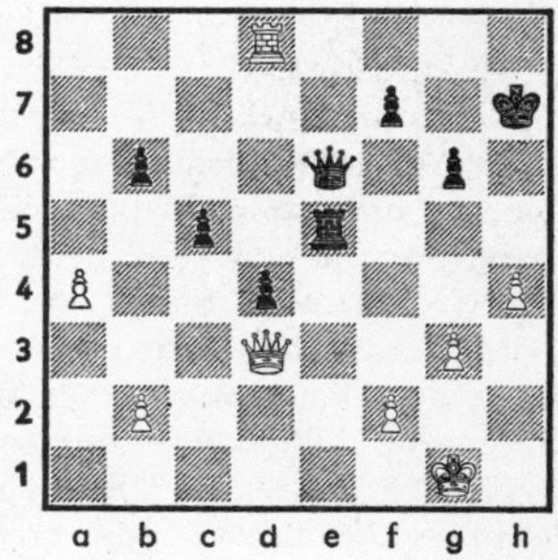

In Stellung 171 (Capablanca–Aljechin, Buenos Aires, 1927) nutzten dem weißen König die »Luftlöcher« g2 und h2 nichts. Das Eindringen des Turms auf die geschwächte Grundreihe entschied wie folgt: **1. ... Te5–e1+, 2. Kg1–g2 De6–c6+, 3. f2–f3 Te1–e3, 4. Dd3–d1 Dc6–e6.** Nun gibt es gegen die Drohung Te3–e2+ keine Verteidigung mehr. **5. g3–g4 Te3–e2+, 6. Kg2–h3 De6–e3, 7. Dd1–h1 De3–f4, 8. h4–h5 Te2–f2.** Nach der Partie machte sich allerdings Aljechin den »ernstlichen Vorwurf«, die Partie nicht um einige Züge verkürzt zu haben: 1. ... De7!, 2. Tb8 Dc7, 3. Ta8 (oder 3. Tf8 Kg7 bzw 3 Db3 Te6), 3. Db7! mit der Doppeldrohung Te1+ nebst Th1 matt und Da8:.

172

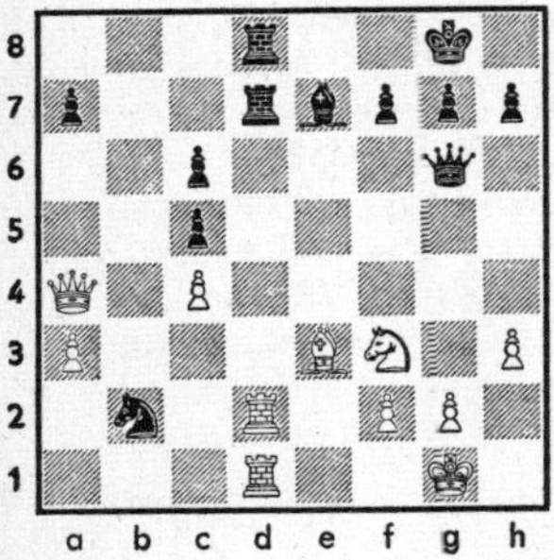

Eine interessante Ausnutzung der schwachen Basis zeigt Stellung 172 (Aljechin–Molina, Buenos Aires, 1926). **1. Da4×a7!!** bringt Weiß jedenfalls in Vorteil. Was die Ablehnung des Damenopfers angeht, gab Aljechin folgende Varianten: 1. .. Td2:, 2. Td2: Td2:, 3. Sd2: zugunsten von Weiß wegen des Freibauern a3. Oder 1. .. Sd1:, 2. Td7: Se3:, 3. fe Td7:, 4. Dd7: Lf8, 5. Se5, und schließlich 1. ... Ld6, 2. Dd7: Td7:, 3. Tb2: De6, 4. Tbd2 und Weiß gewinnt, weil der Ld6 gefesselt ist.

In der Partie geschah **1. ... Td7×a7, 2. Td2×d8+ Le7–f8, 3. Le3×c5 h7–h6.** Schwarz wehrt sich gegen das Matt – vergebens! **4. Td8×f8+ Kg8–h7, 5. Td1–d8 Dg6–b1+, 6. Kg1–h2 Ta7–b7, 7. Sf3–h4!** Versperrt den Fluchtweg und Schwarz gab auf. Auf 7. ... g6 käme 8. Ld4 f6, 9. Lf6:, auf 7 ... g5, 8. Th8+ Kg7, 9. Tdg8+ Kf6, 10. Th6:+ Ke5, 11. Te8+ und Matt in zwei Zügen.

173

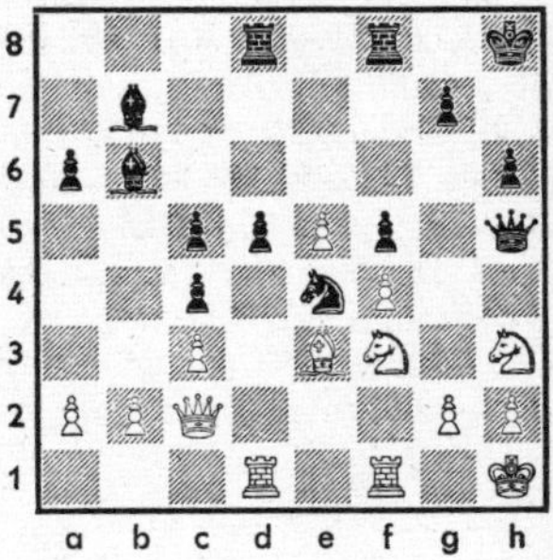

In Stellung 173 wußte Aljechin (als Schwarzer gegen Thorez, Sevilla, 1922) mit einem scharfsinnigen Durchbruch seinen Läufer b7 zum Einsatz zu bringen: **1. ... d5–d4, 2. c3×d4 c5×d4, 3. Le3×d4 Lb6×d4, 4. Td1×d4 Td8×d4, 5. Sf3×d4.** Damit sind die Hindernisse beseitigt und das Damenopfer **5. ... Dh5×h3!!** schlägt durch. **6. g2×h3 Se4–f2+, 7. Kh1–g1 Sf2×h3** matt. Sieben Züge, die im voraus berechnet werden mußten.

In Stellung 174 ist der weiße Läufer anscheinend nutzlos. Sehen Sie aber

174

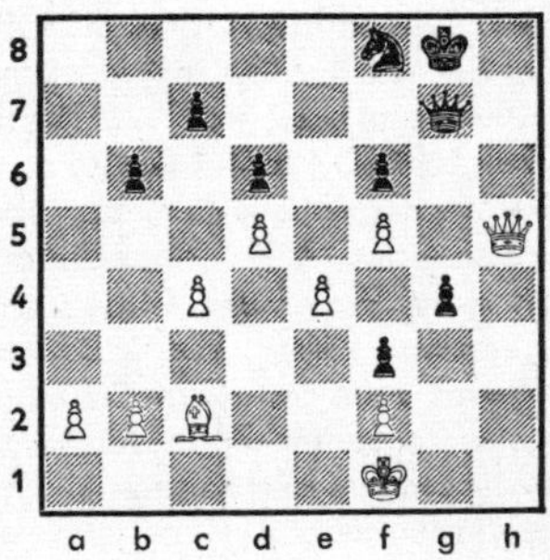

bitte, wie Aljechin ihn (gegen Johner, Zürich, 1934) zur überragenden Angriffskraft verwandelte: **1. e4–e5!! d6×e5.** Von 1. . . . fe versprach sich Schwarz wegen 2. f6 Df6:, 3. Dg4:+ Kf7, 4. Le4 wenig. **2. d5–d6! c7–c5.** Die Pointe des zweiten Bauernopfers ist nach 2. . . cd das dritte 3. c5! mit der Drohung 4. Lb3+, die nicht gut zu parieren ist! **3. Lc2–e4 Dg7–d7, 4. Dh5–h6!** Schwarz gab auf, weil er nach 4. . . . Kf7, 5. Ld5+ Ke8, 6. Df6: nichts mehr zu hoffen hätte.

175

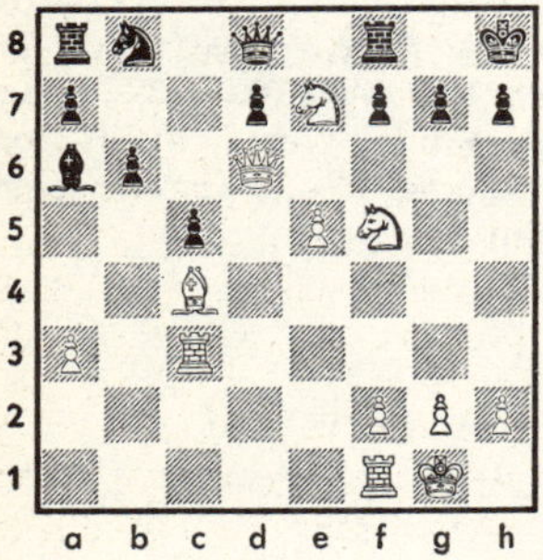

»Echt Aljechin« ist auch der Schlußzug in seiner Partie mit Supico (Teneriffa, 1945) in Stellung 175. Nach **1. Dd6–g6!!** mußte Schwarz die Waffen strecken, denn 1. . . . fg, 2. Sg6:+hg, 3. Th3+ führt zum Matt. Ein »Hineinziehungsopfer« von seltener Schönheit führte Aljechin in einer Partie vor, die er 1916 im Lazarett von Tarnopol ohne Ansicht des Brettes spielte (s. Stellung 176). Der Schwarze (Feldt) brauchte nur noch zu Sd7–f8 zu kommen und hätte dann eine verteidigungsfähige Position. Da fuhr Aljechin mit dem glänzenden Zuge **1. Se5–f7!!** dazwischen. Zieht nun die schwarze Dame, so folgt 2. De6:,

176

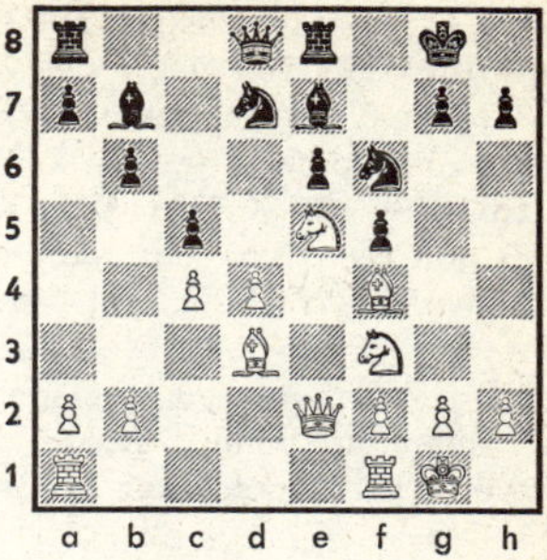

und die Drohung des »erstickten Matts« 3. Sh6+ +Kh8, 4. Dg8+ Sg8:, 5. Sf7 matt wäre ohne schwere Einbußen unparierbar. Also zog Schwarz **1. . . . Kg8×f7,** erlebte aber nun den zweiten Donnerschlag **2. De2×e6+!!.** Auf 2. . . . Ke6: setzt 3. Sg5 matt; der gleiche Zug schlägt auch auf 2. . . . Kf8 durch. Schwarz versuchte **2. . . . Kf7–g6** und wurde mit **3. g2–g4 Lb7–e4, 4. Sf3–h4** mattgesetzt. Einer der genialen Funken, die bei dem russischen Meister so oft zündeten.

177

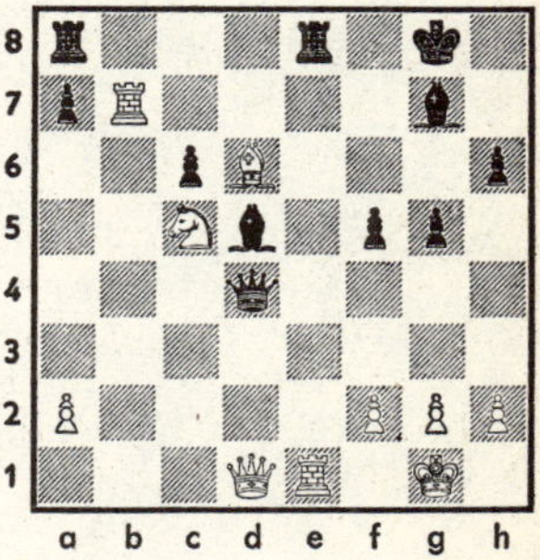

Auf der Schutzbedürftigkeit des Punktes e1 beruht die Angriffswendung in Diagramm 177 (Grigoriev–Aljechin, Moskau 1920). **1. . . . Dd4–**

g4! drohte Matt auf g2. Damentausch ist ebenso ausgeschlossen wie 2. Te1×e8+ Ta8×e8, 3. Dd1–f1 Te8–e1. Weiß hat einer zwangsläufigen Marschroute zu folgen: **2. f2–f3 Lg7–d4+, 3. Kg1–h1 Ld5×f3!** Weiß gab auf, denn das Matt ist unvermeidbar, z. B. 4. Te1×e8+ Ta8×e8, 5. g2×f3 Te8–e1+, 6. Dd1×e1 Dg4×f3 matt. Jede Gelegenheit unfehlbar beim Schopfe zu packen – das zeichnet den großen Meister aus.

Abschließend noch eine elegante Schwenkungskombination in Stellung 178 (Blümich–Aljechin, 1941). Auf der Suche nach einer Einsatzmöglichkeit für die Dame fand Aljechin **1. ... f5–f4!, 2. g3×f4 Dh5–b5!, 3. c3–c4.** Oder 3. Ke2 Dd3:+!, 4. Kd3: Se1+ und Sg2:. Nun aber

178

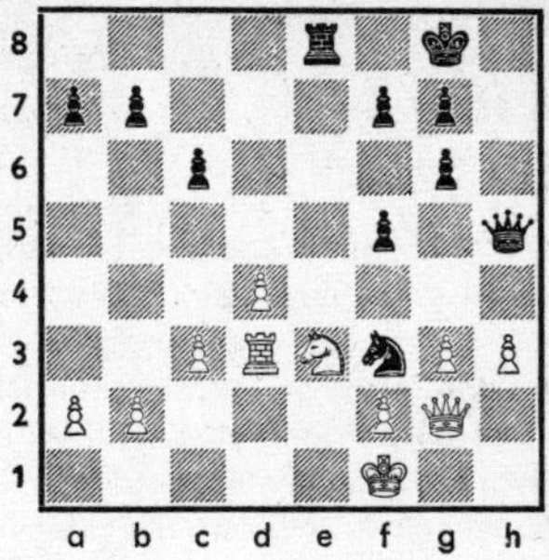

zeigt sich wieder die Schwäche des Punktes e1: **3. ... Db5×c4!.** Die Idee der Kombination (4. Sc4: Te1 matt). **4. Dg2×f3 Dc4×d3+,** 5. Kg2 Dd4:, 6. f5 gf. Weiß gab auf. »Sonnenschach«, pflegte Tartakower zu sagen ...

31. STUNDE

Pläne und Ideen (I)

Im Schach kommt jedes Temperament auf seine Rechnung: Der Hasardspieler, der Safety-First-Stratege und derjenige, der so viel wagt, wie er verantworten zu können glaubt. Nun besteht aber eine Partie nicht aus ziellosem Hin- und Herziehen, »bis der andere einen Fehler macht«. Wer Erfolg haben will, muß es verstehen, seinen Figuren die größere Wirksamkeit zu verschaffen und die des Gegners einzudämmen. Es gibt viele Pläne und Angriffsideen, die je nach Lage der Dinge, häufig abhängig von der Bauernstruktur, anzuwenden sind. Die wichtigsten wollen wir unseren Lesern vorführen.

Die Felderphalanx

Zunächst einige grundsätzliche Bemerkungen über die richtige Zusammenarbeit der Steine.
Bauern stehen am beweglichsten auf der Grundreihe (der zweiten bei Weiß, der siebenten bei Schwarz), weil sie je nach Bedarf einen oder zwei Schritte gehen können. Das kann im Endspiel zum »Austempieren« des Gegners entscheidend sein. Zwei Bauern sind am stärksten in der Phalanx (179). Die Kreuze bezeichnen Löcher, die durch das Vorrücken der Bauern entstanden sind.
Geht einer von ihnen vor, dann sollte es auf eine Weise geschehen, daß die Phalanx wieder erreicht werden kann.

179

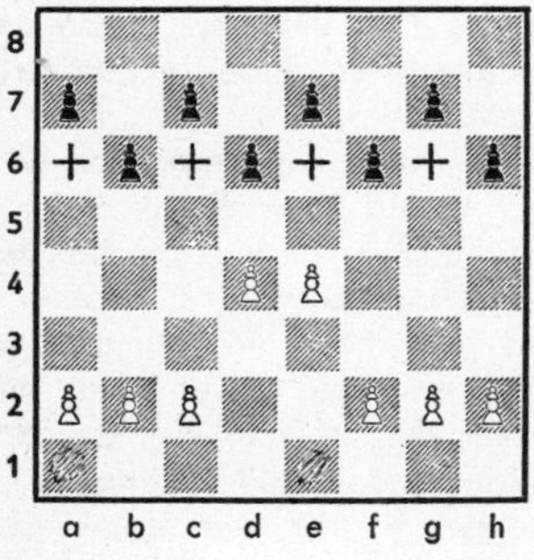

Zusammenspiel der Figuren und Bauern

Von großer Bedeutung in allen Phasen der Schachpartie ist das Zusammenspiel von Läufer und Bauern. Man sollte seine Bauern stets so führen, daß sie nicht auf der Farbe des Läufers blockiert werden.

180

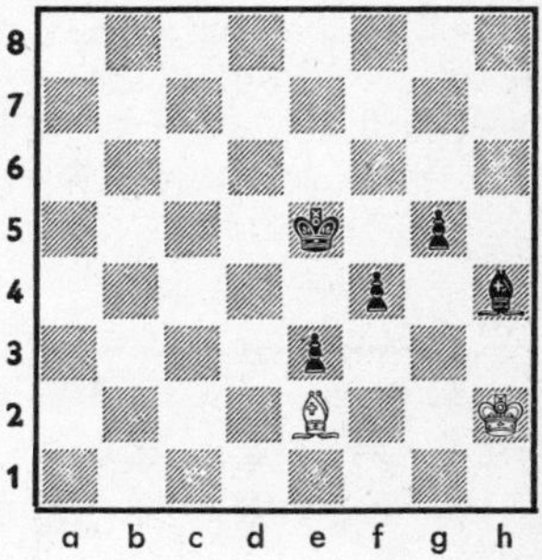

Im Endspiel mit ungleichen Läufern könnte sonst der Fall eintreten, daß sogar eine Kette von drei verbundenen Freibauern nicht zum Siege ausreicht (180). Der schwarze Läufer ist hier lediglich Statist, er kann seinen Bauern nicht helfen, die Barriere der weißen Felder zu überschreiten, wie man sich leicht überzeugen kann.

181

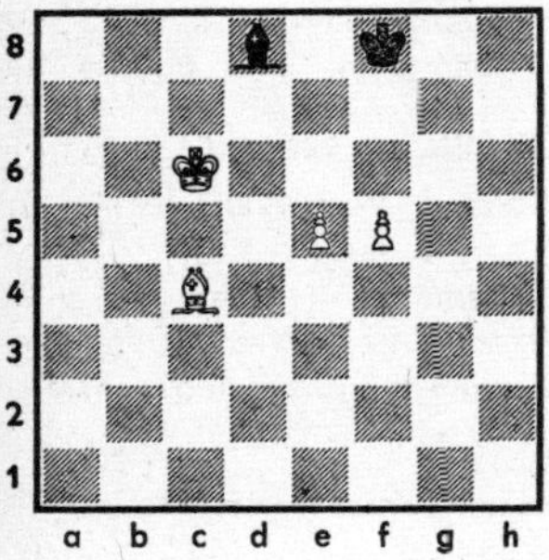

In Nr. 181 wäre zum Beispiel nach 1. e5–e6? der weiße Läufer »tot«. Dagegen ist mit 1. f5–f6! die Partie zu gewinnen, weil es ohne weiteres möglich ist, die Phalanx (e6/f6) wieder herbeizuführen und schließlich das Feld e7 zu erobern: 1. . . . Kf8–e8, 2. Ke6–d6 Ld8–a5 (nach Ke8–f8, 3. Kd6–d7 wäre es sofort aus), 3. e5–e6 La5–b4+, 4. Kd6–c7 Lb4–a5+, 5. Kc7–c8 La5–b4, 6. Lc4–b5– Ke8–f8, 7. Kc8–d7, gefolgt von 8. e6–e7+.

182

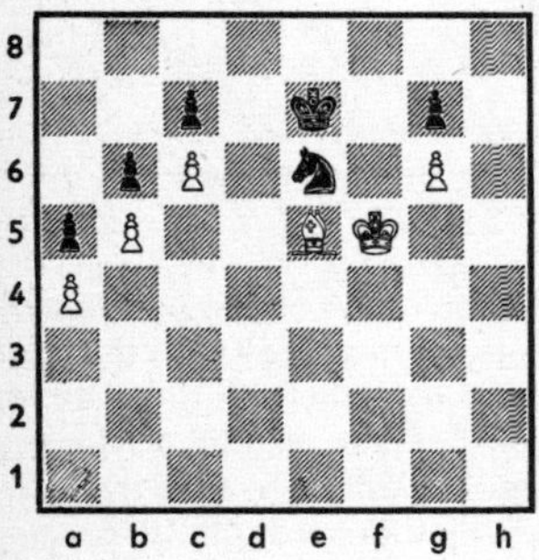

Den Begriff »guter« bzw. »schlechter« Läufer erläutern auch die drei nächsten Stellungen. In 182 ergänzen sich Läufer und Bauern, und Weiß steht gut. Versetzen wir aber den Läufer nach d3, dann ist er »schlecht«, und Schwarz am Zuge, der auf den schwarzen Feldern die Übermacht hat, käme mit 1. . . . Ke7–d6 »zum Angriff«.

183

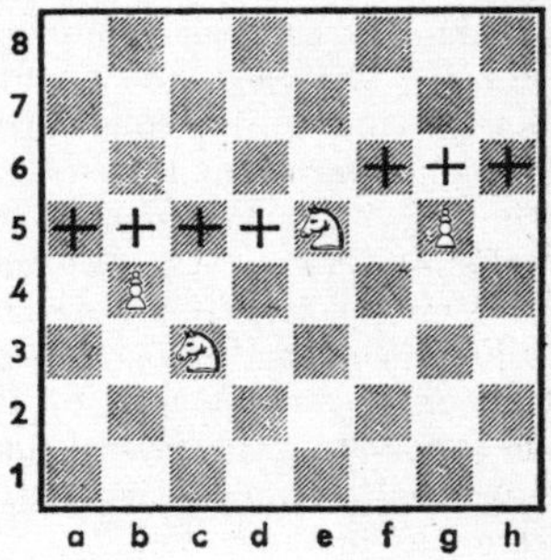

Die Kreuze markieren die Phalanx der Felder, die Springer und Bauer beherrschen.

Das Zusammenspiel von Springer und Bauer zeigt Abbildung 183. Der Springer **schräg hinter** dem Bauern ist der Idealfall (Sc3, Bb4); die beiden Steine beherrschen dann eine Reihe von vier Feldern; der nächstgünstige Fall liegt vor, wenn der Springer zwei Felder **neben** dem Bauern steht.

Bild 184 zeigt die strategisch richtige Anwendung dieses Satzes. Schwarz ist verloren: a) er hat den »schlechten« Läufer; b) er kann seine Mehrheit am Damenflügel nicht verwerten; c) er kann den Vormarsch des g-Bauern, der das Eindringen des weißen Königs nach e6 erzwingt, nicht verhindern. Der

184

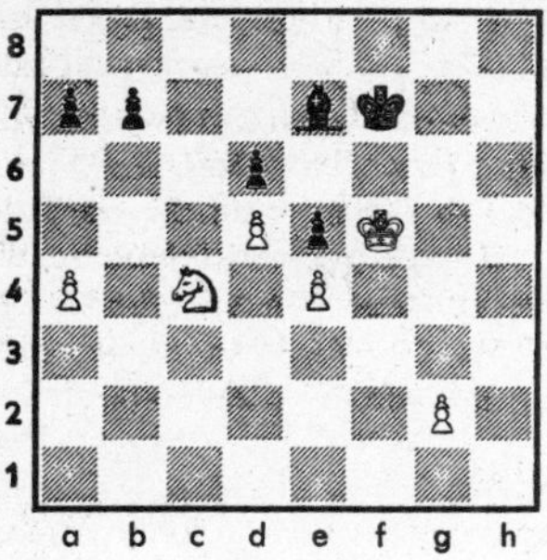

Ba4 sichert den Springer vor dem schwarzen b-Bauern, der Bd5 blokkiert die Schwäche d6 Beginnt Schwarz mit 1. . . . a7–a6, so legt 2. a4–a5 die Mehrheit vollständig fest; Weiß besäße dann einen »ideellen Mehrbauern« (g2). Schwarz zieht in ähnlichen Lagen richtig zuerst b7–b6; hier nützt das allerdings nichts, weil er nicht zu a7–a6 kommt.

185

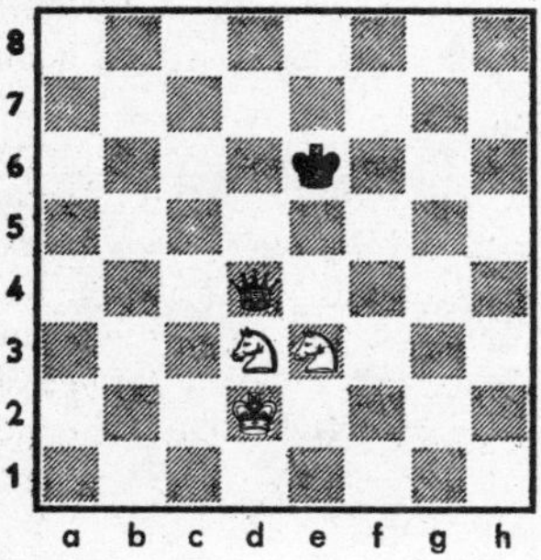

Ähnliche Erwägungen gelten auch bei der Zusammenarbeit der Figuren. So kann die Dame nicht gegen zwei Springer gewinnen, wenn sie eine Phalanx bilden und den König fernhalten (185). Viel schwächer stehen die Springer, und das mag eigenartig klingen, wenn sie sich gegenseitig decken, weil der feindliche König dann genügend Lücken zum Eindringen findet (186). Der

186

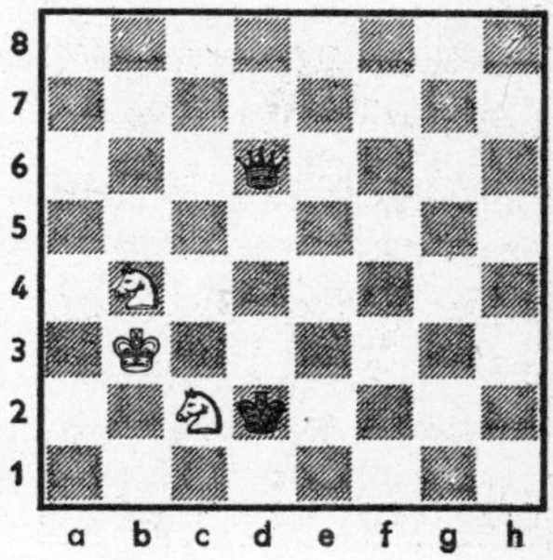

Gewinnplan der stärkeren Partei lautet: den König an den Rand drängen, ihn festsetzen, die Springer trennen und dann einen nach dem anderen erobern. Das geht etwa wie folgt: 1. . . . Dd6–e6+, 2. Kb3–b2 De6–c4, 3. Kb2–a3 Kd2–c3, 4. Ka3–a4 Dc4–c5. Nun kann der weiße König wegen Matts auf a5 nicht mehr ziehen; ein Springer geht sofort verloren. (Ein Beispiel von Dr. Emanuel Lasker.)

Im Zusammenspiel von Turm und Bauer gilt die Regel, die Dr. Tarrasch aufgestellt hat: Türme gehören **hinter** die Freibauern. Hinter die eigenen, um ihr Vorgehen zu unterstützen, hinter die feindlichen, um sie aufzuhalten Jeweils wird nämlich die Beweglichkeit des Turms um so größer, je weiter der Bauer vorrückt Viel ungünstiger ist es, wenn der Turm von **vorn** kommt: dem eigenen Bauern steht er schließlich im Wege, der feindliche Bauer hindert ihn schließlich am Ziehen.

Einen weiteren wichtigen Hinweis

hat Dr. Lasker gegeben: die Figuren sollen nach ihrem Wert, der wandelbar ist, unterstützt und verwertet werden. »Hat ein Stein die feindliche Aktion auf sich gezogen, so hat er an Wert gewonnen und verdient Unterstützung. Ist ein Stein nicht genügend beschäftigt, so muß er herangezogen werden, um an den alten Problemen mitzuarbeiten und neue zu stellen. Ein schwacher Bauer muß nach Möglichkeit vom Turm seitlich geschützt oder durch Gegenangriff kompensiert werden, denn die große Kraft des Turmes strebt nach Gegenangriff, sogar so sehr, daß er den Bauern eher preisgibt, als sich an ihn ängstlich zu binden.« Für das Zusammenwirken von Turm und Bauer ist das Beispiel 187, das Lasker gibt, überzeugend.

187

Die stärkste Kraft steckt im a-Bauern, weil der feindliche König weit entfernt ist, daher 1. a2–a4 Tc8–a8, 2. Tc1–a1 Ta8–a5, und nun marschiert der König zur Unterstützung des a-Bauern, also etwa 3. Kg1–f1 Kg8–f7, 4. Kf1–e2 Kf7–e6, 5. Ke2–d3 Ke6–d5, 6. Kd3–c3 Kd5–c5. ... Jetzt muß der f-Bauer reden. 7. f2–f4 Kc5–b6, 8. Kc3–d4 Ta5–f5, 9. Kd4–e4 Tf5–f8, 10. a4–a5+ Kb6–a6, 11. f4–f5. Das Zusammenspiel von K und f-Bauer ist vollkommen; der König schützt den Bauern, der Bauer deckt den König vor Schachgeboten. Es könnte folgen: 11. ... c7–c5, 12. Ke4–e5 c5–c4, 13. f5–f6 c4–c3, 14. Ta1–c1. (Sonst wird der Bauer zu lästig.) 14. ... Ka6×a5, 15. Tc1×c3 Tf8–e8+, 16. Ke5–d6 Te8–a8, 17. Tc3–f3 und gewinnt leicht. Beherzigenswert sind ferner Laskers Postulat: »Kann man Läufer, Dame oder Turm so aufstellen, daß sie stark wirken, o h n e daß der Gegner Tausch anzubieten vermag, ist man insofern im Vorteil«, und sein Satz »Mangel des Zusammenspiels der Steine zeigt sich o f t schon durch eine starke räumliche Distanz der Standorte der Steine an.« Schließen wir das Kapitel mit einer Ausnahme der letzten Regel, einer Studie Rétis (188): Weiß am Zuge hält unentschieden.

188

Auf den ersten Blick scheint die Lage für Weiß hoffnungslos zu sein, der schwarze Bauer läuft unaufhaltsam zur ersten Reihe und verwandelt sich in eine Dame – der weiße dagegen ist leicht zu bremsen. Trotz der räumlichen Distanz besteht aber ein Zusammenhalt der weißen Steine, weil der König beide Aufgaben, den h-Bauern zu stoppen und den eigenen zu unterstützen, vereinigen kann: 1. Kh8–g7 h5–h4, 2. Kg7–f6 h4–h3, 3. Kf6–e7 h3–h2, 4. c6–c7 Ka6–b7, 5. Ke7–d7, oder 1. ... Ka6–b6, 2. Kg7–f6 h5–h4, 3. Kf6–e5 h4–h3 (Kb6×c6, 4. Ke5–f4), 4. Ke5–d6, und der weiße Bauer ist dem schwarzen ebenbürtig. Ein verblüffender Fall.

32. STUNDE

Pläne und Ideen (II)

Planvoller Königsangriff

Wie führe ich einen Königsangriff? Angreifen heißt eine Übermacht gegen eine schwache Stelle richten. Dazu müssen einige Voraussetzungen erfüllt sein. Sehen wir Bild 189 (Partie Forgacz–E. Cohn). Hier bietet eine Attacke gegen den König gute Aussichten für Weiß, weil der Bauernwall f7, g7, h6 schwach geschützt erscheint, und die schwarzen Figuren überhaupt wenig leisten. Weiß

189

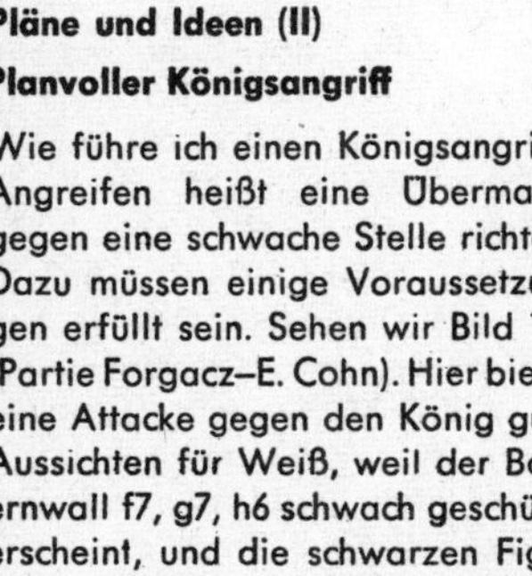

hingegen ist voll entwickelt. Er hat Raumvorteil im Zentrum, der dadurch entstanden ist, daß Schwarz kurz zuvor seinen Bd5 gegen den weißen Bc4 getauscht hat.

Der Weiße faßte nun den Plan, seine Dame nach h5, den Te1 nach g4 zu führen und die wenigen Verteidiger zu überwältigen. Schwarz plant ein Gegenspiel in der Mitte, aber das ist zu langsam. Es geschah **1. De4–g4 b7–b6** Schwarz konnte der weißen Absicht entgegentreten, indem er 1. ... g7–g6 spielte. Weiß hätte dann 2. Sc3–e4 gespielt, um die neu entstandene Schwäche f6 auszunützen. Gemäß einer Steinitzschen Regel soll der Verteidiger die Schutzbauern nur im äußersten Notfall bewegen. Die Abwehr stößt hier für Schwarz besonders auch deswegen auf große Schwierigkeiten, weil er nicht f7–f5 ziehen darf (wegen 2. Dg4×f5). **2. Dg4–h5 Lc8–b7 3. Te1–e4.** Nun würde 3. ... c6–c5 wegen 4. d4–d5 die Lage noch verschlimmern. Andererseits droht 4. Te4–g4 einen Angriff auf h6 (der Bg7 ist gefesselt), den Schwarz nicht durch Kg8–h8 parieren kann, weil der Bf7 fiele. Auch die Verteidigung Sf8–g6 ist wegen Lc4–d3 unzuverlässig. **3. ... Le7–b4.** Nun deckt die Dc7 den Punkt f7, so daß der König im Falle von Te4–g4 nach h8 ausweichen könnte. Schwarz glaubt auch, nach Tausch des Sc3 eher c6–c5 durchsetzen zu können (d4–d5 wäre, weil der Springer das Feld nicht mehr beherrscht, weniger gefährlich als vorher). Der Tausch des Läufers hat jedoch einen schwerwiegenden Nachteil: Die Felder d6 und f6 verlieren ihren Schutz. **4. Te4–g4 Lb4×c3.** Darf Weiß nun zwischendurch auf h6 schlagen (mit Mattdrohung auf g7)? Nein! Das wäre wegen 4. ... Sf8–g6! ein schwerer Fehler: Der Bg7 ist entfesselt und darum die Dh6 angegriffen, so daß Weiß zunächst nicht auf c3 zurückschlagen kann! **5. b2×c3 Kg8–h8.** Anders ist h6 nicht zu verteidigen (Sf8–g6 6. Lc4–d3). Nun allerdings ist h6 gefesselt und f7 geschwächt. Das gibt Weiß Gelegenheit, seinen Aufmarsch gegen den König zu verstärken. **6. Sf3–g5 Te8–e7, 7. Sg5–e4.** Richtet sich gegen die schwachen Punkte d6 und f6. Das Springermanöver verfolgt daneben noch den Zweck, die dritte Reihe für den Turm d1 zu räumen, der als Reserve bereit steht und dessen Eingreifen schließlich den Zusammenbruch der schwarzen Verteidigungsbastion zur Folge hat. **7. ... Ta8–d8.** Plangemäß war eigentlich c6–c5. Weiß hätte dann sein Spiel mit Se4–d6 gesichert und verstärkt. **8. Td1–d3 c6–c5.** Einen Posttag zu spät. **9. Se4–f6!** Mit der Absicht Dh5×h6+ g7×h6 Tg4–g8 matt **9. ... Sf8–g6, 10. Td3–h3.** Der schwarze König ist vollständig eingekreist. Weiß wird Dh5–g5 und Th3×h6+ spielen und ihn mattsetzen. Schwarz gab daher auf.

Bild 190 stammt aus einer Partie Bronstein–Najdorf, Budapest 1950 (Weiß am Zuge). Auch hier ist der gegebene Plan ein Königsangriff, denn am Damenflügel ist Weiß wegen des Doppelbauern und der Schwäche c4 im Nachteil. Voraussetzung für einen Angriff am Flügel ist, daß man das Zentrum beherrscht oder daß es geschlossen ist. Soll Weiß also 1. d4–d5 spielen? Schwarz antwortet Sc6–e7 und

190

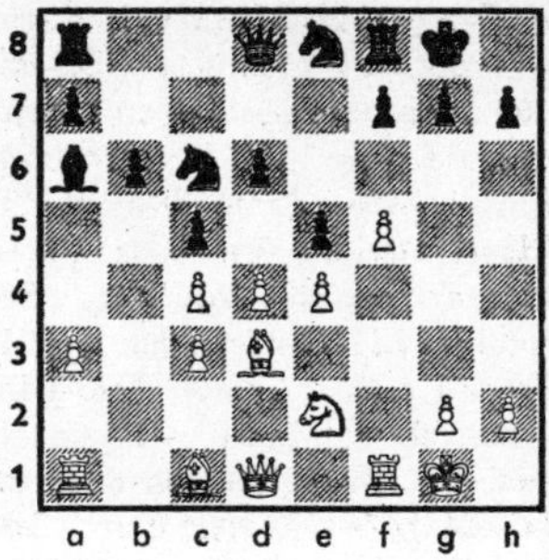

sichert seinen König. Weiß beschließt, den f-Bauern ins Geschäft zu stecken, um die Wirkung des Tf1 zu erhöhen, das Feld f5 für den Springer zu räumen und, ebenfalls sehr wichtig, den Sicherungszug f7–f6 zu verhindern. **1. f5–f6!** In der Erkenntnis, daß weder Se8×f6 2. Lc1–g5 h7–h6, 3. Lg5×f6 g7×f6, 4. Se2–g3 nebst Sg3–h5 noch 1. ... g7×f6, 2. Lc1–h6 Se8–g7, 3. Se2–g3 (mit den Drohungen Dd1–g4 und Sg3–h5) für Schwarz verlockend ist. **1. ... Kg8–h8.** Schwarz räumt die g-Linie für den Turm. Auf 1. ... e5×d4 käme beispielsweise 2. c3×d4 Sc6×d4, 3. Se2×d4 c5×d4, 4. Lc1–g5 Se8×f6, 5. e4–e5 d6×e5, 6. Ld3×h7+ Kg8×h7, 7. Lg5×f6 g7×f6, 8. Dd1–h5+ Kh7–g7, 9. Dh5–g4+ Kg7–h7, 10. Tf1–f3, gefolgt von Tf3–h3+ und matt **2. d4–d5!** Jetzt, wo der Springer nicht nach e7 kann, richtig **2. ... Sc6–a5, 3. Se2–g3 g7×f6.** Längeren Widerstand leistete 3. ... g7–g6, obwohl die schwarze Stellung nach 4. Lc1–h6 Tf8–g8, 5. Dd1–e2 vollständig eingeschnürt und ohne Gegenspiel bliebe.

4. Sg3–f5 La6–c8, 5. Dd1–h5 Lc8×f5, 6. e4×f5! Auf 6. Dh5×f5 käme

Tf8–g8 und Tg8–g6, gefolgt von Se8–g7. Die Königsinsel wäre dann schwer zu erstürmen. **6. ... Tf8–g8.** Zu 6. ... Sa5–b3 ist wegen 7. Tf1–f3 keine Zeit (Tf8–g8, 8. Tf3–h3 Tg8–g7, 9. Lc1–h6 Tg7–g8, 10. Lh6–f8). **7. Tf1–f3 Tg8–g7.** Der Punkt h7 ist zu schwach. So käme auf 7. ... Se8–g7 die typische Mattführung 8. Dh5×h7+ Kh8×h7, 9. Tf3–h3+ Sg7–h5, 10. Th3×h5+ Kh7–g7, 11. Lc1–h6+ Kg7–h7, 12. Lh6–f8 matt. **8. Lc1–h6 Tg7–g8.** Oder 8. ... Dd8–e7, 9. Tf3–h3 De7–f8, 10. Th3–g3 Df8–g8, 11. Lh6×g7+ Se8×g7, 12. Dh5–h6 mit der unparierbaren Drohung Ta1–e1–e4–g4. **9. Tf3–h3.** Schwarz gab auf. Beugt er der Absicht Lh6–f8 vor und zieht Se8–g7, so ist er nach 10. Dh5–h4 gegen Lh6–g5 wehrlos.

191

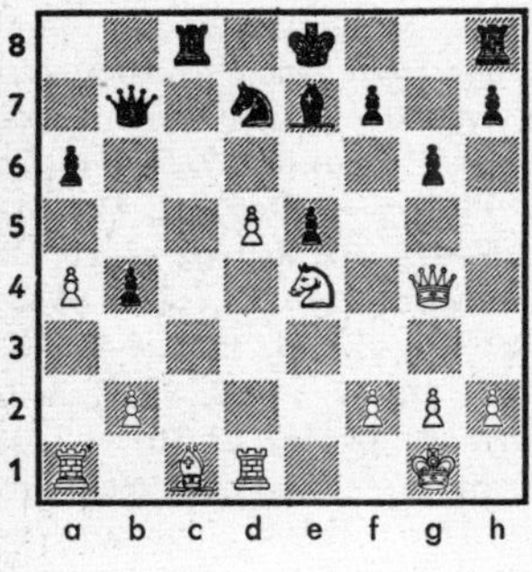

Wir haben zwei Angriffspläne gegen die Rochade gezeigt. In Bild 191 besteht der Plan des Weißen, der zum raschen Siege führt, darin, den feindlichen König nicht zur Rochade kommen zu lassen (Aljechin–Hromadka, Pistyan 1922). Weiß am Zuge sieht sich der Drohung f7–f5 gegenüber. Muß er mit Dame oder Springer zurückweichen und die Rochade zulassen? Nein, er findet eine taktische Möglichkeit, den König in der Mitte festzuhalten, so daß hier, wie so oft, Strategie und Taktik Hand in Hand arbeiten. **1. Lc1–g5!** geschieht in der Erkenntnis, daß 1. ... f7–f5 mit 2. Dg4–h4! beantwortet werden kann. Schwarz wäre nach 2. ... f5×e4, 3. Lg5×e7 in keiner angenehmen Lage. Weiter hatte Weiß gesehen, daß 1. ... f7–f6 an 2. Dg4–e6! scheitert (drohend 3. Se4–d6+, aber auch 3. d5–d6 und anderes). Schwarz fand sich mit **1. ... h7–h6, 2. Lg5×e7 Ke8×e7** ab, und Weiß hatte seine Idee verwirklicht. Nun erzwang **3. Dg4–h4+** eine weitere Schwächung, weil der König nicht weichen darf (wegen Se4–d6). **3. ... g6–g5** (oder 3. ... f7–f6, 4. f2–f4), **4. Dh4–g4 Tc8–c4, 5. Dg4–f5** (droht 6. Df5×f7+) **5. ... Th8–f8, 6. b2–b3 Tc4–c8, 7. Se4–f6!** Ein vernichtender Zug, weil Sd7×f6 wegen 8. d5–d6+ nicht geschehen darf. **7. ... Tc8–c5, 8. Sf6×d7 Db7–c8** (oder Db7×d7, 9. Df5–e5+Ke7–d8, 10. Ta1–c1 Tc5×c1, 11. Td1×c1.), **9. d5–d6+.** Erobert nach Ke7–d8 10. Df5–f6+ Kd8×d7, 11 Df6–e7+ Kd7–c6, 12. d6–d7 einen Turm. Schwarz gab auf.

Der König ist natürlich das beliebteste Angriffsobjekt, aber beileibe nicht das einzige Darüber Näheres in der nächsten Stunde.

33. STUNDE

Pläne und Ideen (III)

Einen guten Schachspieler mit einem Feldherrn zu vergleichen, ist gar nicht abwegig. Genauso wie dieser muß er seine Streitkräfte formieren, gegnerische Blößen erspähen und Angriffspläne fassen. Ein Unterschied, und ein gewaltiger, liegt nur darin, daß beide Parteien zu Beginn, was das Material und seine Beweglichkeit angeht, gleichwertig sind. Alles hängt davon ab, wer sich zweckmäßiger und zielbewußter aufzustellen versteht.

Planvoller Angriff am Damenflügel

Beim Plänefassen geht man häufig von der Verteilung der Bauern und von ihrer besonderen Konstellation aus. Habe ich etwa an einem Flügel drei Bauern und der Gegner nur zwei, so werde ich folgerichtig versuchen, einen Freibauern zu bilden. Ein solches Vorgehen bietet besonders dann Aussicht auf Erfolg, wenn die Könige sich weit vom Schuß befinden, mindestens der feindliche (wenn er z. B. kurz rochiert hat). Ein klassisches Muster ist der Schluß der Partie Marshall–Capablanca, Match New York 1909 (s. Bild 192).

192

Weiß war am Zuge. Das Schlagen auf b7 wäre für Schwarz angenehm, der die Damen tauscht, dann Tab8 spielt und sich schließlich an b2 rächt. Richtig war es, die Bauernmehrheit auszuspielen und vielleicht zu einem Königsangriff zu benützen (e3–e4, Df3–e3, f2–f4–f5, e4–e5 usw.). Statt dessen spielte Weiß planlos und kam schnell in Nachteil. Es geschah: **1. Tf1–c1.** Er hat nur taktische Gedanken. So will er jetzt b7 nehmen, weil später c5 »hängt«. **1. . . . Ta8–b8, 2. Df3–e4** (fesselt den Le6). **2. . . . De7–c7, 3. Tc1–c3 b7–b5.** Capablanca, der spätere Weltmeister, läßt seine Bauern nicht brachliegen. **4. a2–a3 c5–c4, 5. Lg2–f3 Tf8–d8.** Der Besitz der einzigen offenen Linie ist ein zusätzlicher Trumpf. Weiß hätte sie vorher besetzen können und sollen. **6. Ta1–d1 Td8×d1, 7. Lf3×d1 Tb8–d8, 8. Ld1–f3 g7–g6.** Schwarz will mit dem Turm die Grundreihe verlassen. Also ist es Zeit, für den König einen Schlupfwinkel vorzubereiten, und zwar einen schwarzfeldrigen, weil der Gegner einen weißfeldrigen Läufer hat. **9. De4–c6 Dc7–e5, 10. Dc6–e4 De5×e4, 11. Lf3×e4 Td8–d1+, 12. Kg1–g2 a7–a5.** Die Bauernwalze rollt. **13. Tc3–c2 b5–b4, 14. a3×b4 a5×b4, 15. Le4–f3 Td1–b1, 16. Lf3–e2 b4–b3, 17. Tc2–d2.** Auch nach 17. Tc2–c3 Tb1×b2, 18. Le2×c4 Tb2–c2! verliert Weiß eine Figur. **17. . . . Tb1–c1!** Nun hat Weiß keine Verteidigung mehr gegen die Drohung Tc1–c2. Er muß eine Figur geben. **18. Le2–d1 c4–c3, 19. b2×c3 b3–b2, 20. Td2×b2 Tc1×d1.** Das Endspiel ist für Schwarz gewonnen. Es ist aber noch interessant zu verfolgen, wie Capablanca den technischen Ablauf meistert. Zunächst droht er den c-Bauern mit Td1–c1 abzuholen. In der Folge arbeitet er auch mit Mattdrohungen. **21. Tb2–c2**

Le6–f5, 22. Tc2–b2 Td1–c1, 23. Tb2–b3 Lf5–e4+, 24. Kg2–h3. Oder 24. f2–f3 Tc1–c2+ **24. ... Tc1–c2, 25. f2–f4 h7–h5.** Mit der Absicht Le4–f5+ Kh3–h4 Tc2×h2+ u. Kg8–g7. **26. g3–g4 h5×g4+, 27. Kh3×g4 Tc2×h2, 28. Tb3–b4 f7–f5+, 29. Kg4–g3.** Wenn 29 Kg4–g5, so Kg8–g7, und es droht Matt auf h5. **29. ... Th2–e2, 30. Tb4–c4 Te2×e3+, 31. Kg3–h4 Kg8–g7, 32. Tc4–c7+ Kg7–f6, 33. Tc7–d7 Le4–g2, 34. Td7–d6+ Kf6–g7.** Weiß gab auf. So also verwertet man die »Bauernmehrheit am Damenflügel«.

Eine andere wichtige Unternehmung, die meistens am Damenflügel gestartet wird, ist der »Minderheitsangriff«. Er dient dazu, Linien für die Türme zu öffnen und schwache Punkte zu schaffen, und ergibt sich, wenn der Gegner durch einen Bauernzug eine »Marke« gegeben hat. Sehen wir zu diesem Thema eine ausgezeichnete Partie aus der Weltmeisterschaft 1948 zwischen Smyslov und Keres (Bild 193).

(Entstanden nach den Zügen 1. d4 d5, 2. c4 e6, 3. Sc3 Sf6, 4 Lg5 c6, 5. e3 Sbd7, 6. cd ed, 7 Ld3 Le7, 8. Sf3 0–0, 9. Dc2 Te8, 10. 0–0 Sf8.)

193

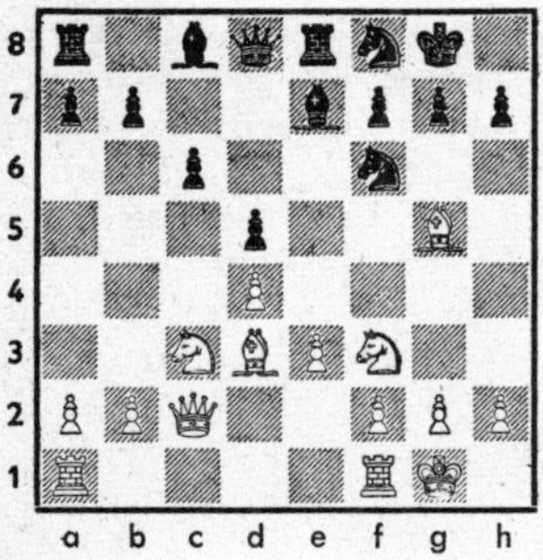

Der schwarze Bauer auf c6 gibt Weiß eine Handhabe, die b-Linie zu öffnen und entweder den Punkt c6 zu schwächen oder den Bd5 zu vereinzeln. Auf den offenen b- und c-Linien wird er einen starken Druck ausüben, der leicht auf den Königsflügel übergreifen kann. Smyslov spielte **11. Ta1–b1 Sf8–g6, 12. b2–b4.** »Minderheitsangriff« darum, weil zwei weiße Bauern auf drei schwarze losgehen. **12. ... Le7–d6.** Smyslov hält 12. ... a7–a6, 13. a2–a4 Sf6–e4 für besser. **13. b4–b5 Lc8–d7, 14. b5×c6 Ld7×c6.** Das Zurückschlagen mit dem Bauern hätte zwar einen rückständigen Bauern ergeben, dafür jedoch den Läufer zur Verteidigung von c6 erhalten. **15. Dc2–b3.** Droht Schlagen auf f6, gefolgt von Sc3×d5 (im Falle von Dd8×f6). **15. ... Ld6–e7, 16. Lg5×f6 Le7×f6, 17. Ld3–b5.** Nun entsteht auf c6 doch ein rückständiger Bauer. **17. ... Dd8–d6, 18. Tf1–c1 h7–h5.** Schwarz will nicht abwarten, bis er auf dem Damenflügel erdrückt wird. Sein Gegenangriff ist freilich recht harmlos, weil Weiß am anderen Flügel keine Schwächen hat. **19. Sc3–e2 h5–h4, 20. Lb5×c6 b7×c6, 21. Db3–a4 Sg6–e7, 22. Tb1–b7!** Das war das Ziel des Vorgehens. Weiß steht überlegen. Außer dem c-Bauern ist auch der a-Bauer in Gefahr. **22. ... a7–a5, 23. h2–h3.** Stoppt den Bh4, den er gleichzeitig zur Schwäche stempelt. Die Marke h3 kann Schwarz hier nicht ausnützen, weil er am Damenflügel zu stark engagiert ist und der Vormarsch g7–g5 zu gefährlich wäre. **23. ... Te8–b8, 24. Tc1–b1 Tb8×b7, 25. Tb1×b7 c6–c5.** Löst eine Schwäche auf (c6), schafft freilich eine andere (d5). **26. Tb7–b5!**

c5×d4. (Oder c5–c4, 27 Tb5×a5.) **27. Se2×d4 Ta8–c8.** (Auf Dd6–c7 folgt der gleiche Zug, der die Mattdrohung pariert und a5 bedroht.) **28. Sd4–b3 Lf6–c3.** Schwarz mußte entweder a5 oder h4 im Stich lassen. Die weiße Strategie hat gesiegt. **29. Da4×h4** und gewann (29. ... Tc4, 30. g4 a4, 31 Sbd4 Ld4:, 32. Sd4: De5, 33. Sf3 Dd6, 34. Ta5 Tc8, 35. Ta4: Sg6, 36. Dh5 Df6, 37 Df5 Dc6, 38. Ta7 Tf8, 39 Td7 d4, 40. Td4: Ta8, 41. a4. Schwarz gab auf, weil Ta4:, 42. Td8+ Sf8, 43. Df7:+ Kf7:, 44. Se5+ aussichtslos wäre).

Wir sehen klar, wie allen Zügen eine übergeordnete Idee zugrunde liegt – und liegen muß!

Eine weitere Form des Angriffs am Damenflügel ist der reine Figurendruck. Sehen wir dazu Bild 194

194

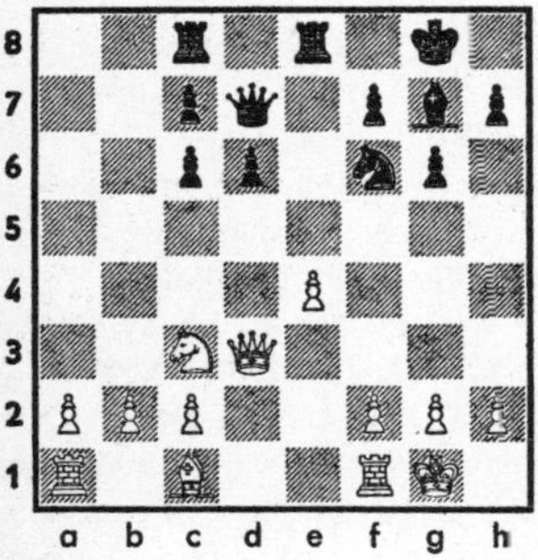

(Nimzowitsch–Capablanca, St. Petersburg 1914). Als Preis für die Eroberung des schwarzen a-Bauern mußte Weiß die Entwicklung vernachlässigen und Linien öffnen. Der Plan des Schwarzen besteht nun darin, seine Türme auf die offenen Linien und seinen Springer auf den Damenflügel, möglichst nach c4, zu bringen Durch den gemeinsamen Druck aller Streitkräfte auf die weißen Bauern will er das verlorene Material zurückgewinnen und das bessere Spiel behaupten. Capablanca wies darauf hin, daß sein Plan die zusätzliche Tugend hat, maskiert zu sein, weil es scheinbar zunächst um den Be4 geht: **1. ... Dd7–e6, 2. f2–f3 Sf6–d7, 3. Lc1–d2 Sd7–e5, 4. Dd3–e2 Se5–c4, 5. Ta1–b1 Tc8–a8, 6. a2–a4.** Das geringste Übel war 6. b2–b3 Sc4×d2, 7 De2×d2 Ta8–a3 und Schwarz erobert den a-Bauern. **6. ... Sc4×d2, 7. De2×d2 De6–c4, 8. Tf1–d1 Te8–b8!** Weit kräftiger als der Tausch auf c3 **9. Dd2–e3.** (Nach Dr. Tarrasch war d3 ein besserer Platz.) **9. ... Tb8–b4, 10. De3–g5 Lg7–d4+.** (Gut genug wäre auch die Verdoppelung der Türme auf der b-Linie.) **11. Kg1–h1 Ta8–b8, 12. Td1×d4 Dc4×d4** und Schwarz siegte leicht Weiß verlor, weil er keinen Gegenplan hatte!

34. STUNDE

Pläne und Ideen (IV)

Der historische Grundplan

Vielleicht der älteste Spielplan, der in der geschichtlichen Entwicklung des Schachspiels auftaucht und das Geschehen auf dem Schachbrett von Anfang bis Ende beherrscht, stammt von italienischen Meistern der Renaissance, den Erfindern des »Gambits«: Unter Geringschätzung der Bauern die Armee schleunigst auf bewegliche Plätze zu stellen und den gegnerischen König anzugreifen, möglichst bevor er zur Rochade gekommen ist.

Sehen wir eine Partie, die in der Handschrift Grecos, des »Kalabresen« (1600–1634), deren Original sich in Florenz befindet, enthalten ist: 1 e2–e4 e7–e5, 2. Sg1–f3 Sb8–c6, 3. Lf1–c4 Lf8–c5, 4. c2–c3 Sg8–f6. (Greco führt eine nette Variante an: 4. De7, 5. 0–0 d6, 6. d4 Lb6, 7. Lg5 f6, 8. Lh4 g5?, 9 Sg5: fg, 10. Dh5+ Kd7, 11 Lg5: Dg7? 12 Le6+ Ke6: 13. De8+ S8e7, 14. d5 matt; die Eröffnung mutet ganz modern an, Schwarz sollte aber 7. ... Sf6 spielen.) 5. d2–d4 e5×d4, 6. c3×d4 Lc5–b4+, 7 Sb1–c3 Sf6×e4, 8. 0–0 Se4×c3. (Heute weiß man, daß das Schlagen mit dem Läufer weniger gefährlich ist.) 9 b2×c3 Lb4×c3, 10. Dd1–b3. (Als genauer gilt 10. Lc1–a3.) 10. ... Lc3×d4. (Greco erwähnt auch 10. ... Lc3×a1, 11. Lc4×f7+ Ke8–f8, 12. Lc1–g5 zum Vorteil von Weiß. Schwarz verteidigt sich am besten mit 10. ... d7–d5.) 11. Lc4×f7+ Ke8–f8, 12. Lc1–g5 Ld4–f6, 13. Ta1–e1 Sc6–e7, 14. Lf7–h5 Se7–g6, 15. Sf3–e5 Sg6×e5, 16. Te1×e5 g7–g6, 17 Lg5–h6+ Lf6–g7, 18. Te5–f5+ Kf8–e7, 19. Tf1–e1+ Lg7–e5, 20. Te1×e5+ Ke7–d6, 21. Db3–d5 matt.

Daraus entwickelte sich fast von selbst die Gegenidee, die Figuren auf geeignete Plätze unvertreibbar aufzustellen, den König zu sichern, Opfer anzunehmen und schließlich mit der Übermacht zu gewinnen. Den Wert des Bauern unterstrich vor allem der Franzose Philidor, der seine Figuren hinter einer Phalanx von Bauern aufmarschieren ließ.

Den »gesündesten Plan, den die Schachgeschichte kennt«, analysierte der frühere Weltmeister Emanuel Lasker aus den Partien Delabourdonnais. Er formulierte ihn in seinem »Lehrbuch des Schachspiels« so: »Jede entwickelte Einheit des Feindes in der Mitte des Brettes zu bekämpfen mit einer Kraft, die der feindlichen die Waage halten kann, und dem in der Mitte zurückgeworfenen Feinde mit einem wohlpostierten Vorposten in seine Reihen zu folgen.« Nehmen wir als Vorbild eine der vielen Partien, die der Franzose mit seinem englischen Widerpart in Wettkämpfen austrug (um 1835).

Delabourdonnais–Macdonnell (Damengambit). 1. d2–d4 d7–d5, 2. c2–c4 d5×c4, 3. e2–e3 e7–e5, 4. Lf1×c4 e5×d4, 5. e3×d4 Sg8–f6, 6. Sb1–c3 Lf8–e7, 7 Sg1–f3 0–0, 8. Lc1–e3 c7–c6, 9. h2–h3. Weiß will sich nicht durch Lc8–g4 oder Sf6–g4 stören lassen und »opfert« ein Tempo. 9. ... Sb8–d7, 10. 0–0 Sd7–b6, 11. Lc4–b3 Sf6–d5, 12. a2–a4 a7–a5, 13. Sf3–e5. Der Vorposten betont die Herrschaft über die Mitte. 13. ... Lc8–e6,

195

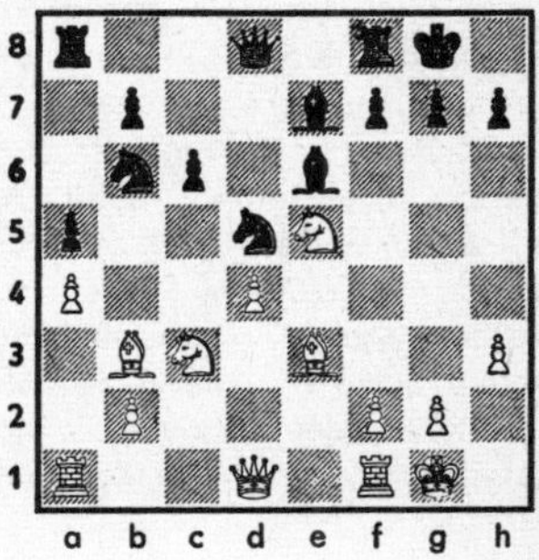

14. Lb3–c2. »Weiß beginnt, seine Offiziere gegen den feindlichen König zu häufen. Der nur vom König verteidigte Punkt h7 ist das erste Angriffsziel« (Dr. Lasker).

14. ... f7–f5. Schwächt die Punkte e6 und e5. Der weiße Springer ist nun unvertreibbar. **15. Dd1–e2 f5–f4.** »Schwarz öffnet dem Lc2 die Angriffslinie wieder; das ist bedenklich.« (Dr. L.) **16. Le3–d2 Dd8–e8, 17. Ta1–e1 Le6–f7, 18. De2–e4.** «Weiß geht zum Sturm über.« **18. ... g7–g6, 19. Ld2×f4 Sd5×f4, 20. De4×f4 Lf7–c4, 21. Df4–h6 Lc4×f1, 22. Lc2×g6.** »Alle Hemmungen werden beiseite gerissen.« **22. ... h7×g6, 23. Se5×g6 Sb6–c8.** (Etwas längeren Widerstand leistete nach Dr. Lasker Le7–f6, 24. Te1×e8 Tf8×e8, 25. Kg1×f1.) **24. Dh6–h8+ Kg8–f7, 25. Dh8–h7+ Kf7–f6, 26. Sg6–f4** (droht Sc3–e4 matt), **26. ... Lf1–d3, 27. Te1–e6+ Kf6–g5, 28. Dh7–h6+ Kg5–f5, 29. Te6–e5** matt.

Noch entschiedener kam der gleiche Plan in den Partien Paul Morphys, des genialen Amerikaners aus Louisiana, zum Ausdruck. Er spielte nur zwei Jahre lang (1857/58) ernstes Turnierschach, schlug aber in dieser Zeit alles, was sich ihm in den Weg stellte. Morphy betrachtete Schach als Kunst; er widmete sich dem Spiel mit fast religiöser Hingabe. Geldpreise lehnte er ab. Die ihm zukommenden Preise verwendete er dazu, die Spesen der ihm Unterlegenen zu übernehmen. Hier ein Beispiel seiner Partieführung, in dem der skizzierte Partieplan klar erkennbar ist (gespielt im Turnier zu New York 1857).

Schulten–Morphy (Königsgambit)

1. e2–e4 e7–e5, 2. f2–f4 d7–d5 »Falkbeers Gegengambit«, das sofort den Kampf um die Mitte aufnimmt und Morphys Intentionen vollkommen entspricht. 3. e4×d5 e5–e4, 4. Sb1–c3. Als richtiger betrachtet man heute 4. d3 Sf6, 5. Sd2, um die Fesselung dieses Springers zu vermeiden. 4. ... Sg8–f6, 5. d2–d3 Lf8–b4, 6. Lc1–d2 e4–e3! Schwarz opfert den e-Bauern, damit der Turm später auf der e-Linie wirkungsvoll eingreife. 7. Ld2×e3 0–0, 8. Le3–d2 Lb4×c3, 9. b2×c3 Tf8–e8+, 10. Lf1–e2 Lc8–g4, 11. c3–c4. Zeitverlust, um den Bauern zu verteidigen. Weiß hat aber schon einen schweren Stand.

196

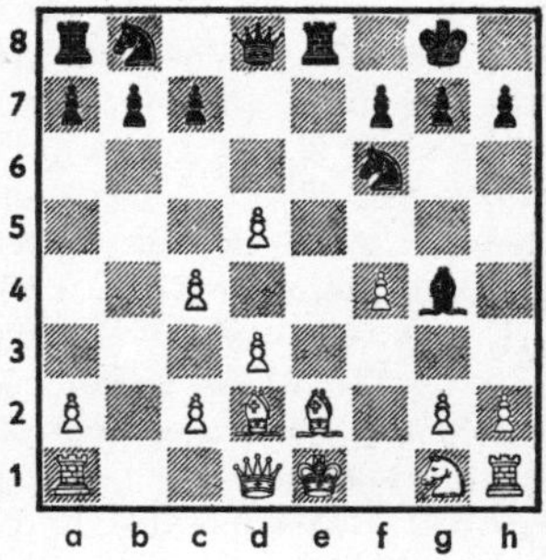

11. ... c7–c6! Ein typisches Manöver: Schwarz benützt den vorgeprschten weißen Bauern, um Linien zu öffnen und seine Entwicklung noch mehr zu fördern. **12. d5×c6(?) Sb8×c6, 13. Ke1–f1 Te8×e2!** Es beginnt bereits die Exekution. **14. Sg1×e2 Sc6–d4, 15. Dd1–b1 Lg4×e2+, 16. Kf1–f2 Sf6–g4+, 17. Kf2–g1.** (Wenn 17. Ke1, so Dh4+ nebst De7.) Jetzt aber kann Schwarz in sieben Zügen mattsetzen: **17. ... Sd4–f3+, 18. g2×f3 Dd8–d4+, 19. Kg1–g2 Dd4–f2+, 20. Kg2–h3 Df2×f3+, 21. Kh3–h4 Sg4–h6, 22. Db1–g1 Sh6–f5+, 23. Kh4–g5 Df3–h5** matt.

Auch die heutigen Meister sind auf diesen Plan angewiesen und bedienen sich seiner häufig, am eindrucksvollsten Exweltmeister Michail Tal, der den Durchbruch in der Mitte auch bei geschlossenem Partieanfang nie aus dem Auge verliert Eine Probe vom Schacholympia München 1958.

Tal–Milev (Damengambit mit Zugumstellung) 1. c2–c4 c7–c5, 2. Sb1–c3 Sb8–c6, 3. Sg1–f3 Sg8–f6, 4. e2–e3 e7–e6, 5. d2–d4 d7–d5, 6. c4×d5 Sf6×d5, 7. Lf1–c4 Sd5–b6(?) 8. Lc4–b5 a7–a6. Schwarz vernachlässigt seine Entwicklung. 9. Lb5×c6+ b7×c6, 10. 0–0 Lc8–b7, 11. Sc3–e4! Er will den Gegner zum Tausch auf d4 nötigen und so die e-Linie und die Schräge c1/h6 öffnen. 11. ... Sb6–d7, 12. Dd1–c2 Dd8–b6, 13. Sf3–e5! c5×d4. Mehr Widerstand war mit Se5: zu leisten. 14. Se5×d7 Ke8×d7, 15. e3×d4 Kd7–e8. Der Verlust der Rochade ist hier tödlich. 16. Lc1–e3 Db6–c7,

197

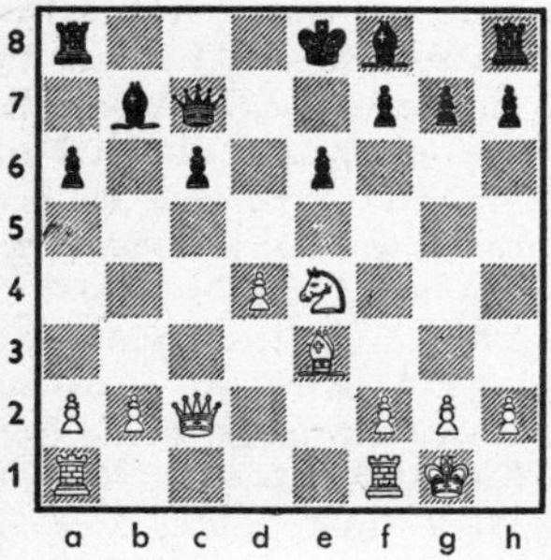

17. d4–d5!! In Verbindung mit dem nächsten Zuge eine glänzende Linienöffnungskombination – **17. ... e6×d5, 18. Tf1–e1!** (Falls nun 18. ... d5×e4, so 19. Dc2×e4+! Dc7–e7, 20. De4–d3 Ta8–d8, 21. Dd3–b3, falls 19. ... Lf8–e7, so 20. Le3–c5.) **18. ... Ke8–d8, 19. Dc2–b3 c6–c5, 20. Se4×c5.** Schwarz gab auf. Freilich kommt man nicht immer mit einem Grundplan aus; häufig ist man auf schrittweises Vorgehen angewiesen. Darüber sprechen wir in der nächsten Stunde.

35. STUNDE

Pläne und Ideen (V)

Das Läuferpaar

Vor einigen Jahrzehnten war vom »Remistod« des Schachspiels die Rede, und man glaubte, daß es notwendig wäre, die Regeln zu ändern. Man wollte die Eröffnungstheorie durch Veränderung der Grundstellung ausmerzen, das Patt höher als Remis werten und sogar ein größeres Brett und neue Figuren, die etwa Dame und Springer vereinten, einführen. Keiner dieser Vorschläge vermochte sich durchzusetzen, und das alte Schachspiel blieb, wie es war Es zeigte sich, daß niemand es zu beherrschen vermochte, wenn der echte Wille zum Kampf da war und ein vertretbares Wagnis übernommen wurde. Technisch vollendete Spieler, denen greifbare Fehler im allgemeinen nicht unterlaufen, müssen, wenn sie gegeneinander zum Erfolg kommen wollen, sehr feine Methoden anwenden. Nehmen wir den Begriff des »Läuferpaares«, der häufig eine Rolle spielt. Die Erfahrung hat gezeigt, daß es unter bestimmten Umständen von Vorteil sein kann, wenn wir beide Läufer behalten haben, während der Gegner einen oder beide gegen Springer hat abtauschen lassen. Es gehört allerdings erhebliche Erfahrung dazu, um feststellen zu können, ob die beiden Läufer gerade unter den vorliegenden Umständen gut oder weniger nützlich sind. Voraussetzung ist meistens, daß offene Linien da sind, denn »Läufer müssen laufen«.

Stehen beide Läufer nebeneinander auf den gegnerischen König gerichtet, spricht man von den »Horwitz-Läufern«. Ein Schulbeispiel ist diese Kurzpartie: 1. e2–e4 e7–e5, 2. d2–d4 e5×d4, 3. c2–c3 d4×c3, 4. Lf1–c4 c3×b2, 5. Lc1×b2 Lf8–b4+. (Theorie: d7–d5!) 6. Sb1–c3 Sg8–f6, 7. Sg1–e2 Sf6×e4, 8. 0–0 Se4×c3, 9. Se2×c3 Lb4×c3, 10. Lb2×c3 0–0.

198

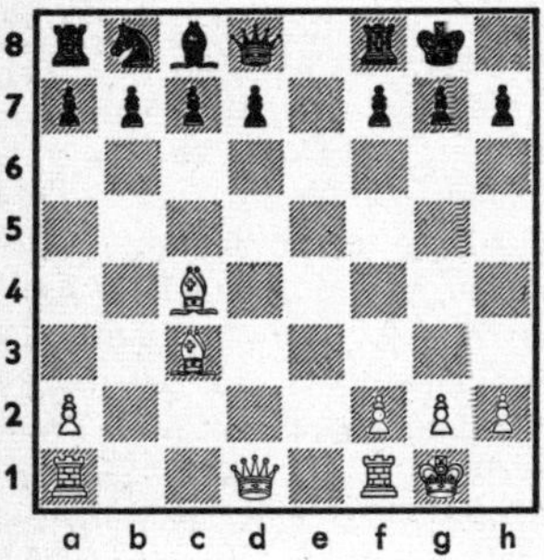

Schwarz sah nur Dd1–d4 und die Verteidigung Dd8–g5. Das Manöver **11. Dd1–g4! g7–g6** und erst jetzt **12. Dg4–d4** stellte Schwarz vor ein undeckbares Matt. Das Zusammenwirken der Läufer ist deutlich: der weißfeldrige fesselt (verhindert f7–f6), der schwarzfeldrige greift an.

Gewisse Eröffnungen neigen dazu, einer Partei das Läuferpaar »von Hause aus« in die Hand zu geben. Zu ihnen gehört vor allem die von Nimzowitsch herrührende Abart der Indischen Verteidigung (1. d2–d4 Sg8–f6, 2. c2–c4 e7–e6, 3. Sb1–c3 Lf8–b4), in der Schwarz sich eigentlich von vornherein zum Abtausch des Läufers gegen den Springer versteht. Auch in der Abtauschvariante der Spanischen Partie (1. e2–e4 e7–e5, 2. Sg1–f3 Sb8–c6, 3. Lf1–b5 a7–a6, 4. Lb5×c6) überläßt Weiß dem Gegner das Läuferpaar, erhält allerdings als Gegengewicht die bessere Bauernstruktur, und es hängt nun von den Spielern ab, wer die Probleme in seinem Sinne zu lösen versteht. In der Praxis kann sich die Aufgabe so stellen: ich besitze das Läuferpaar, aber die Stellung ist ziemlich geschlossen. Also muß ich das Brett öffnen, damit ich aus dem Besitz der Läufer Nutzen ziehen kann.

Sehr lehrreich ist in diesem Sinne die folgende Partie aus dem Aljechin-Gedenkturnier Moskau 1956. Bronstein–Golombek. **1. d2–d4 Sg8–f6, 2. c2–c4 e7–e6, 3. Sb1–c3 Lf8–b4, 4. Sg1–f3 b7–b6, 5. e2–e3 Lc8–b7, 6. Lf1–d3 Sf6–e4.** Schwarz will dem Gegner einen Doppelbauern verschaffen, den er als Gegenwert für die Aufgabe des Läuferpaares ansieht. **7. 0–0 Lb4×c3.** Als zu gefährlich erwies sich in der Partie Denker–Fine, USA 1944, 7. . . . Sc3:, 8. bc Lc3:, 9. Tb1 La5, 10. La3 d6, 11. c5! 0–0, 12. cd cd, 13. e4 Te8, 14. e5 de, 15. Se5:, und Weiß hat das Spiel vorteilhaft geöffnet. **8. b2×c3 0–0.** (Sehr interessant ist 8. . . Se4×c3, 9. Dc2 Lf3:!, 10. gf Dg5+, 11. Kh1 Dh5, 12. Tg1! Df3:+, 13. Tg2 f5, 14.

Lb2! Se4, 15. d5! mit Angriff für Weiß.) **9. Sf3–e1!** So gelingt es Weiß, den Springer zurückzujagen und schließlich das Feld e4 zu besetzen. Er muß allerdings in Kauf nehmen, daß vorübergehend der weißfeldrige Läufer »degradiert« wird **9. ... f7–f5, 10. f2–f3 Se4–f6, 11. a2–a4 Sb8–c6, 12. e3–e4 f5×e4, 13. f3×e4 e6–e5.** Schwarz mußte mit Lc1–g5 nebst e4–e5 rechnen. Ein noch größeres Übel wäre h7–h6 gewesen, das den Königsflügel zu stark schwächt **14. Lc1–g5 Dd8–e7.** Natürlich nicht e5×d4, 15 c3×d4 Sc6×d4, 16. e4–e5. **15. Se1–c2 De7–d6.** Offenbar will Schwarz d4–d5 erzwingen, das strategisch für ihn sehr erfreulich wäre. Weiß findet jedoch taktische Mittel, ihn daran zu hindern.

199

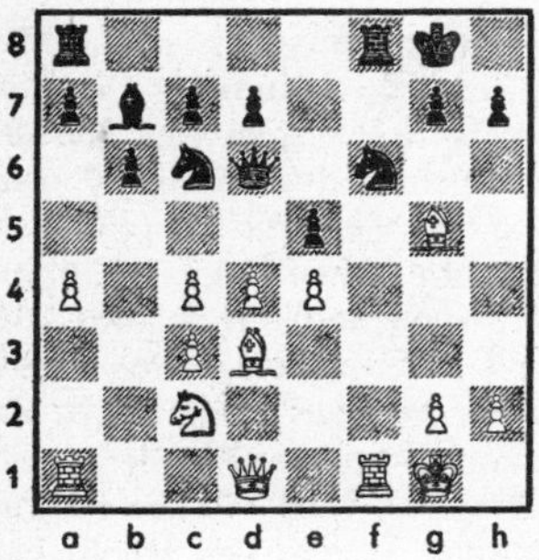

16. Lg5–h4! Denn nun würde e5×d4 17. c3×d4 Sc6×d4? wegen 18 Lh4–g3! Dd6–c5, 19 Lg3–f2! eine Figur kosten. **16. ... Ta8–e8, 17. Lh4–g3 Dd6–e7, 18. Sc2–e3!** Wiederum 18. ... ed?, 19 Sf5 Dd8, 20 cd Se4:, 21. Dg4! Das zeichnet den großen Meister aus, daß er alle Nuancen der Position erkennt und ausnützt. **18. ... d7–d6, 19. Lg3–h4.** Damit der Springer mit mehr Nachdruck nach d5 gehen kann. **19. ... Sc6–d8, 20. Se3–d5.** Der starke Vorposten muß getauscht werden. So erwacht der Ld3 wieder zum Leben. **20. ... Lb7×d5, 21. c4×d5.** Es droht nun Lb5. **21. ... c7–c6, 22. Dd1–b3! Kg8–h8, 23. Ta1–e1 h7–h6, 24. Db3–a3.** Hier »arbeitet« die Dame, indem sie d6 fixiert und überhaupt auf der Schrägen a3/f8 Druck ausübt. **24. ... g7–g5, 25. Lh4–g3 Sf6–d7.** Sofort verlöre 25. ... Sh5 wegen 26. Le5:+ de, 27. De7: Tf1:+, 28 Tf1: Te7:, 29. Tf8+ usw **26. d5×c6 Sd8×c6, 27. Ld3–b5.** Jetzt stehen beide Läufer aggressiv. Ihre dynamische Wucht entscheidet die Partie sehr rasch. **27. ... Tf8×f1+, 28. Te1×f1 Sc6–b8, 29. Lb5–c4.** Der Turm will nach f7 **29. ... Te8–f8, 30. Tf1×f8+ De7×f8.** Nun ist der Sd7 überfordert, so daß Weiß einen Bauern erobern kann. **31. d4×e5 Sd7–c5.** (d6×e5 hätte wegen Da3×f8+ Sd7×f8 Lg3×e5+ den Sb8 gekostet.) **32. e5×d6 Sc5×e4.**

200

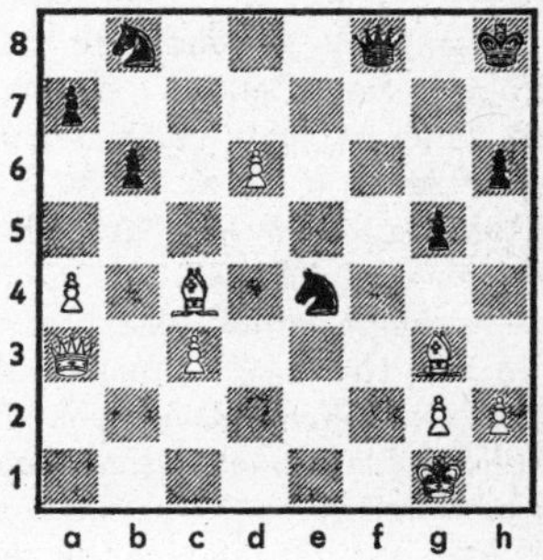

33. d6–d7! Ein hübsches Damenopfer krönt die Partie, in der Weiß den Grundgedanken glänzend zur Geltung gebracht hat. Die Läufer haben so viele offene Linien, wie sie brauchen. Nimmt Schwarz die Dame, so wird er von der auf d8 neu erstehenden Madam rasch mattgesetzt. Bei 33. ... Sd7:, 34. Df8:+ Sf8:, 35. Le5+ Kh7, 36. Ld3 ginge der Se4 verloren. **33. ... Se4–c5, 34. Lg3–e5+ Kh8–h7, 35. Lc4–d3+!** Ein vernichtendes Schachgebot, möglich, weil die Df8 ungedeckt ist. Schwarz gab auf. Bei 35. ... Kh7–g8, 36. Da3–a2+ gäbe es ein klassisches Bild des Angriffs auf drei Diagonalen zu sehen.

36. STUNDE

Pläne und Ideen (VI)

Der Turm auf der offenen Linie

Der geniale Rigaer Großmeister Aaron Nimzowitsch (1886 bis 1935) sprach in seinem Werk »Mein System« von der **offenen Linie** als dem »Liebling« unter seinen Geisteskindern. Damit ist der Wirkungsbereich für die stärksten Figuren, die Türme und die Dame, gemeint. Besonders für die Türme, weil die Dame ja auch auf den Schrägen zur Geltung kommen kann (unter »Linien« versteht man die Vertikalen a bis h).

Im Anfangsstadium der Partie sind alle Linien geschlossen. Wenn ein Bauer schlägt, öffnet sich gleichzeitig eine Linie. Auch dann erhalten wir eine offene Linie, wenn ein feindlicher Stein einen unserer Bauern beseitigt.

Der Wert der offenen Linie für die Türme leuchtet ohne weiteres ein. Wir haben im Laufe unseres Lehrganges schon viele Nutzanwendungen kennengelernt. Das Rüstzeug, das Nimzowitschs Lehre dem Schachspieler liefert, verdient dennoch Beachtung. Einige beachtenswerte Sätze wollen wir zusammenstellen. 1. Das Ziel jeder Linienoperation besteht im Eindringen in das gegnerische Lager (meistens die 7. oder 8. Reihe von Weiß aus gesehen).

201

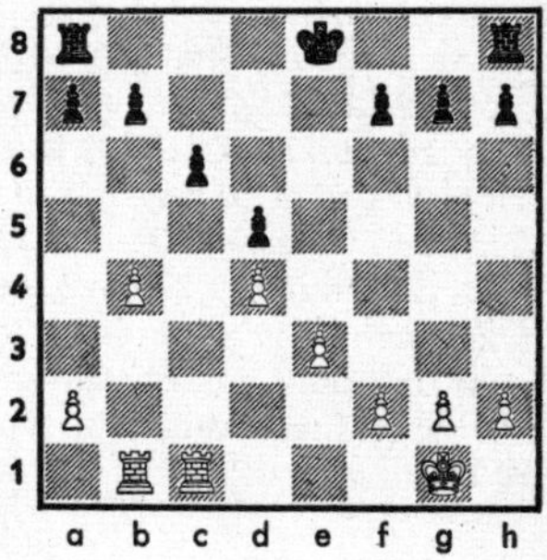

2. Hindernisse sollen angegriffen und schließlich beseitigt werden. Ein typisches Beispiel zeigt Bild 201, ein Schema, das wir im Prinzip schon als »Minderheitsangriff« kennengelernt haben. Der Tc1 stößt auf dem Wege nach c7 auf das Hindernis c6. Es wäre zwecklos, diesen Bauern, der gut geschützt ist, mit Figuren angreifen zu wollen. Weiß erzwingt mit **1. b4–b5!** das Eindringen eines Turmes und schafft beiden Türmen einen idealen Wirkungsbereich.

3. Das Eindringen kann mitunter auf »revolutionärem« Wege erreicht werden (siehe Bild 202). Die h-Linie ist zwar geschlossen (Bh2), durch schrittweises Vorgehen können die Türme trotzdem via f-Linie auf die h-Linie gelangen und sie von h3 ab als Angriffsbasis ausnützen. Nun würde 1. Tf3–h3? wegen

202

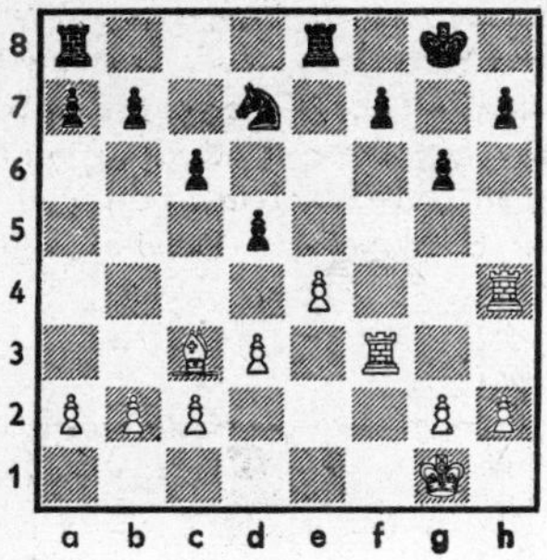

Sd7–f8 keinen Erfolg haben (der evolutionäre Angriff); Weiß muß revolutionär vorgehen, indem er nicht auf h7, sondern auf h8 zielt und einen Turm preisgibt: **1. Th4×h7! Kg8×h7, 2. Tf3–h3+ Kh7–g8, 3. Th3–h8** matt.

203

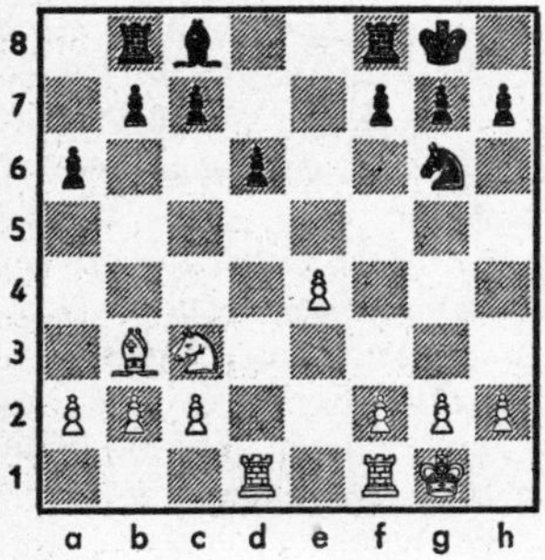

4. Man bilde einen Vorposten und besetze ihn. Der richtige Platz für den Vorposten liegt auf der offenen Linie, im feindlichen Lager und wird **von einem eigenen Bauern gedeckt.** Das soll Bild 203 erläutern. Weiß könnte hier auf der d-Linie keine Fortschritte machen, verfügte er nicht über den Zug **1. Sc3–d5!,** der den Vorpostenpunkt auf der d-Linie besetzt. Der Be4 ist wichtig, weil Schwarz sich sonst mit c7–c6 nebst d6–d5 sicherstellen könnte. Jetzt aber entstünde nach **1. . . . c7–c6, 2. Sd5–c3** eine Schwäche auf d6, und Weiß könnte auf der d-Linie weiterarbeiten.

204

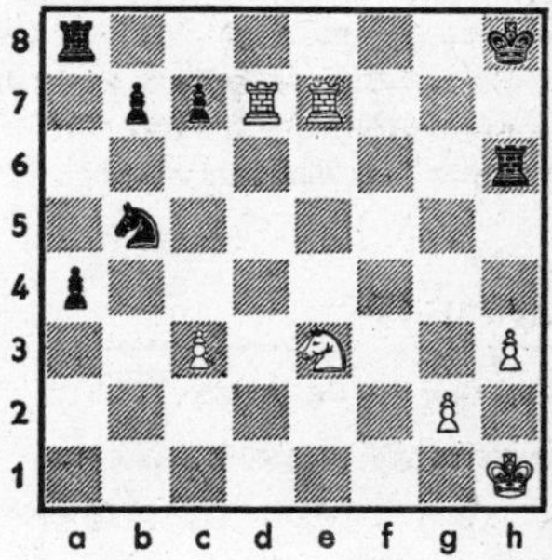

5. Ist der Turm auf die vorletzte Reihe (von Weiß aus die 7., von Schwarz aus die 2.) vorgedrungen, suche er sich ein Angriffsziel. In Bild 204 ist es der Punkt h7, auf den Weiß ausgeht: **1. Se3–f5 Th6–h5, 2. g2–g4!** (Eile tut wegen des freien a-Bauern not!) **2. . . . Th5×h3+, 3. Kh1–g2**; der Turm hat keinen sicheren Platz mehr auf der h-Linie, und

205

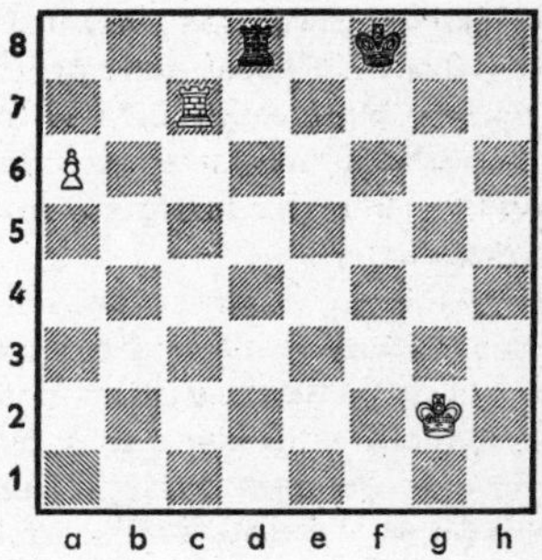

3. . . . Th3×c3 wird mit **4. Te7–h7+ Kh8–g8, 5. Td7–g7+ Kg8–f8, 6. Th7–h8** matt erledigt.

6. Im Endspiel gewinnt ein Turm auf der 7 Reihe in Verbindung mit einem Freibauern fast regelmäßig, wenn der feindliche König auf der letzten Reihe steht, sie nicht verlassen kann und ein Stück vom Freibauern entfernt ist. Das klassische Beispiel zeigt Nr. 205 Schwarz hat keine Verteidigung, denn er kann gegen a6–a7, Tc7–b7 und Tb7–b8 (+) nichts tun. Ähnlich ist es in Nr.

206

206. Weiß verschafft sich mit **1. Tf1×f6!** die 7. Reihe »absolut«, so daß es für Schwarz nach **1. . . . g7×f6, 2. b6–b7** keine Abwehr gegen 3. Ta7–a8+ nebst 4. b7–b8D gibt Auf 2. . . . Kg8–g7 käme 3. b7–b8D mit Abzugsschach! (Stünde hier der Bh7 auf g7, könnte der König sich auf h7 verstecken.)

7. Zwei Türme auf der 7. Reihe können den feindlichen König aus der Ecke heraustreiben und Matt- oder Doppelangriffe drohen Bild 207 macht das deutlich Weiß könnte mit »ewigem Schach« Remis errei-

207

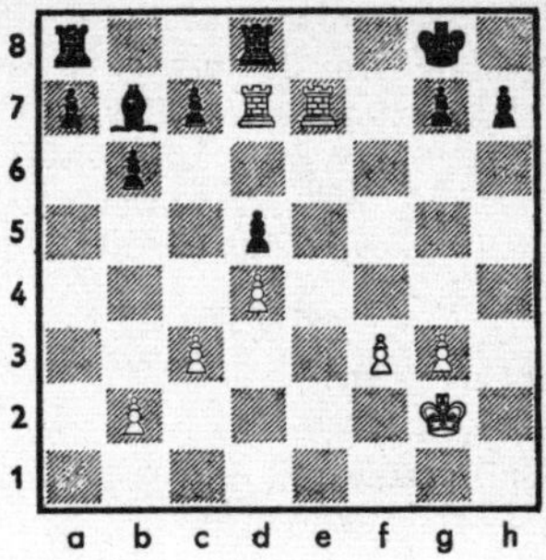

chen, strebt aber mit Recht mehr an: **1. Te7×g7+ Kg8–f8, 2. Td7–f7+ Kf8–e8, 3. Tf7×c7.** Nun droht 4. Tg7–g8 matt, so daß Schwarz den Läufer nicht zu retten vermag. **3. . . . Ke8–f8, 4. Tg7×h7.** Wieder droht das Umgehungsmatt auf der 8. Reihe. **4. . . . Kf8–g8, 5. Tc7–g7+.** Gewinnt gegenüber sofortigem Schlagen des Läufers ein Tempo. **5. . . . Kg8–f8, 6. Tg7×b7.** Wieder droht matt **6. . . . Kf8–g8, 7. f3–f4.** In der Absicht, den Bauern nach f6 vorzustoßen und dann Tb7–g7+ Kg8–f8 Th7–h8 matt zu spielen. Schwarz hat dagegen auf die Dauer keine Verteidigung. Ebenso wie Nimzowitsch hoffen wir, daß unsere Ausführungen über die offene Linie dazu beitragen, unseren Lesern die Augen zu öffnen!

37. STUNDE

Pläne und Ideen (VII)

Fast in jeder Schachpartie hat das Spiel mit und gegen Bauern, insbesondere Freibauern (denen auf dem Wege zum Umwandlungsfeld keine feindlichen Bauern hinderlich im

Wege stehen), große Bedeutung. So ist die immer wieder gestellte Frage, ob ein vereinzelter Bauer stark oder schwach sei, von Fall zu Fall zu beantworten. Dabei spielen immer Art und Stellung der auf dem Brett vorhandenen Figuren hinein.

»Gedeckter Freibauer«

Grundsätzlich ist es ratsam, wenn möglich Freibauern festzulegen und ihr weiteres Vorrücken zu verhindern. Je geringeren Wert die Blokkadefigur hat, um so besser ist sie geeignet. Zu berücksichtigen ist auch, ob sie vom Blockadefeld Wirkung ausübt. Einen Idealfall zeigt Diagramm 208.

208

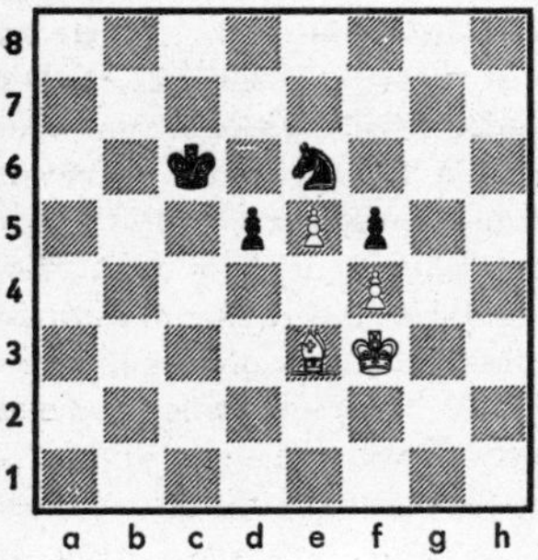

Nähme man hier die Figuren vom Brett, wäre Schwarz glatt verloren, denn der gedeckte Freibauer e5 zwänge den König, ihn zu bewachen; inzwischen liefe der weiße König nach d4 und eroberte schließlich den Einzelbauern d5. Der Springer ist nun ein vorbildlicher Blokkeur, der nicht nur den Bauern am Vorrücken hindert, sondern gleichzeitig f4 angreift und außerdem das Vorgehen seines d-Bauern unterstützt. Ähnliche Bewandtnis hat es mit dem Tarraschschen Satz, daß eine bewegliche Bauernmehrheit am Flügel einer unbeweglichen in der Brettmitte vorzuziehen sei. Ein Läufer auf e6 wäre hier für Schwarz

209

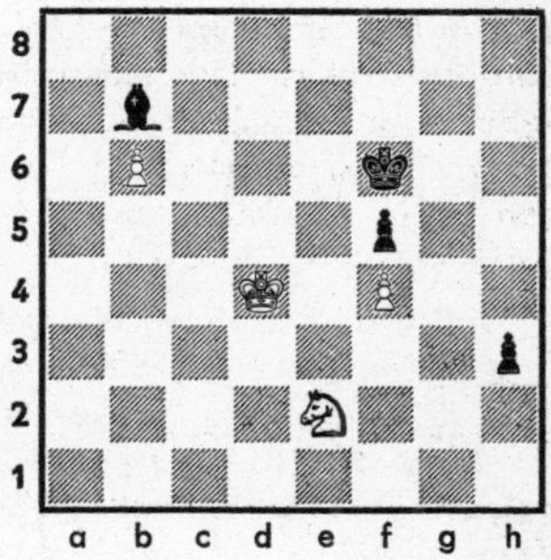

weit weniger nützlich. Anders ist es in Bild 209. Der Läufer auf b7 blokkiert nicht nur, er unterstützt auch den Bh3. Schwarz würde nach h3–h2 den Springer erobern und die Partie gewinnen. Ein Springer auf b7 könnte dagegen am Kampf nicht teilnehmen, sondern müßte so lange untätig ausharren, bis »Entsatz« erscheint.

Schwäche und Kraft des vereinzelten Bauern

Der Einzelbauer (Isolani) im Zentrum neigt immer dann zu einer Schwäche, wenn es nicht gelingt, ihn durch einen Vorstoß aufzulösen oder seinen Wert durch Besetzung der von ihm kontrollierten Punkte auszunützen. Bild 210 ist der Ausgangspunkt einer prächtigen Endspielleistung des früheren Weltmeisters Dr. Emanuel Lasker (* 1868, † 1941), der die schwarzen Steine gegen Rubinstein führte (Moskau

210

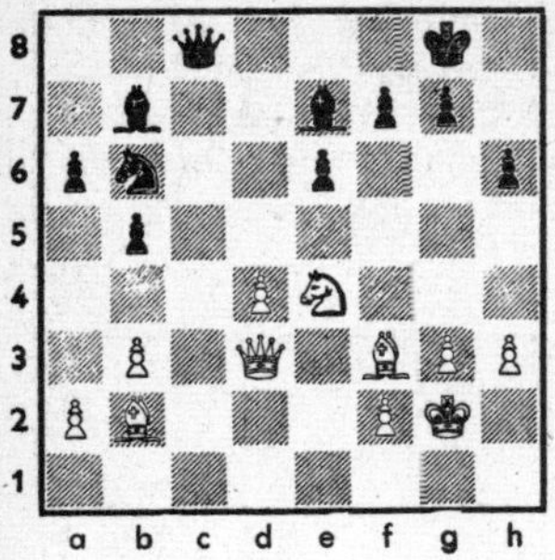

1925). Auffallend ist dabei die vielseitige Verwendung des Blockadefeldes d5 seitens des Schwarzen. Nach **1. ... Sb6–d5!** zog Weiß **2. a2–a3,** um nicht ständig mit Sd5–b4 rechnen zu müssen. Damit hat er aber nicht nur a3 dem Zugriff des Le7 ausgesetzt, sondern auch den Bauern b3 geschwächt. Lasker gruppierte sofort um: **2. ... Sd5–b6! 3. Kg2–h2.** (Weiß wartet ab; er findet keine Möglichkeit, seine Figuren stärker zu postieren.) **3. ... Lb7–d5, 4. Kh2–g2 Dc8–c6, 5. Se4–d2 a6–a5!** Er will a5–a4 folgen lassen und erobert auf diese Weise nicht nur den Punkt c4, sondern legt auch a3 fest. Stünde der weiße Bauer noch auf a2, könnte Weiß einfach verharren. **6. Dd3–c3.** Der Damentausch führt geradewegs in ein verlorenes Endspiel. **6. ... Ld5×f3+! 7. Sd2×f3.** (Oder 7. Df3: Dc2, 8. Db7? Sd5!) **7. ... Dc6×c3, 8. Lb2×c3 a5–a4! 9. b3×a4 b5×a4.** Weiß kann nun den a-Bauern nicht mehr verteidigen und verliert. 10. Lb2? wäre wegen 10. ... Sc4 zwecklos, und 10. Lb4 hätte 10. ... Lb4: 11. ab a3, 12. Sd2 Sd5, 13. b5 Kf8 zur Folge. Schwarz holt sich schließlich den b-Bauern und verwertet siegreich den freien a-Bauern. In der Partie geschah noch: **10. Kg2–f1 Le7×a3, 11. Kf1–e2 Kg8–f8, 12. Ke2–d3 Sb6–d5, 13. Lc3–e1 La3–d6, 14. Kd3–c4 Kf8–e7, 15. Sf3–e5 Ld6×e5, 16. d4×e5 Ke7–d7, 17. Le1–d2 h6–h5, 18. Ld2–c1.** (Oder 18. Kb5 a3, 19. Lc1 Sc3+, 20. Kc4 a2, 21 Lb2 Sd1 usw.) **18. ... Kd7–c6, 19. Lc1–a3 Sd5–b6+, 20. Kc4–d4 Kc6–b5, 21. La3–f8 Sb6–c4, 22. Kd4–c3 g7–g6, 23. f2–f4 Sc4–e3, 24. Kc3–d3 Se3–d5.** Beabsichtigt h5–h4. Weiß kann nicht gut selbst h3–h4 ziehen wegen des Springermanövers Sd5–b6–c4, und diese Figur gelangt nach f5.

25. Lf8–a3 h5–h4, 26. g3×h4 Sd5×f4+, 27. Kd3–e4 Sf4–h5. Nicht etwa Sh3:, denn nach Kf3–g3–f2–g3 und so fort käme der Springer nicht mehr zur Ruhe. **28. Ke4–f3 Kb5–c4, 29. La3–b2 Kc4–b3, 30. Lb2–a1 a4–a3, 31. Kf3–g4 Kb3–c2, 32. Kg4–g5 Kc2–d3!** Weiß gab auf, denn wandert sein König nach f7, kommt der schwarze gerade auf f5 zurecht. Vollendetes Schach tritt am deutlichsten im Endspiel auf. Beide Kontrahenten dieser Partie gehören zu den größten Endspielkünstlern, die es gegeben hat.

In diesem Beispiel ist der »Isolani« des Weißen überhaupt nicht zur Geltung gekommen; er war festgelegt, das Feld vor dem Bauern (d5) befand sich in der Hand des Schwarzen, und für den Besitzer des Einzelbauern ist also wesentlich anzustreben, daß er das Feld vor dem Bauern beherrscht. Einmal, um Blockadefiguren abtauschen zu können, zum zweiten, um gelegentlich mit dem vereinzelten Bauern vorzurücken und so das feindliche Spiel in Unordnung zu bringen. Sehen wir hierzu ein Partiefragment Dr. Aljechin–Sultan Khan, Bern 1932 (Diagramm 211).

211

Das Bauernopfer **1. d4–d5!** leitet die scharf berechnete Angriffswendung ein: der Bauer gibt sein Leben wie weiland Winkelried und schlägt eine Bresche in die feindlichen Reihen. Die von Aljechin analysierte Idee zeigt die geistreiche Variante 1. ... e6×d5, 2. Tc1–e1 Lb5–e2, 3. Sb6–a4! d5–d4, 4. Sa4–c5 De4–c2, 5. Te1×e2 Dc2–d1+, 6. Te2–e1 Dd1×d2, 7. Kg1–f1, »und Schwarz wird gegen die zahlreichen Drohungen keine Verteidigung haben«, z. B. 7. ... Kg8, 8. Se6 g6, 9. Sd8: De1:+, 10. Ke1: Ld6+, 11. Kd2 Lg3:, 12. hg Td8:, 13. Tc6 Td5, 14. b4. – Schwarz wich aus, verlor aber noch rascher: **1. ... Kf7–g8, 2. Tc1–e1 De4–f5, 3. Ld2–b4!** (die Schwäche von g7 entscheidet). **3. ... Td8–d7, 4. Tc7×d7 Lb5×d7, 5. Lb4×e7 e6×d5** (Te7: 6. Dd6), **6. Dg3–d6.** Schwarz gab auf. Schließlich wollen wir auch zeigen, wie der vereinzelte Bauer als Stützpunkt wertvolle Dienste leistet. Bild 212 stammt aus der Partie Botwinnik gegen Dr. Vidmar, Nottingham 1936. Wir sehen hier die im Zu-

212

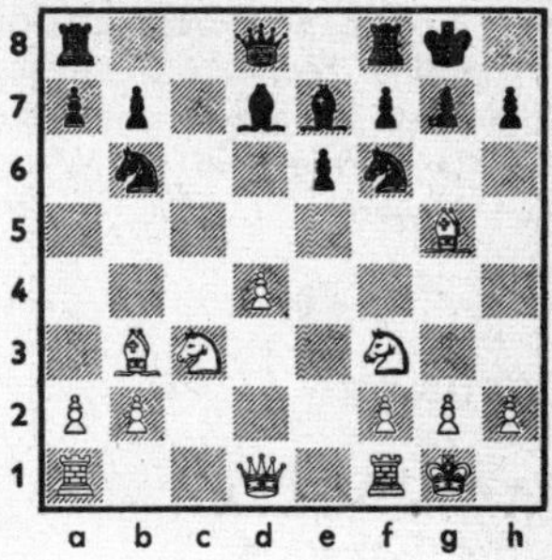

sammenhang mit dem Einzelbauern zweckmäßigste Aufstellung der beiden Springer: der eine beherrscht das Feld vor dem Bauern, der andere steht bereit, den Vorpostenpunkt e5 zu besetzen. Auch die weißen Läufer stehen strategisch günstig. Botwinnik spielte **1. Dd1–d3** (Schwarz muß nun mit Lc2 nebst Lf6: rechnen). **1. ... Sb6–d5** (besser ging der andere Springer dorthin). **2. Sf3–e5! Ld7–c6, 3. Ta1–d1 Sd5–b4, 4. Dd3–h3! Lc6–d5, 5. Sc3×d5 Sb4×d5.** (Wiederum wäre besser 5. ... Sf6×d5 geschehen, damit 6. f2–f4 mit f7–f5! beantwortet werden konnte.) **6. f2–f4 Ta8–c8.** (Nicht angängig war 6. ... Se4 wegen 7. Sf7:! Tf7:, 8. De6: bzw. 7. ... Kf7:, 8. Tde1!, wie Botwinnik feststellte.) **7. f4–f5 e6×f5, 8. Tf1×f5 Dd8–d6.** (Auch andere Züge retten nicht mehr, z. B. 8. ... Tc7, 9. Tdf1 a6, 10. Sf7: Tf7:, 11. Ld5: Sd5:, 12. Tf7: Lg5:, 13. De6! oder 8. ... Tc7, 9. Tdf1 Sb6, 10. Dh6 Sbd5, 11. Sf7: Tf7:, 12. Ld5: Sd5:, 13. Tf7: Lg5:, 14. Dg5:!) **9. Se5×f7 Tf8×f7, 10. Lg5×f6 Le7×f6, 11. Tf5×d5 Dd6–c6, 12. Td5–d6 Dc6–e8, 13. Td6–d7.** Schwarz gab auf. Der Einzelbauer wurde in die kräftige Aufstellung der weißen

Figuren prächtig eingefügt. Im Schach kommt es darauf an, die Vorteile einer Sachlage zu verwerten und den Gegner daran zu hindern, die Nachteile in die Waagschale zu werfen.

38. STUNDE

Pläne und Ideen (VIII)

Die zwei Schwächen

Der Erfolg hängt in der Schachpartie häufig davon ab, ob es möglich ist, gegen zwei Schwächen zu operieren oder abwechselnd am linken und am rechten Flügel vorzugehen. In taktischer Hinsicht zeigt sich das beim Doppelangriff, bei der Fesselung, beim Abzugsschach und so fort. Weniger offensichtlich tritt dieser Zusammenhang in der Strategie zutage.

213

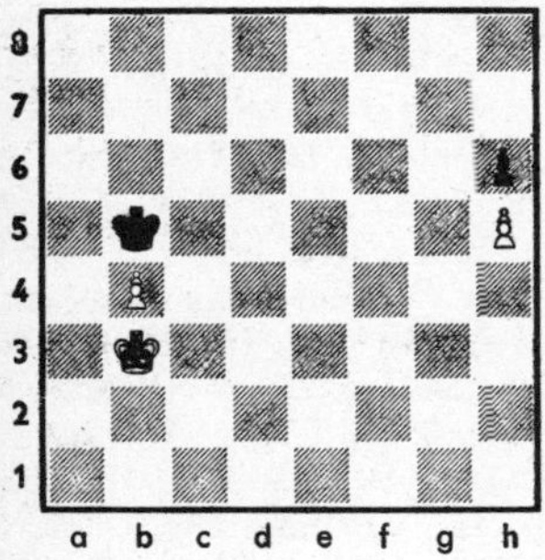

Beginnen wir mit einem grundlegenden Fall (213). Die Partie wäre remis, hätte Weiß nicht außer dem Freibauern **b4** die zusätzliche Chance, auf Gewinn des Bauern h6 zu spielen. Er gewinnt leicht etwa wie folgt: **1. Kb3–c3 Kb5–b6, 2. Kc3–c4 Kb6–c6, 3. Kc4–d4 Kc6–b5, 4. Kd4–e5 Kb5×b4, 5. Ke5–f6 Kb4–c5, 6. Kf6–g6 Kc5–d6, 7. Kg6×h6 Kd6–e7, 8. Kh6–g7** (gerade rechtzeitig!) und Weiß verwandelt den Bauern. Nicht viel anders ist es im Schlußspiel Nimzowitsch–Janowski, Karlsbad 1907 (Bild 214).

214

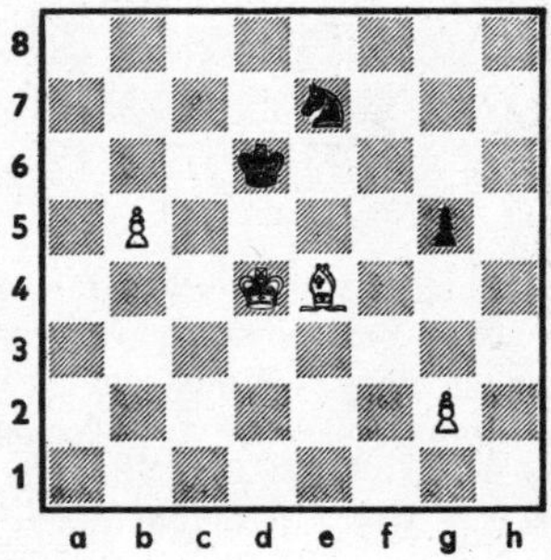

Ohne das Bauernpaar auf der g-Linie hätte Weiß keine Gewinnchance, weil es dem Gegner gelingen würde 1. den Bauern auf der b-Linie zu blockieren, 2. seinen Springer gegen den Bauern zu opfern und so ein theoretisches Remis-Endspiel herbeizuführen. Die zusätzliche Verpflichtung, die das Vorhandensein der Bauern auf der g-Linie für Schwarz mit sich bringt, bedeutet seine Niederlage. – Der Schluß der Partie verlief: **1. b5–b6 g5–g4.** (Oder 1. . . . Se7–c6+, 2. Le4×c6 Kd6×c6, 3. Kd4–e5.) **2. b6–b7 Kd6–c7, 3. Kd4–e5 g4–g3, 4. Ke5–f4 Se7–g8, 5. Kf4×g3 Sg8–f6, 6. Le4–f3 Sf6–d7, 7. Kg3–f4 Kc7–d6, 8. Kf4–f5 Kd6–e7, 9. Lf3–c6 Sd7–b8, 10. Lc6–b5.** Schwarz gab auf.

Kampf auf zwei Flügeln

Etwas komplizierter ist das nächste Beispiel aus der Turnierpraxis, der Schluß einer Partie Petrosjan–Symslov, Moskau 1951 (215).

215

Im Prinzip ist der Grundgedanke jedoch derselbe: Nähme man die Bauern des Königsflügels (weiße und schwarze) vom Brett, wäre ein Weiterkommen für Weiß nicht möglich. So aber kann er einen interessanten Gewinnplan in die Tat umsetzen: den Turm zu opfern und mit dem König auf Bauernjagd auszugehen. Zum Schluß sind viele weiße Hunde (Bauern) des schwarzen Hasen (Läufers) Tod.

Es geschah **36. Ke2–d2.** Zwingt Schwarz zum Handeln, denn sonst büßt er nach 37. Kd2–c2, 38. Tb1–b4, 39. Kc2–b1 und so fort den a-Bauern ein. **36. ... b5–b4, 37. c3×b4+ Ka5–a4, 38. Kd2–c3 a3–a2, 39. Tb1–a1 Ka4–a3, 40. Kc3×c4.** Anders geht es nicht weiter **40. ... Ka3–b2, 41. Ta1–e1 a2–a1D, 42. Te1×a1 Kb2×a1, 43. b4–b5 Le8–d7, 44. b5–b6 Ld7–c8, 45. Ke4–d4 Ka1–b2, 46. Kd4–e5 Kb2–c3, 47. Ke5×f4 Kc3–d4, 48. Kf4–g5 Kd4–e5.** Auch wenn der König jetzt den Bauern b6 abholt, gewinnt Weiß, weil Schwarz bald den Läufer für den weißen h-Bauern opfern müßte. **49. Kg5×h5 Ke5–f6, 50. g2–g4 Lc8–b7, 51. Kh5–h6.** Schwarz gab auf (Lf3:, 52. g5+ Kf7, 53. Kh7). Das Spiel auf zwei Flügeln kommt zwar im Endspiel am häufigsten vor, hat aber auch als grundlegender Partieplan viel Interesse.

Eine schöne Illustration bietet die Partie, die Capablanca (Weiß) im Turnier zu Moskau 1935 gegen Ragosin gespielt hat. **1. d2–d4 Sg8–f6, 2. c2–c4 e7–e6, 3. Sb1–c3 Lf8–b4, 4. a2–a3 Lb4×c3+, 5. b2×c3 d7–d6.** Schwarz hat dem Weißen einen Doppelbauern verschafft und ihm dafür das Läuferpaar überlassen. **6. Dd1–c2 0–0, 7. e2–e4 e6–e5, 8. Lf1–d3 c7–c5.** Danach kann Schwarz die Schwäche c4 kaum noch ausnützen. Den richtigen Plan kennzeichnen die Züge Sb8–c6, b7–b6, Lc8–a6, Sc6–a5 und so fort. Zieht Weiß zu früh d4–d5, so besetzt nun Schwarz mit einem Springer das wichtige strategische Feld c5.

9. Sg1–e2 Sb8–c6, 10. d4–d5 Sc6–e7. (Besser Sc6–a5.) **11. f2–f3 Sf6–d7.** Weniger passiv wäre Sf6–e8, um f7–f5 vorzubereiten.

12. h2–h4. Weiß beabsichtigt einen

216 Nach dem 13. Zuge

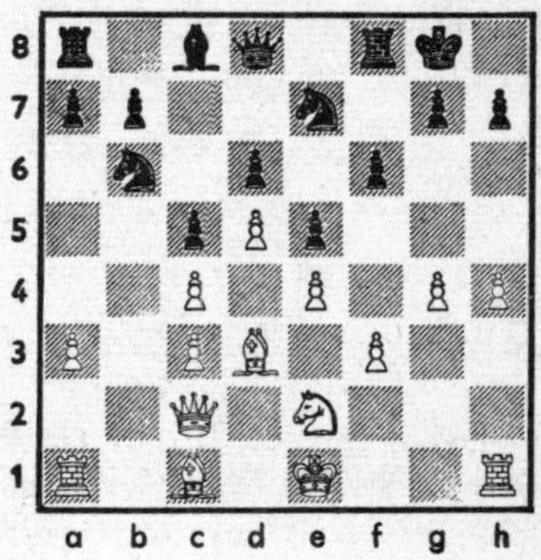

Bauernsturm am Königsflügel, der zur Linienöffnung führen soll. Er unterläßt daher die Rochade. Auf sogleich 12. g2–g4 käme Sa7–g6. **12. ... Sd7–b6, 13. g2–g4 f7–f6.** (Siehe Diagramm 216.)

Angesichts des drohenden Aufmarsches beschließt Schwarz die Flucht des Königs. Es ist die Frage, ob er nicht mit einem schleunigen Vorgehen am Damenflügel (etwa Lc8–d7, Sb6–a4, a7–a6 und b7–b5) den Gegner stärker behindert hätte **14. Se2–g3 Kg8–f7, 15. g4–g5 Se7–g8, 16. f3–f4.** (Auf 16. Sh5 käme g6.) **16. ... Kf7–e8.** Nach e5×f4 käme der Lc1 stark ins Spiel. **17. f4–f5 Dd8–e7, 18. Dc2–g2 Ke8–d8, 19. Sg3–h5!** Die Idee ist, den Springer über g7 nach e6 zu bringen. **19. ... Kd8–c7, 20. g5×f6 g7×f6, 21. Sh5–g7 Lc8–d7, 22. h4–h5 Ta8–c8, 23. h5–h6 Kc7–b8.**

Die Wanderung ist geglückt; es dauert jedoch nicht lange, und Weiß nimmt auch das neue Domizil des schwarzen Herrschers aufs Korn. Interessant ist, wie lange Capablanca mit dem Zuge Sg7–e6 wartet: Die Drohung ist stärker als

217 Nach dem 30. Zuge

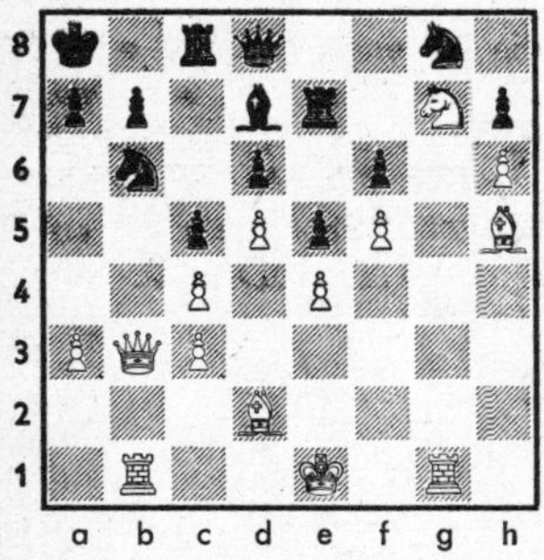

ihre Ausführung! **24. Th1–g1 Tf8–f7, 25. Ta1–b1 De7–f8, 26. Ld3–e2 Kb8–a8, 27. Le2–h5 Tf7–e7, 28. Dg2–a2 Df8–d8, 29. Lc1–d2 Sb6–a4, 30. Da2–b3 Sa4–b6** (Siehe Bild 217).

(Wenn Tb8, so 31. Se6 Le6:, 32. de mit der Drohung Lf7, oder 31. ... Db6, 32. Db6: ab 33. Sc7+ Ka7, 34. Sb5+ Lb5:, 35. cb, gefolgt von Ld1. Die Randspringer sind Sorgenkinder!) **31. a3–a4! Tc8–b8.** (31. ... La4: ist wegen 32. Da2, drohend 33. Tb6: und 33. Se6, nicht verlockend.) **32. a4–a5 Sb6–c8, 33. Db3–a2 Dd8–f8, 34. Ld2–e3 b7–b6, 35. a5–a6.**

Vertikal sind zwar hier die Zugstraßen geschlossen, aber diagonal ist das Haus offen. **35. ... Df8–d8, 36. Ke1–d2 Dd8–f8, 37. Tb1–b2 Df8–d8.** Schwarz muß abwarten, wie ihn der Gegner umzubringen gedenkt. **38. Da2–b1.** (Mit der Absicht Dd3, Se6 Le6 d5×e6, und es droht das schreckliche Dd3–d5+. Schwarz steckt einen Bauern ins Geschäft, um etwas freier atmen zu können.) **38. ... b6–b5, 39. c4×b5 Sc8–b6, 40. Db1–a2 c5–c4, 41. Da2–a3 Dd8–c7, 42. Kd2–c1 Tb8–f8, 43. Tb2–g2 Dc7–b8, 44. Da3–b4 Tf8–d8, 45. Tg2–g3 Td8–f8, 46. Sg7–e6!**

218

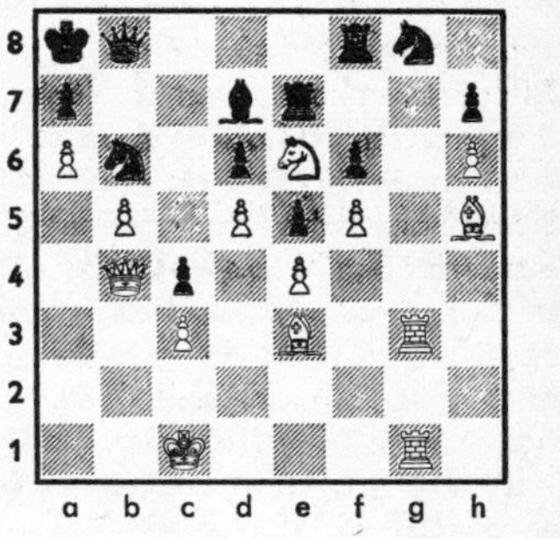

Die Zeit ist reif. **46. ... Ld7×e6.** Nach 46. ... Tf8–c8, 47. Kc1–b1

hätte Schwarz keine Züge mehr (der Versuch 47 Le8 scheitert hübsch an 48. Lb6: Lh5:, 49. Tg8. Tg8:, 50. Tg8: Dg8:, 51. Dd6: usw.) **47. d5×e6 Te7–c7.** Sonst Lf7 **48. Db4×d6 Sg8–e7, 49. Tg1–d1.** Schwarz gab auf; sein Spiel wurde kunstgerecht von zwei Seiten her aufgerollt.

Turnierpraxis

Für die Teilnehmer an Schachturnieren, ob es sich nun um Vereinsturniere oder offizielle Meisterschaften handelt, gibt es außer den im ersten Teil dieses Buches gegebenen Spielregeln noch gewisse Vorschriften, die der Weltschachbund erlassen hat. Die wichtigsten wollen wir hier anführen.

1. Jeder Spieler ist gehalten, während des Spiels die Partie (seine Züge und die des Gegners) Zug um Zug auf das für das Turnier vorgesehene Formular so klar und leserlich wie möglich niederzuschreiben.

2. In einer festgesetzten Zeit muß jeder Spieler eine bestimmte Anzahl von Zügen machen. Diese beiden Faktoren müssen im voraus festgelegt werden (in Vereinsturnieren sind es meist 40 Züge in 2 Stunden, international sind 40 Züge in 2½ Stunden üblich). Die Zeitkontrolle wird für jeden Spieler mittels einer Doppeluhr, die mit einer besonderen Vorrichtung versehen ist, ausgeübt. Wer die Zeit überschreitet, hat die Partie verloren.

3. Wenn nach Ablauf der für das Spiel vorgeschriebenen Zeit die Partie nicht beendet ist, muß der am Zuge befindliche Spieler seinen Zug in ausführlicher Notation auf das Formular niederschreiben, dieses Formular sowie das des Gegners in einen Umschlag tun, den Umschlag schließen und dann die Uhr abstellen. Der Umschlag wird vom Turnierleiter sicher aufbewahrt.

4. Im Augenblick der Wiederaufnahme ist die Stellung auf dem Brett wiederherzustellen (die auf der Außenseite des Umschlags zusammen mit der von beiden Spielern verbrauchten Zeit notiert war) und die Uhr richtig einzustellen.

5. Ein Remisvorschlag kann von einem Spieler gemacht werden, bevor oder nachdem er seinen Zug auf dem Brett ausgeführt hat, in beiden Fällen jedoch nur, während seine Uhr läuft.

6. Es ist den Spielern nicht gestattet, während der Partie sich geschriebener oder gedruckter Aufzeichnungen zu bedienen oder die Partie auf einem Brett zu analysieren; es ist gleichfalls verboten, zu Ratschlägen oder Warnungen Dritter seine Zuflucht zu nehmen, gleichgültig, ob diese dazu aufgefordert wurden oder nicht.

39. STUNDE

Standard-Endspiele (I)

Eröffnung und Mittelspiel lassen sich analytisch nicht erschöpfend darstellen, dazu sind die Möglichkeiten zu zahlreich. In diesen beiden Phasen läßt sich der Wert der Züge, insbesondere in ausgeglichenen Stellungen, nur annähernd und nicht mit wissenschaftlicher Genauigkeit beurteilen. Hier hilft dem Spieler sein »Positionsgefühl«. Wir haben im Laufe unseres Lehrganges viele Beispiele und Vorbilder gezeigt, die das Einschätzen von Stellungen ermöglichen.

Bauernendspiele für die Praxis Zugzwang

Im Endspiel, wenn sich nur noch wenige Steine auf dem Brett befinden, ist die Sache anders. Die Möglichkeiten sind weit geringer, und das Ergebnis läßt sich oft genauestens berechnen. Allerdings braucht der Spieler ein gewisses Maß an Kenntnissen, die er sich teils durch Studium, teils durch Erfahrung erwerben kann. Die für die Praxis wichtigsten Standard-Endspiele sollen unsere Leser nun kennenlernen. Beginnen wir mit einigen Bauern-Endspielen.

219

Bild Nr. 219 zeigt das richtige »Tempieren«, das im Bauernendspiel eine wesentliche Rolle spielt. Weiß am Zuge verliert mit 1 Kf6–e6? Kb6–c5 mit Zugzwang, gewinnt jedoch mit **1. Kf6–e7! Kb6–c5** (oder Kb6–c7) **2. Ke7–e6,** und nun ist umgekehrt Schwarz im Zugzwang.

220

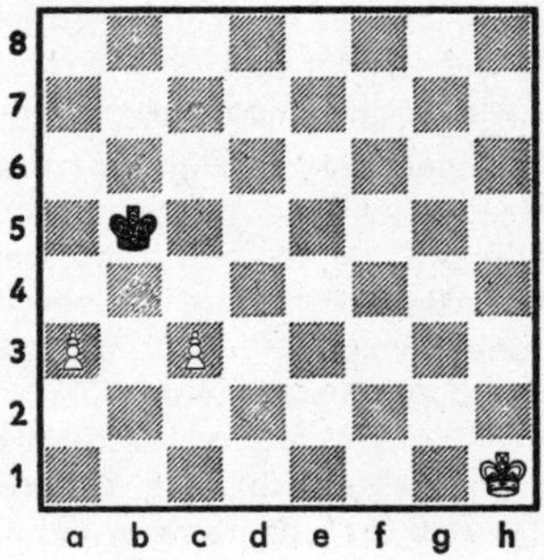

In Nr. 220 decken sich getrennte Bauern indirekt gegenseitig. Nach 1. . . . Kb5–c4, 2. a3–a4 ließe Kc4×c3 den a-Bauern durchlaufen, nach 1. . . . Kb5–a4, 2. c3–c4 Ka4×a3 den c-Bauern. Schwarz kann also nicht schlagen, so daß Weiß den König heranholen und die Bauern unterstützen kann.

221

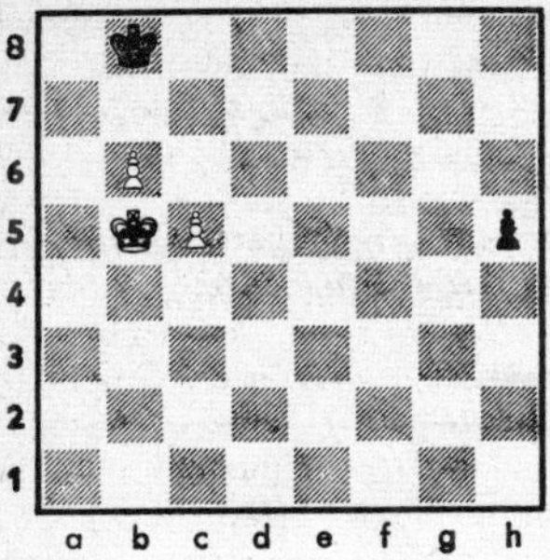

Die Macht der verbundenen Freibauern sehen wir in Nr 221, wo sie nach **1. c5–c6 h5–h4, 2. Kb5–a6! h4–h3, 3. b6–b7 h3–h2, 4. Ka6–b6 h2–h1D, 5. c6–c7** mattsetzen.

222

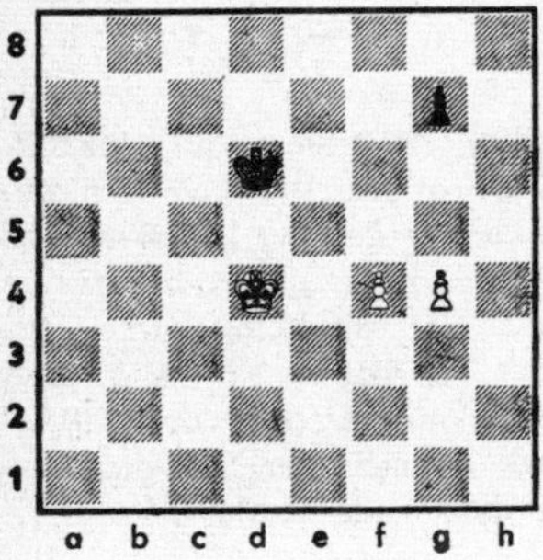

Nr. 222 ist durch einen Irrtum des Weltmeisters Capablanca berühmt geworden. In einem Lehrbuch schrieb er, daß **1. f4–f5** wegen **g7–g6** ein Fehler sei. Zwar wäre die Partie nach 2. Kd4–e4 Kd6–e7! tatsächlich remis (3. Ke4–e5 g6×f5, 4. Ke5×f5 Ke7–f7! und Schwarz hat die Opposition), aber **2. f5×g6 Kd6–e6, 3. g4–g5!** verhindert die Annäherung des Königs und gewinnt. Umständlicher ist der Umgehungsmarsch 1. Kd4–e4 g7–g6 (oder Ke6, 2. f5+ Kf6, 3. Kf4 g6, 4. g5+ Kf7, 5. f6 Ke6, 6. Ke4 Kf7, 7. Ke5 Kf8, 8. f7! Kf7:, 9. Kd6 mit schließlicher Eroberung von g6) 2. Ke4–d4 Kd6–e6, 3. Kd4–c5 Ke6–d7, 4. Kc5–d5 Kd7–e7, 5. Kd5–e5 Ke7–f7, 6. Ke5–d6 Kf7–f6, 7. Kd6–d7 Kf6–f7, 8. g4–g5 und so fort.

223

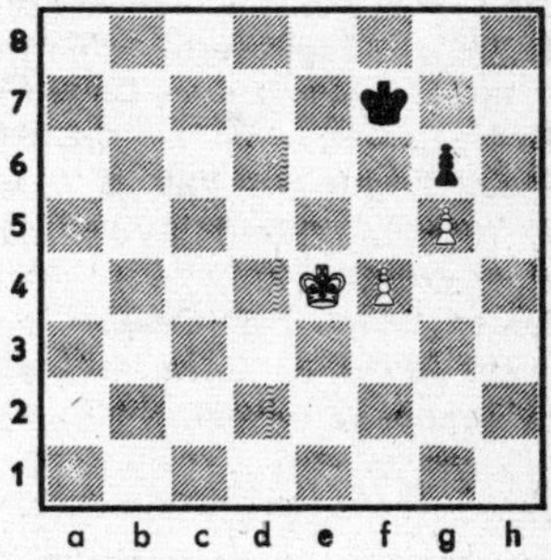

Opposition

Die »Schrägopposition« verdeutlicht Bild Nr 223. Weiß gäbe mit 1. Ke4–e5? den Gewinn aus der Hand, weil Schwarz in die Opposition geht (Kf7–e7) und ein Vordringen verhindert. Es gewinnt **1. Ke4–d5! Kf7–e7, 2. Kd5–e5 Ke7–f7, 3. Ke5–d6,** und schließlich fällt der schwarze Bauer g6.

Dreiecksmarsch

224

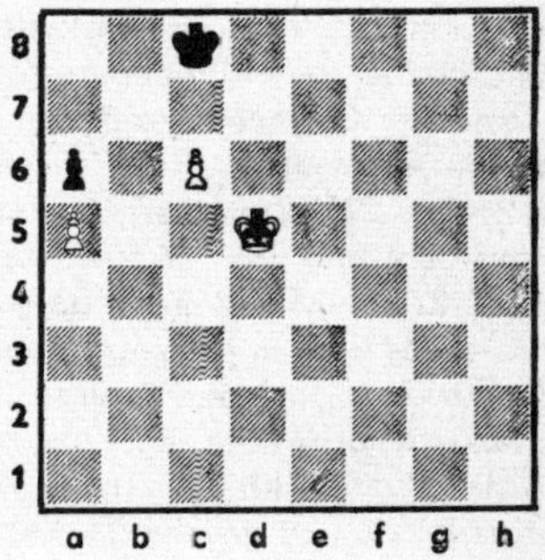

Verwickelter ist Beispiel 224 Weiß hat zwei **Drohungen**: Umwandlung des c-Bauern und Eroberung des Ba6. Schwarz am Zuge wäre im Zugzwang und **müßte** einen der Pläne zulassen, z. B. 1. ... Kd8, 2. Kd6 Kc8, 3. c7, oder 1. ... Kc7, 2. Kc5, gefolgt von Kb6. Also braucht Weiß, wenn er am Zuge ist, nur die gleiche Stellung mit **Schwarz** am Zuge herbeizuführen. Das erreicht er mit dem **Dreiecksmarsch** des Königs **1. Kd5–d4! Kc8–b8, 2. Kd4–c4! Kb8–c8** (oder Kc7, 3. Kc5), **3. Kc4–d5!**, und das Ziel ist erreicht.

Mitunter hängt der Gewinn davon ab, ob sich ein Bauer noch auf der Grundreihe befindet. Seine Fä-

225

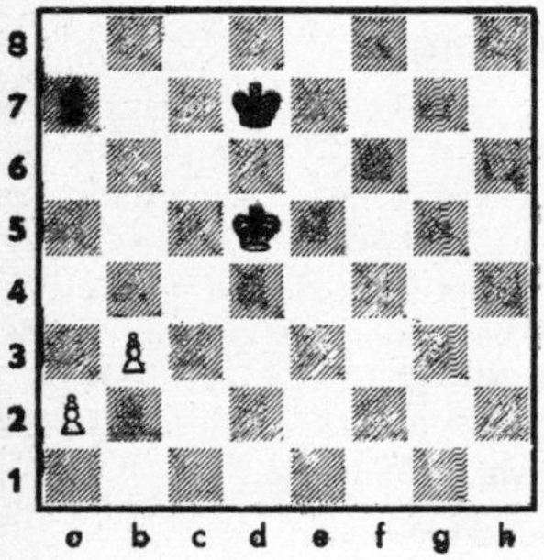

higkeit, nach Wahl einen oder zwei Schritte vorzurücken, gestattet es, den Gegner auszutempieren. Ein elementarer Fall dieser Art ist Nr. 225. Zunächst wandert der weiße König nach a6 **1. Kd5–c5 Kd7–c7, 2. Kc5–b5 Kc7–b7, 3. b3–b4.** Ein Zug des weißen a-Bauern gäbe den Gewinn aus der Hand! **3. ... Kb7–c7.** (Schwächer 3. ... a6+, 4. Kc5 Kc7, 5. a3 Kb7, 6. a4 Kc7, 7. a5 Kb7, 8. Kd6 und gewinnt.) **4. Kb5–a6 Kc7–b8, 5. b4–b5 Kb8–a8.** Weiß berechnet nun, wie sein b-Bauer im richtigen Zeitpunkt das Feld b6 betritt. **6. a2–a4!** Stünde der schwarze König auf **b8**, hätte Weiß a2–a3 ziehen müssen! **6. ... Ka8–b8, 7. a4–a5 Kb8–a8, 8. b5–b6 Ka8–b8, 9. b6–b7** und gewinnt.

226

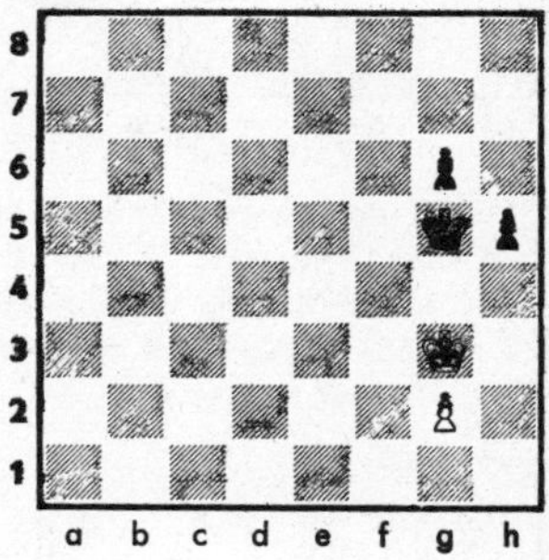

Position 226 stammt aus einer Studie Gorgijevs. Weiß verfügt über die kuriose Rettung **1. Kg3–h3 Kg5–f5** (1. ... h4, 2. g3 hg, 3 Kg3: und Weiß hat die Opposition, also Remis.) **2. Kh3–h4 Kf5–f4, 3. g2–g4 h5×g4** patt! Also nie das Patt, die letzte Zuflucht des Schachspielers, aus dem Auge verlieren!

227

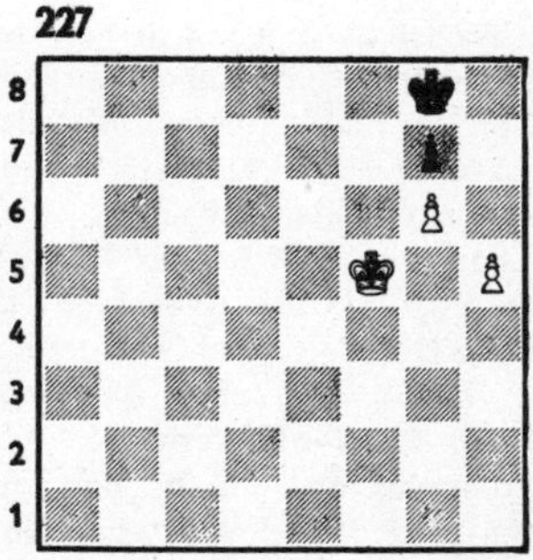

Remis ist auch Nr. 227, weil Schwarz nach **1. Kf5–g5 Kg8–h8, 2. h5–h6 nicht** nimmt, sondern Kh8–g8 spielt, ebenso auf 1. Kf5–e6, Kg8–h8, 2. h5–h6 Kh8–g8!! (nicht aber g7×h6? 3. Ke6–f7).

Fernopposition

228

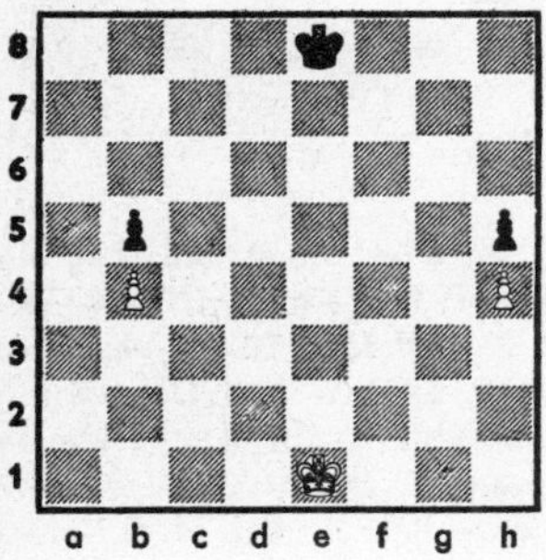

Den Begriff der **Fernopposition** erläutert Nr. 228. Während bei der Nahopposition nur **ein** Feld zwischen den Königen ist, sind es nach **1. Ke1–e2! fünf,** bei weiter **1. ... Ke8–e7, 2. Ke2–e3! drei,** und schließlich ergibt sich die gewöhnliche Opposition nach **2. ... Ke7–e6 3. Ke3–e4.** Weiß gewinnt, weil er gerade rechtzeitig mit dem Bauern durchkommt (3. ... Kf6, 4. Kf4 Ke6, 5. Kg5 Kd5, 6. Kh5: Kc4, 7. Kg5 Kb4:, 8. h5 Ka3, 9. h6 b4, 10. h7 b3, 11. h8D).

Einen wichtigen Trick lernen wir in Nr. 229 kennen. Weiß opfert einen Bauern und vergrößert den Abstand um eine Linie vom schwarzen König, der den durchbrechenden Bauern nicht mehr aufhalten kann. Weiß gewinnt, weil sein Bauer mit Schach auf die Grundlinie gelangt: **1. c4–c5! b6×c5, 2.**

229

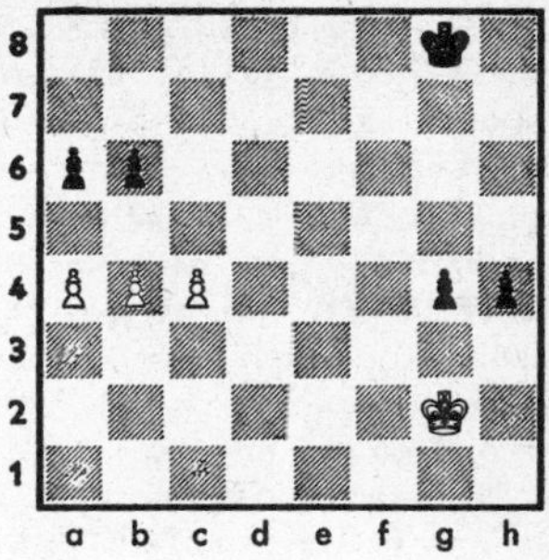

b4–b5! Das ist der springende Punkt. **2. ... a6×b5, 3. a4×b5 c5–c4, 4. b5–b6 c4–c3, 5. b6–b7 c3–c2, 6. b7–b8D+.**

230

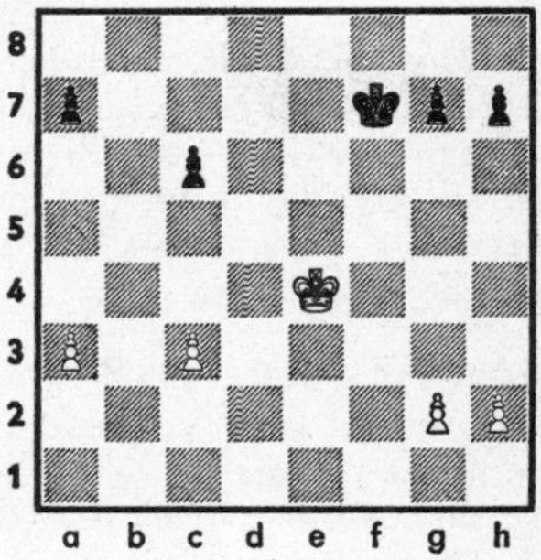

Daß im Endspiel lediglich der Raumgewinn des Königs, der ja im Zentrum fast immer richtig steht, den Ausschlag geben kann, beweist der Schluß einer Partie Opocensky–Prokop (Nr 230) Nach **1. Ke4–e5 Kf7–e7** hängt der Sieg davon ab, ob es gelingt, das Feld f6 zu erobern. Zu diesem Zweck soll der h-Bauer nach h6 marschieren, falls Schwarz stillhält **2. g2–g4!** Nicht sofort 2. h2–h4 wegen h7–h5, 3. g2–g3 a7–a6, 4 Ke5–f5 Ke7–f7 und Weiß kommt nicht weiter. **2. . . . Ke7–d7.** Die Alternative ist 2. . . . h6, 3. a4 a5, 4. c4 Kd7, 5. c5 Ke7, 6. h4 Kd7, 7. Kf5 Ke7, 8. Kg6 Kf8, 9. Kh7 Kf7, 10. g5 h5, 11. Kh8! und gewinnt.

3. g4–g5 Kd7–e7, 4. h2–h4 Ke7–d7, 5. h4–h5 Kd7–e7, 6. a3–a4 a7–a5, 7. c3–c4 Ke7–d7, 7. h5–h6! Das Vorhaben ist gelungen. Das »perfect timing« zeigt sich auch bei 7. . . . g7×h6, 8. g5×h6 Kd7–e7, 9. c4–c5! und Weiß hat die Opposition. **7. . . . g7–g6, 8. Ke5–f6 Kd7–d6, 9. Kf6–g7 Kd6–e7, 10. Kg7×h7 Ke7–f7, 11. c4–c5!** und gewinnt.

40. STUNDE

Standard-Endspiele (II)

Sehr nützlich für die Praxis ist die Kenntnis einiger Figuren-Endspiele, bei denen eine Seite versucht, ein größeres oder kleineres Übergewicht zur Geltung zu bringen, die andere Seite hingegen bestrebt ist, die Niederlage zu vermeiden.

Dame gegen vorgerückten Bauern

Gegen einen weit vorgerückten Bauern gewinnt die Dame immer, wenn sie das Umwandlungsfeld erreichen kann. Beherrscht der K, der den B unterstützt, das Umwandlungsfeld, hängt der Gewinn der stärkeren Partei von einiger besonderen Umständen ab. Nr. 231 zeigt einen Regelfall. – Der Sieg der weißen Partei vollzieht sich in mehreren Etappen: a) die weiße Dame nähert sich dem B und verhindert gleichzeitig durch Schachgebote oder Fesselungen die Umwandlung des B; b) die D treibt den K vor den B; der weiße K nähert sich Schritt für Schritt, bis die Eroberung des B oder das Matt erfolgt.

231

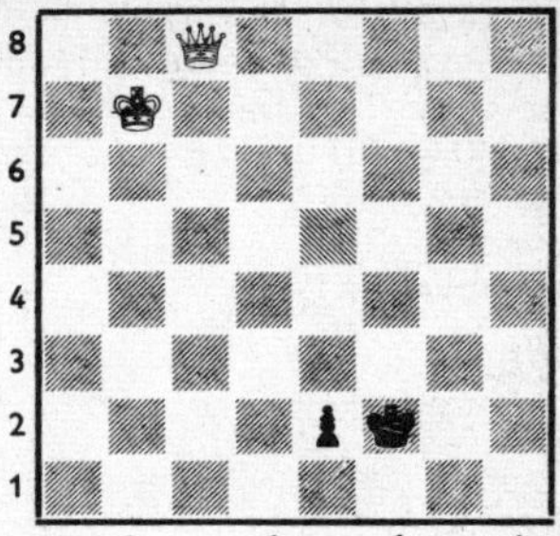

Als Beispiel diene die Zugfolge **1. Dc8–f5+ Kf2–g2, 2. Df5–g4+ Kg2–f2, 3. Dg4–f4+ Kf2–g2, 4. Df4–e3 Kg2–f1, 5. De3–f3+!** Die wichtige Grundstellung. Der K muß vor den B, wenn er ihn nicht sofort preisgeben will. **5. . . . Kf1–e1, 6. Kb7–c6.** Einen Schritt näher! **6. . . . Ke1–d2.** Nun muß die Lenkung des K nach e1 von neuem einsetzen. **7. Df3–f2 Kd2–d1, 8. Df2–d4+ Kd1–c2, 9. Dd4–e3 Kc2–d1, 10. De3–d3+ Kd1–e1.** Der zweite Zug des wK ist gesichert. **11. Kc6–d5 Ke1–f2, 12. Dd3–d2 Kf2–f1, 13. Dd2–f4+ Kf1–g2, 14. Df4–e3 Kg2–f1, 15. De3–f3+ Kf1–e1, 16. Kd5–e4 Ke1–d2, 17. Df3–d3+** (der K hilft bereits mit) **Kd2–e1, 18. Ke4–f3** und Matt in zwei Zügen.

Handelt es sich bei dem vorgedrungenen B um einen f- oder c-B, ist die D nicht in der Lage, das zum Gewinn erforderliche Tempo zu gewinnen, weil der K seinen B nicht zu verteidigen braucht, sondern in die Ecke flüchten kann: wird der B geschlagen, ist es Patt. Auch beim Randbauern verhilft das Patt zum Remis, z. B. Kh8 Dg3 gegen Kh1 Bh2. Weiß kommt mit dem K nicht näher. Hätte Schwarz dagegen noch einen Bh4, könnte 1. Df2 h3,

2. Df1 matt folgen. Einen Ausnahmegewinn zeigt Bild 232. Es gelingt hier dem K, sich unter Pattaufhebung zu nähern: **1. Kf6–g5 Kh1–g2, 2. Kg5–f4+ Kg2–f1, 3. Kf4–g3 h2–h1D, 4. Dg7–a1+** und erobert die Dame.

232

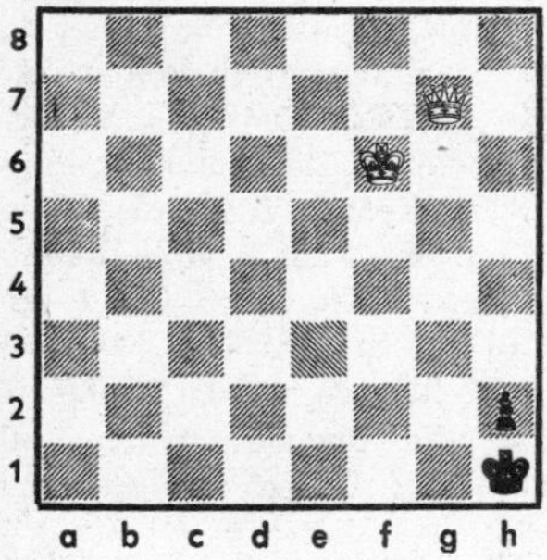

Dame gegen Turm

Gegen den Turm weiß sich die Dame fast immer durchzusetzen.

233

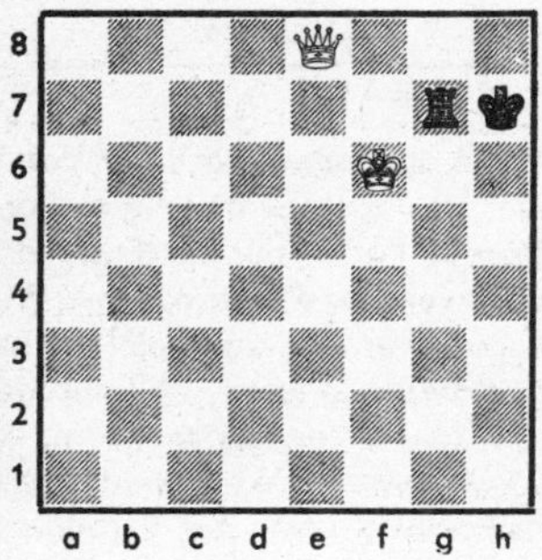

Als Grundbeispiel dient Bild 233. Ist hier die Turmpartei am Zuge, so muß der T sich von seinem K entfernen, steht dann ungedeckt und wird durch einen Doppelangriff der Dame erobert. Bei **1. . . . Tg7–g4?, 2. De8–h5+** ist die Sache sofort klar, bei **1. . . . Tg7–g3** geschieht **2. De8–e4+ Kh7–g8** (sonst 3. De4–h4+), **3. De4–c4+!**, und Schwarz muß entweder den T geben (3. . . . Kg8–h7, 4. Dc4–h4+) oder den K (3. . . . Kg8–f8, 4. Dc4–c8 matt). Schließlich erledigt sich auch **1. . . . Tg7–g1** ganz einfach mit **2. De8–e4+ Kh7–h8, 3. De4–a8+ Kh8–h7** (oder Tg1–g8, 3. Da8–h1 matt), **4. Da8–a7+.**

Was aber, wenn Weiß am Zuge ist? Dann führt er durch ein Dreiecksmanöver der D die gleiche Stellung mit Schwarz am Zuge herbei: 1. De8–e4+ Kh7–h8, 2. De4–a8+ Kh8–h7, 3. Da8–e8.

234

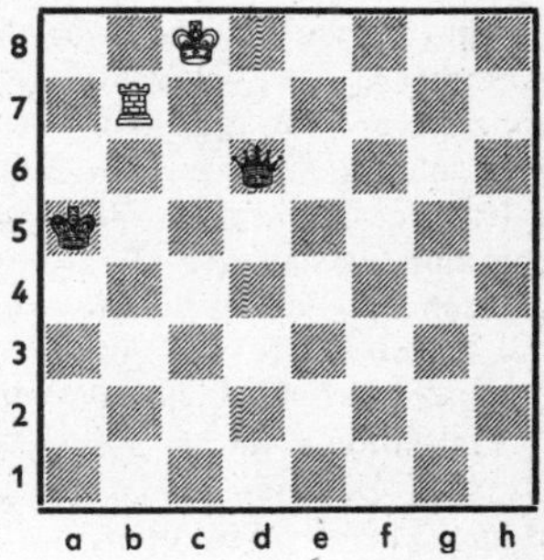

Wie in vielen Endspielen, gibt es auch hier Ausnahmen, bei denen das Patt oft die Rettung ermöglicht. Hübsch ist die Situation in Bild 234. Schwarz kann nicht gewinnen, weil der K nach **1. Tb7–a7+** weder auf die 6. Reihe noch zur d-Linie flüchten kann, ohne Patt oder Tausch des Turms gegen die Dame zuzulassen: **1. . . . Ka5–b5** (wenn Ka5–b6, dann 2. Ta7–a6+ Kb6×a6 patt), **2. Ta7–b7+ Kb5–c5** (oder Kb5–a6, 3. Tb7–a7+ Ka6×a7 patt), **3. Tb7–c7+ Kc5–d5, 4. Tc7–d7.** Remis.

Dame gegen Turm und Bauer

235

Auch wenn dem T noch ein B zur Seite steht, kann er gegen die D nur selten die Niederlage seiner Partei vermeiden. Sehen wir Bild 235. Wie der französische Endspieltheoretiker André Chéron im Jahre 1946 nachgewiesen hat, gewinnt Weiß immer, gleichgültig wer am Zuge ist! Im Endeffekt spielt Weiß zunächst auf Gewinn des sB. Er versucht, den sK vom B zu trennen und spielt **1. Dc1–c5! Te3–e2.** Auf 1. ... Te3–e1, 2. Dc5–b5+ hätte Weiß sein Ziel schon erreicht, wie 2. ... Kd3–c3, 3. Db5–a5+, oder 2. ... Kd3–d2, 3. Db5–b4+, oder 2. ... Kd3–e3, 3. Dc5–e5+ zeigt. **2. Dc5–a3+ Kd3–c2.** Nicht Kd3–c4, 3. Da3–a6+. **3. Da3–a2+ Kc2–d3, 4. Da2–b3+ Kd3–d2, 5. Kf5–f4 d4–d3.** Weder 5. ... Kd2–e1, 6. Db3–b4+ Te2–d2, 7. Kf4–f3! noch 5. ... Te2–e3, 6. Db3–c4 Te3–d3, 7. Kf4–e4 bzw. 6. ... d4–d3, 7. Dc4–a2+ verheißen Rettung. **6. Db3–b2+ Kd2–d1** (e1), **7. Db2–b1+ Kd1–d2, 8. Db1–b3** und gewinnt z. B. **Te2–e8, 9. Db3–b2+ Kd2–d1.** B und T stehen jetzt ungedeckt, so daß der Doppelangriff **10. Db2–b5!** entscheidet, nämlich **10. ... Te8–d8, 11. Kf4–e3 Kd1–c2, 12. Db5–c5+ Kc2–d1, 13. Dc5–b6!** mit Doppeldrohung auf b1 und d8.

Die klassische Stellung von Philidor Kf4 Dd3 gegen Ke7 Te5 Bd6 läßt sich, wie Chéron ausführt, über das eben angedeutete Verfahren, einfacher als von Philidor beabsichtigt, gewinnen. Die Einleitung lautet 1. Dh7+ Ke6, 2. Dc7 Tc5, 3. Dd8 Te5, 4. De8+ Kd5, 5. Dd7! Te4+, 6. Kf5 Te5+, 7. Kf6 Te4, 8. Db5+ Kd4, 9. Dc6 d5, 10. Db5 Te3, 11. Db4+ Kd3, 12. Kf5 d4, 13. Dc5, und wir haben die gleiche Stellung wie oben nach 1. Dc1–c5 erreicht!

236

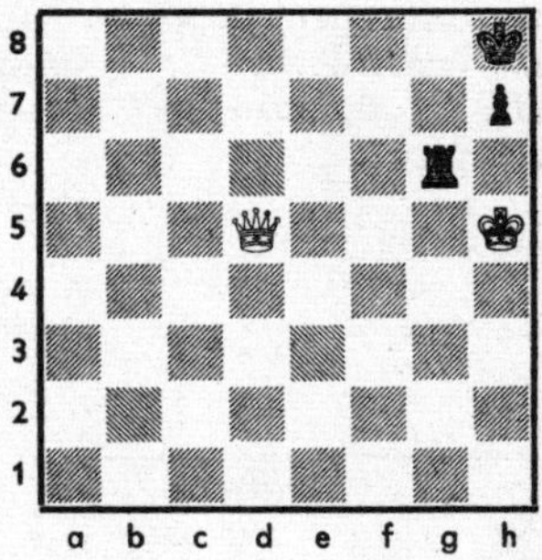

Befindet sich der B noch auf der 7. Reihe, ist ein Vorwärtskommen der stärkeren Partei nur im Falle des Randbauern, und zwar nur mit Hilfe des Zugzwanges, zu erzielen. Bei den anderen Bauern fehlt ihr der Raum für Umgehungsangriffe. In Nr. 236 gewinnt Weiß wegen des Zugzwanges und der mangelnden Bewegungsfreiheit des sK: **1. Dd5–e5+ Kh8–g8, 2. De5–e7 Kg8–h8** (auf 2. ... Tg7 folgt 3. De8 matt, auf andere T-Züge erobert Weiß den T durch einen Doppelangriff), **3. De7–f8+ Tg6–g8, 4. Df8–f6+ Tg8–g7, 5. Kh5–h6 Kh8–g8, 6. Df6×g7**

matt. Sogar in einer Stellung wie Kh1 Dg5 gegen Kf7 Th7 Bh2 gewinnt die Damenpartei, weil der Gegner den B wegen Zugzwanges nicht halten kann. Die Lösung (Chéron): 1. Df4+ Kg6, 2. De4+ Kg7, 3. Df5! Th6, 4. Dg5+ Kh7, 5. Dg4 Kh8, 6. Dg3 Th5, 7. Dg6 Th7, 8. Dg5 und der T muß den B im Stich lassen.

Dame und Bauer gegen Dame

Haben beide Parteien außer dem K noch die D, so ist der Mehrbesitz eines B häufig entscheidend. Die schwächere Seite hat meistens nur das »Dauerschach« als Rettungsanker. Gehen die Schachgebote aus oder muß gar D-Tausch zugelassen werden, ist die Niederlage in der Regel besiegelt. Als Beispiel diene Nr. 237, eine Studie von

237

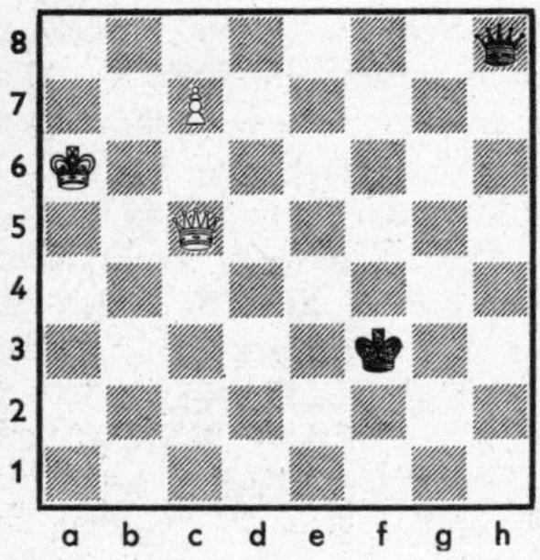

Kling und Horwitz. Um den Weißen nicht zur Umwandlung des Bc7 kommen zu lassen, spielt Schwarz **1. ... Dh8–a1+** (nach 1. ... Da8+ gibt es kein weiteres Schach, 2. Kb6 Dc8, 3. Dc6+ Kf4, 4. Ka7!, gefolgt von 5. Db7 und gewinnt), **2. Dc5–a5 Da1–f6+** (oder 2. ... Df1+, 3. Db5 Da1+, 4. Kb7 Dg7, 5. Kb8 und so fort) **3. Da5–b6 Df6–a1+, 4. Ka6–b7 Da1–g7, 5. Kb7–b8 Dg7–e5, 6. Kb8–a7 De5–a1+** (Dg7, 7. Db7+), **7. Db6–a6 Da1–d4+, 8. Ka7–a8.** Weiß gewinnt, weil das Damenschach auf d5 mit Db7 und Fesselung der sD entkräftet wird. Die Plazierung des K ist in diesem Endspiel überhaupt von größtem Belang.

238

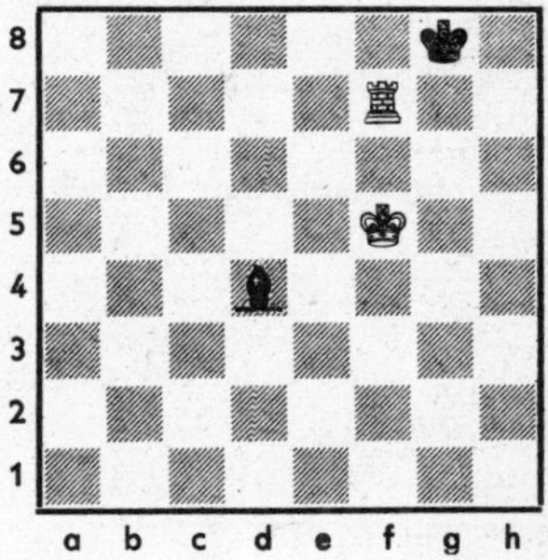

Die Qualität

Das Übergewicht der Qualität im Kampf T gegen L oder S entscheidet nur in gewissen Randstellungen, vorausgesetzt, daß keine Bauern mehr vorhanden sind. Einen Gewinn sehen wir in Bild 238, eine Stellung, die schon Kling und Horwitz (1851) untersucht haben. Nach **1. Kf5–g6** ist der K in der Ecke festgehalten. Der T will nun den L angreifen und zugleich Matt drohen. Ein Versteckspiel des Läufers nützt nichts. **1. ... Ld4–g1, 2. Tf7–f1 Lg1–h2, 3. Tf1–h1 Lh2–g3, 4. Th1–g1 Lg3–h2** (auf f4 oder h4 erreicht ihn ein Abzugsschach des K), **5. Tg1–g2 Lh2–e5, 6. Tg2–e2** und gewinnt. Hingegen wäre der K in einer Ecke, die der Farbe des L nicht entspricht, sicher aufgehoben, wie Bild 239 beweist. Weiß müßte mit K oder T zurückweichen, um das Patt aufzu-

239

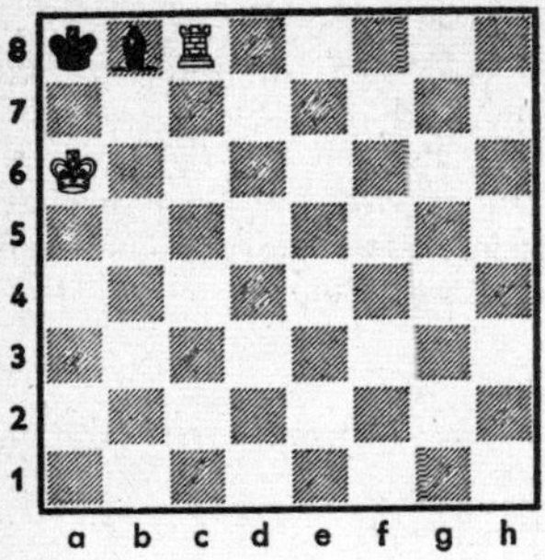

heben, und kann keine Fortschritte machen.

Aus dieser Remisstellung leitete Del Rio (1831) die Folgerung ab, daß manchmal sogar T und B gegen den L nicht durchdringen können. Man

240

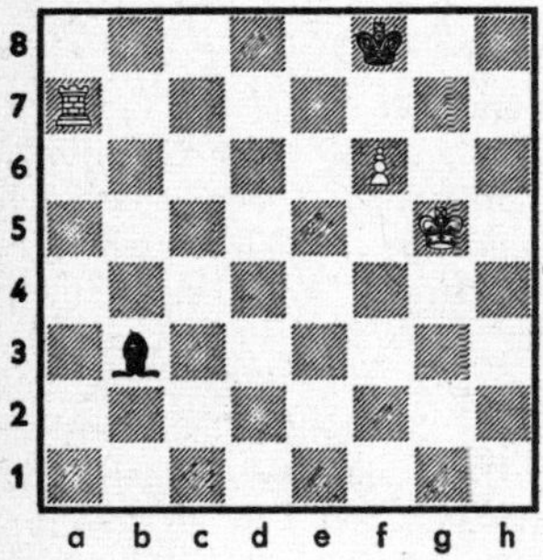

sehe Bild 240. Setzt Weiß **1. f6–f7** fort, so spielt Schwarz nicht Lb3× f7 (wegen 2. Kg5–f6 und gewinnt, sondern **1. ... Kf8–g7!** Beginnt aber Weiß 1. Kg5–g6, so wird der K durch 1. ... Lb3–c2+ wieder vertrieben. Stünde in der Bildstellung der B noch auf f5, so gewönne 1. Kg5–f6.

Gegen den S hat der T Gewinnaussichten, wenn es seiner Partei gelingt, K und S zu trennen. In Bild

241

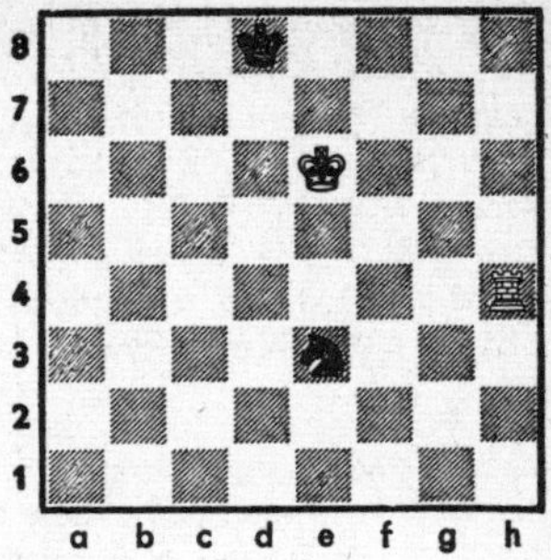

241 wird der S wie folgt eingekreist: **1. Th4–e4 Se3–c2.** Geht der S nach g2, holt ihn der K ab (2. Ke6 –f5 usw.), geht er nach f1, schneidet ihm 2. Te4–d4+, gefolgt von 3. Td4 –d3 den Rückweg ab. **2. Ke6–d5 Sc2 –a3, 3. Kd5–c5** und erobert den S in wenigen Zügen.

In der Nähe des eigenen K ist dem S im allgemeinen nichts anzuhaben, und die schwächere Partei wird Remis erzielen können. Sehr ungünstig ist allerdings das Eckfeld für den K. In der Stellung Kf6 Ta7 gegen Kh8 Sf8 gewinnt Weiß sofort mit **1. Ta7–a8 Kh8–g8, 2. Ta8–b8;** aber auch Schwarz am Zuge ist verloren: **1. ... Kh8–g8, 2. Ta7–a8** oder **1. ... Sf8–h7+, 2. Kf6–f7 Sh7–g5+, 3. Kf7–g6.** Ebenso hilflos ist der S im Eck. Man sehe Kc6 Ta1 gegen Kb8 Sa8 Weiß gewinnt leicht mit **1. Ta1–h1 Kb8–a7, 2. Th1–b1** durch Zugzwang.

Im Endspiel T+L gegen T hat die stärkere Seite gute Gewinnchancen, weil der Verteidiger leicht fehlgreifen kann, auch wenn es sich um eine theoretische Remisstellung handeln sollte Wenn man irgendwelche Aussichten sieht, sollte man also immer weiterspielen. Dem Ver-

242

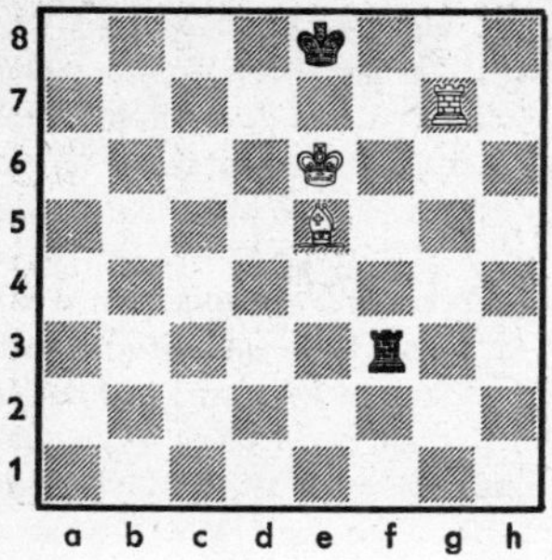

243

teidiger bleibt dabei nichts anderes übrig, als die 50-Züge-Regel anzuwenden und sich bis dahin bestmöglich zu wehren. Bild 242 zeigt eine der Stellungen, die die schwächere Seite vermeiden muß. Wie Philidor gezeigt hat, gewinnt **1. Tg7–e7+ Ke8–f8** (oder 1. ... Ke8–d8, 2. Te7–b7! und Schwarz ist verloren, weil die Verteidigung Tc3 wegen des Läufers ausfällt), **2. Te7–c7 Kf8–g8, 3. Tc7–g7+ Kg8–f8, 4. Tg7–g4!** (droht 5. Ld6+ nebst 6. Tg8+), **4. ... Kf8–e8** (Te3 5. Th4), **5. Le5–f4!** Ein scharfsinniges Verfahren, das den T als Verteidiger der 8. Reihe ausschaltet. Schwarz ist verloren, weil Kf8 wieder an Ld6+ scheitert.

Die schwächere Seite findet hier Sicherheit in der Nähe einer Ecke, weil der angreifende Turm nun nicht einmal von der einen, das andere Mal von der Gegenseite kommen kann. Remis sind Stellungen wie Kb6 Td1 Lb5 gegen Kb8 Tc7 oder auch Ke6 Tb6 Le5 gegen Kd8 Tc2 (die Szen-Position), die der Verteidiger anstreben sollte.

Hat die stärkste Partei noch einen B, so gewinnt sie stets, auch wenn es sich um den Randbauern handelt, dessen Umwandlungsfeld der L nicht beherrscht. Ein Beispiel gibt Bild 243, der Schluß einer Partie Rellstab–Taimanov, Dortmund 1961. Es geschah **1. Td1–e1 Le5–f4, 2. Te1–b1** (Weiß muß abwarten), **2. ... Tf3–f2, 3. Tb1–d1 Kf5–g4, 4. Td1–g1+ Kg4–f3, 5. Tg1–e1 Kf3–g3, 6. Te1–g1+ Tf2–g2, 7. Tg1–e1 Tg2–h2+, 8. Kh1–g1 Th2–f2.** (Der wT darf sich wegen h3–h2+ nebst Tf2–f1+ nicht von der ersten Reihe entfernen, so daß Schwarz eine Mattstellung konstruieren kann.) **9. Kg1–h1 Lf4–d2.** Weiß gab auf (z. B. 10. Tg1+ Tg2, 11. Tf1 Th2+, 12. Kg1 Le3+, oder 10. Td1 Le3, 11. Tg1+ Tg2 nebst matt).

Turmendspiele

Wir wollen unseren Lehrgang des »Königlichen Spiels« mit einer Gattung abschließen, die nach der Statistik fast 50 Prozent der in Turnieren vorkommenden Endspiele ausmacht, dem Turmendspiel.

Von dem Kubaner Capablanca geht die Rede, daß er sich sein wunderbar feines Positionsgefühl durch das Studium von 1000 Turmendspielen angeeignet habe.

244

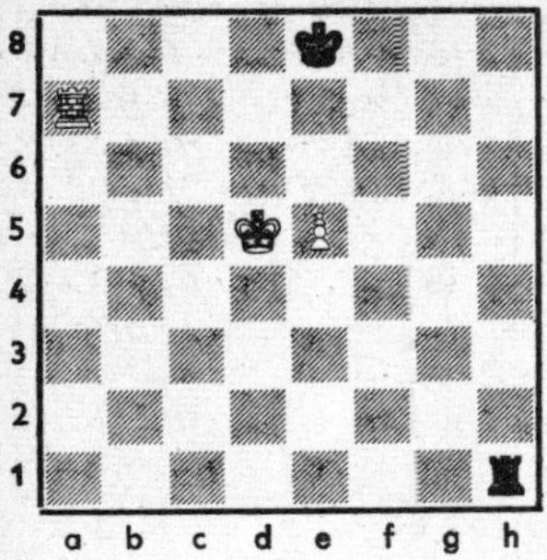

Beginnen wir mit dem Kampf K, T+B gegen K+T, den schon Philidor eingehend untersucht hat (Bild 244). Gelingt es der schwächeren Partei, das Umwandlungsfeld des B mit dem König zu besetzen, kann sie meistens Remis erzielen. Sie muß sich allerdings darauf einrichten, das Vordringen des feindlichen K auf die 6. Reihe zu verhindern. Ist in Bild 244 Schwarz am Zuge, so hält **1. ... Th1–h6!** mühelos unentschieden. Auf **2. e5–e6** kehrt der T sofort wieder zurück, **2. ... Th6–h1!** (2. ... Tg6, 3. Kd6 und Weiß gewinnt!), und der weiße K kann sich nicht mehr hinter seinem B verstekken. Ist Weiß an der Reihe (von der Bildstellung aus), wird die Sache für den Verteidiger erheblich schwieriger; dennoch bleibt das Problem lösbar.

Weiß beginnt mit **1. Kd5–d6** und droht 2. Ta8+ Kf7, 3. e6+ Kf6, 4. Tf8+ Kg7, 5. e7 und gewinnt. Auf ein Schachgebot des schwarzen T versteckt sich der K hinter seinem B, z. B. 1. ... Th6+? 2. e6 und gewinnt, od. 1. ... Td1+, 2. Ke6 Kf8, 3. Ta8+ Kg7, 4. Ke7 nebst 5. e6 und Weiß ist ein schönes Stück weitergekommen. Wie Lasker gezeigt hat, kann Schwarz Remis machen, indem er **1. ... Th1–e1!** zieht und sich dem Vorrücken des e-B entgegenstemmt. **2. Kd6–e6** (2. e6? Td1+ Remis) droht Ta8 matt. Der schwarze K muß also zur Seite ausweichen. Prinzipiell richtig ist **2. ... Ke8–f8!** Der K geht auf die kurze Seite des vom weißen B in zwei Teile geteilten Brettes, damit dem schwarzen T auf der langen (Linien a–d) mehr Bewegungsfreiheit bleibt. Es folgt **3. Ta7–a8+ Kf8–g7.** Wie soll Weiß nun den Bauern vorwärts bringen? Wenn 4. Ta2, das 5. Tf2 mit Abschneiden des schwarzen K droht, kehrt der K sofort nach f8 zurück. Wenn 4. Kd6, so nicht Td1+? 5. Ke7 nebst 6. e6, sondern 4. ... Kf7! Der für Schwarz gefährlichste Versuch, den B zu forcieren, ist **4. Ta8–e8!** mit der Idee 5. Kd7 und 6. e6. Schwarz verteidigt sich mit **4. ... Te1–a1** und droht wieder mit Seitenschachs. Falls nun **5. Te8–d8,** so kehrt der T nach e1 zurück, **5. ... Ta1–e1!,** und Weiß kommt nicht weiter. Ein letzter Versuch wäre **6. Td8–d5 Kg7–f8, 7. Ke6–d7 Kf8–f7, 8. e5–e6+ Te1×e6, 9. Td5–f5+ Te6–f6** Remis.

245

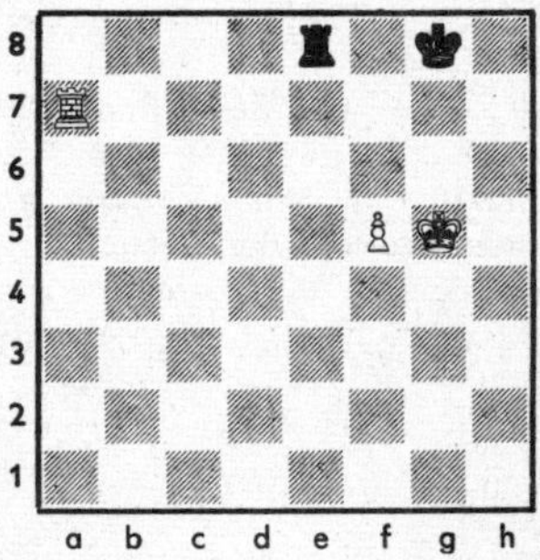

Eine interessante Variation behandelt Bild 245, Schwarz am Zuge.

Weiß gewinnt, weil Schwarz das Vordringen des B nicht verhindern kann. Stünde der schwarze T auf b1, hielte 1. ... Tg1+, 2. Kf6 Tb1 unentschieden. So aber ist Schwarz wegen der Mattdrohung mit dem T an die 8. Reihe gebunden, und Weiß forciert den B mit dem lehrreichen Vorgehen (**1. ... Tb8–b6+, 2. f5–f6 Tb6–b8**) **3. Ta7–g7+ Kg8–f8, 4. Tg7–h7!** Das entscheidende Umgehungsmanöver (Weiß könnte also nicht gewinnen, handelte es sich um den g- bzw. b-Bauern, weil dann kein Platz wäre). **4. ... Kf8–g8, 5. f6–f7+ Kg8–f8, 6. Th7–h8+.**

Ist der B auf die 7. Reihe vorgedrungen, von seinem K, der sich hinter ihm versteckt, unterstützt, macht der Gewinn nur noch in Ausnahmefällen Schwierigkeiten. Diese Lage ist schon von **Lucena** im ersten Schachbuch aus dem Jahre 1497 zutreffend geschildert worden. In Bild

246

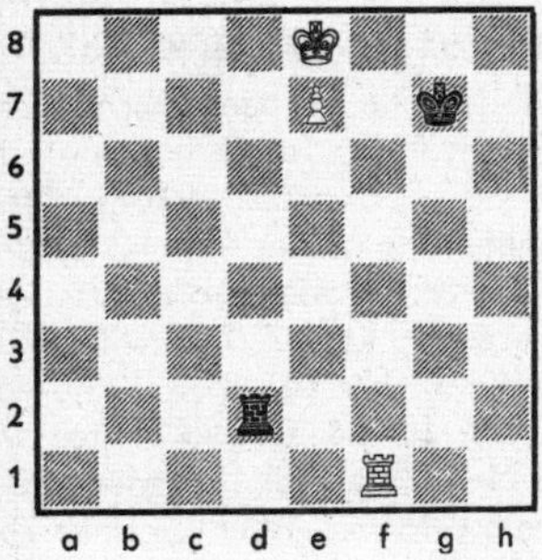

246 kann Weiß auf zwei Wegen zum Ziel kommen: erstens, indem er seinen T nach d8 bringt und dann mit dem K herauskommt, zweitens, indem er zunächst eine Sperre gegen die Turmschachs von der 2. Reihe her errichtet und dann mit seinem K über f7 heraustritt. Für beide Verfahren ist der Einleitungszug **1. Tf1–g1+** wichtig, um den schwarzen K noch eine Reihe abzudrängen. Nach **1. ... Kg7–h7** hat Weiß nun die Wahl. **Verfahren 1: 2. Tg1–a1** (mit 2. Kf7 Tf2+, 3. Ke6 Te2+ usw. kommt er nicht weiter). **2. ... Kh7–g7, 3. Ta1–a8 Td2–d1.** (Oder Kf6, 4. Kf8 Th1, 5. Ta6+.) **4. Ta8–d8 Td1–e1, 5. Ke8–d7 Te1–d1+, 6. Kd7–c6** und der K marschiert auf den T zu, dessen Schachgebote schließlich versiegen.

Verfahren 2: 2. Tg1–g4! (Der Turm baut dem K eine »Brücke«.) **2. ... Td2–d1, 3. Ke8–f7 Td1–f1+, 4. Kf7–e6 Tf1–e1+, 5. Ke6–f6 Te1–f1+** (od. Te1–e2, 6. Tg4–g5 nebst Te5), **6. Kf6–e5 Tf1–e1+, 7. Tg4–e4** (der Zweck des 2. Zuges ist nun klar) und gewinnt.

Stünde in Bild 246 der schwarze **T** auf **a2,** könnte **Schwarz** am Zuge durch die Seitenschachs den K fortlocken und dann den Bauern erobern: **1. ... Ta2–a8+, 2. Ke8–d7 Ta8–a7+, 3. Kd7–d6 Ta6–a5+, 4. Kd5–c6 Ta5–a6+ Kc6–b5, 5. Ta6–e6.** Remis. **Weiß** am Zuge erringt mit 1. Tf1–g1+ wie vorher gezeigt den Sieg.

247

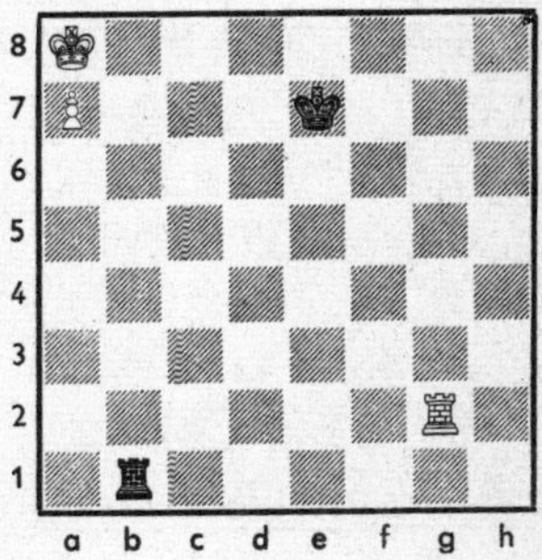

Wie so häufig im Endspiel, treten Erschwernisse auf, wenn es sich bei dem Freibauern um einen Randbauern handelt. In Diagramm 247 kommt Weiß gerade noch zurecht, den eingeklemmten K zu befreien, wie M. Karstedt bewiesen hat. 1. Tg7+? Kd6, 2. Tb7 Th1! genügt allerdings für diesen Zweck nicht. Richtig ist nur **1. Tg2–g8! Ke7–d6** (oder a), **2. Tg8–b8 Tb1–h1, 3. Ka8–b7 Th1–b1+, 4. Kb7–c8 Tb1–c1+, 5. Kc8–d8 Tc1–h1.** Die häufigen Flügelwechsel des Turms sind typisch für die Taktik des Verteidigers. Weiß muß sich mit der Mattdrohung auseinandersetzen. **6. Tb8–b6+ Kd6–c5.** (Wenn Ke5, so 7 Ta6 Th8+, 8. Kc7 Th7+, 9. Kb6 Th6+, 10. Ka5 und gewinnt.) **7. Tb6–c6+!** Gewinnt das entscheidende Tempo. Der T ist indirekt geschützt, weil der B mit Schachgebot in die Dame zu gehen droht. **7. ... Kc5–b5, 8. Tc6–c8 Th1–h8+, 9. Kd8–c7 Th8–h7+, 10. Kc7–b8** und Weiß hat es geschafft. Den Marsch des weißen K nach c8 verhindert a) **1. ... Ke7–d7.** Weiß gewinnt dann dadurch, daß seinem K das Feld c5 verfügbar wird: **2. Tg8–b8 Tb1–h1, 3. Ka8–b7 Th1–b1+, 4. Kb7–a6 Tb1–a1+, 5. Ka6–b6 Ta1–b1+, 6. Kb6–c5.** Der K nähert sich dem T, und der a-B ist nicht mehr aufzuhalten. Oft stellt sich die Frage, ob man mit dem Randbauern gewinnen kann, wenn der feindliche Turm ihn von hinten beobachtet und der eigene, deckende Turm vor ihm steht. Dabei ist wichtig, wo sich der König des Verteidigers befindet. Man sehe Diagramm 248. Ein sofortiges Vorstoßen des Bauern, also 1. a6–a7, gibt den Gewinn aus der Hand: Schwarz antwortet: 1. ... Kf7–g7! und vermeidet damit den Umgehungsangriff, 2. Ta8–h8, der z. B. auf 2. .. Ke7 mit sofortigem Gewinn geschehen wäre. Nach 1. ... Kg7 kommt Weiß nicht mehr weiter, weil eine Annäherung seines K an den Ba7 zwecklos ist: der K findet kein Versteck vor dem feindlichen T. Das richtige Verfahren besteht darin, den K sofort zum B marschieren zu lassen und die Zuflucht a7 auszunützen: **1. Kc2–b3 Ta1–a5, 2. Kb3–b4 Ta5–a1, 3. Kb4–b5 Ta1–b1+, 4. Kb5–c6 Tb1–c1+, 5. Kc6–b7 Tc1–b1+, 6. Kb7–a7.**

248

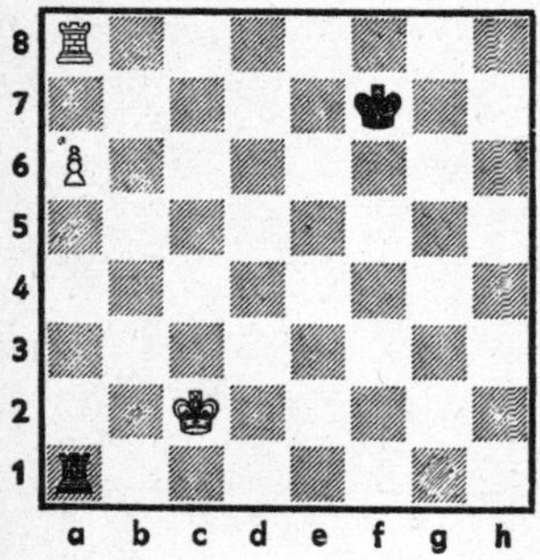

Endlich Ruhe vor dem Turm! Jetzt ist allerdings der B gestoppt, so daß Schwarz versuchen kann, durch Annäherung seines K Remis zu machen. Weiß kommt jedoch früh genug. 6. ... Kf7–e7, 7 Ta8–b8 Tb1–a1, 8. Ka7–b7! Ta1–b1+, 9 Kb7–a8 Tb1–a1, 10. a6–a7 und weiter wie bei Nr. 247 gezeigt. Der schwarze K ist ein Feld zu weit entfernt, so daß er das Befreiungsmanöver für den weißen K nicht unterbinden kann. Steht der B noch weiter zurück, dann hängt die Entscheidung oft davon ab, wie weit der K des Verteidigers von dem Bauern entfernt ist. Steht er auf dem Umwandlungsfeld oder kann er es erreichen, ist die Partie immer Remis. Ist der B auf die 5. Reihe vorgedrungen, so lautet eine Faustregel, daß der Gewinn sicher ist, wenn der K um zwei Linien von dem Bauern getrennt

249

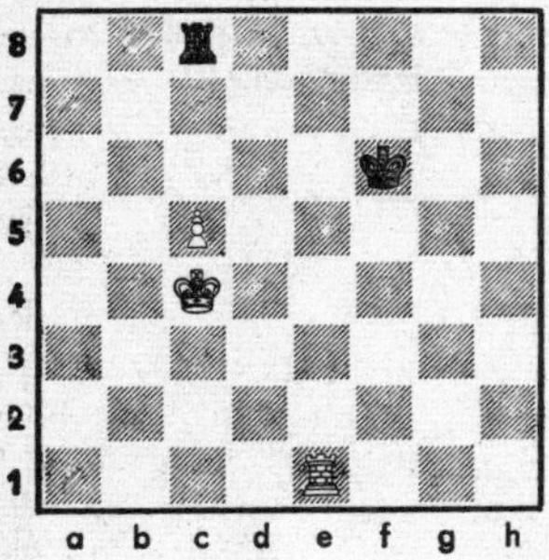

steht (siehe Bild 249). Der K verhilft dem B zum weiteren Vorrükken, z. B. **1. Kc4–b5 Tc8–b8+, 2. Kb5–c6 Tb8–c8+, 3. Kc6–b6 Tc8–b8+, 4. Kb6–c7** usw. Der schwarze Turm leidet unter Raumnot, so daß der K sich seiner erwehren kann – ein in der Praxis wichtiger Fall.

250

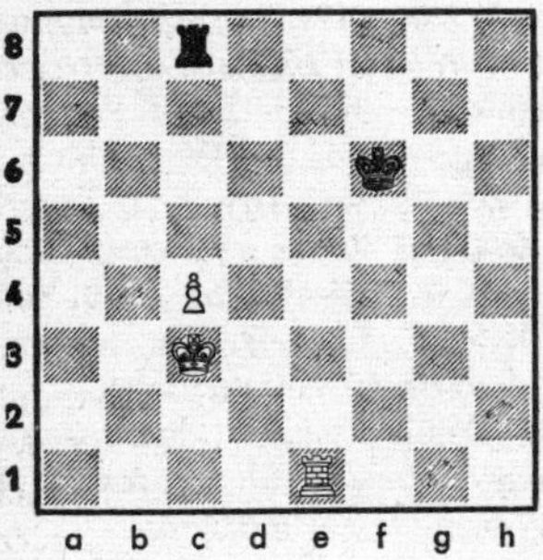

In Nr. 250 hingegen ist für Weiß kein Vorwärtskommen möglich – der B ist weit genug vom schwarzen T entfernt, so daß sich der weiße K nicht nützlich machen kann, wie der Versuch **1. Kc3–b4 Tc8–b8+, 2. Kb4–c5 Tb8–c8+, 3. Kc5–b5 Tc8–b8+, 4. Kb5–c6 Tb8–c8+** beweist. Auch 1. Te1–e4, damit der K ungehemmt vom B auf den schwarzen T losgehen kann, bliebe nach 1. ... Kf6–f5 erfolglos. Der Mehrbesitz von zwei verbundenen Bauern entscheidet nur dann nicht, wenn es dem Gegner gelingt, mit dem K zwischen die Bauern zu kommen. Das richtige Verfahren bis zur Umwandlung führen wir anhand von Stellung 251 vor. Die Bauern werden so geführt, daß sie dem K eine Zuflucht vor Schachgeboten

251

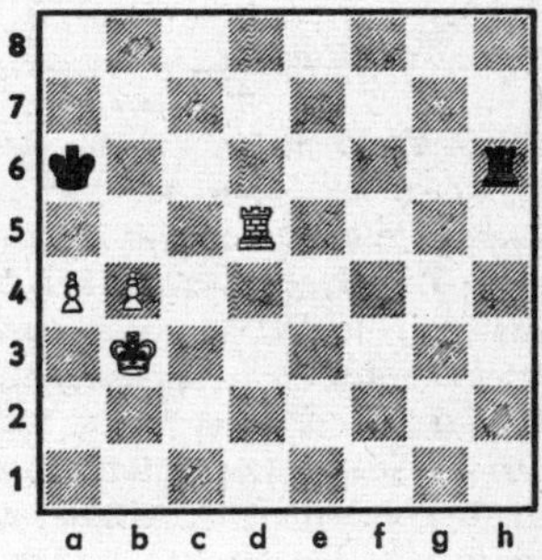

gewähren: **1. a4–a5 Th6–g6, 2. Kb3–a4 Tg6–g4, 3. Td5–d6+ Ka6–b7, 4. a5–a6+ Kb7–a7, 5. Ka4–a5 Tg4–g5+, 6. b4–b5.** Nun droht 7. Td7+ Kb8, 8. Kb6 Tg6+, 9. Kc5 Tg5+, 10. Kc6 Tg6+, 11. Td6 mit leichtem Gewinn. Schwarz darf nicht 6. ... Tg7 spielen wegen 7. b6+ nebst 8. Td8 matt. **6. ... Tg5–g8, 7. b5–b6+ Ka7–a8, 8. a6–a7!** Auch 8. Te6 Th5+, 9. Ka4 Th4+, 10. Kb5 Th5+, 11. Kc6 Th8, 12. Kd7 nebst 13. Te8+ gewinnt. **8. ... Tg8–h8** (oder Kb7, 9. Td6+ Ka8, 10. Ka6), **9. Ka5–a6** und gewinnt.

Schließlich wollen wir auf den Kampf des Turms gegen einen oder zwei (verbundene) Bauern hinweisen. Natürlich spielt die Stellung jedes einzelnen Steins eine Rolle: ein geringer Unterschied kann zu einem anderen Ergebnis führen.

252

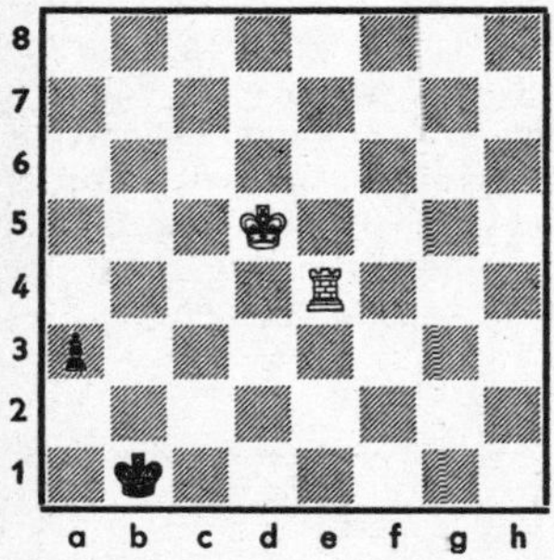

So kann Weiß in Nr. 252 nur deshalb gewinnen, weil sein K gerade noch zum Mattangriff zurechtkommt: **1. Kd5–c4 a3–a2, 2. Kc4–b3 a2–a1S+**. Nur die Verwandlung in den S kann das Ende hinauszögern. **3. Kb3–c3 Sa1–c2** (oder Ka2 4. Tb4), **4. Te4–e2 Sc2–a3** (wenn Sa1, so 5. Th2 mit Zugzwang), **5. Kc3-b3** mit Eroberung des Springers oder Matt. Mitunter kommt es zu einem Wettlauf wie in Bild 253. Weiß gewinnt

253

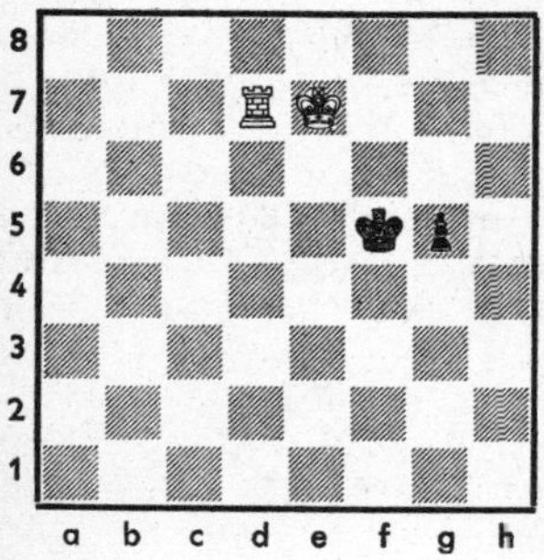

durch einen Umgehungsmarsch des Königs von links: **1. Ke7–d6 g5–g4** (oder 1. ... Ke4, 2. Tg7 Kf4, 3. Kd5 g4, 4. Kd4 Kf3, 5. Kd3 g3, 6. Tf7+ Kg2, 7. Ke2), **2. Kd6–d5 Kf5–f4, 3. Kd5–d4 Kf4–f3, 4. Kd4–d3 g4–g3, 5. Td7–f7+ Kf3–g2, 6. Kd3–e2.** Der B ist nun leicht aufzuhalten.

254

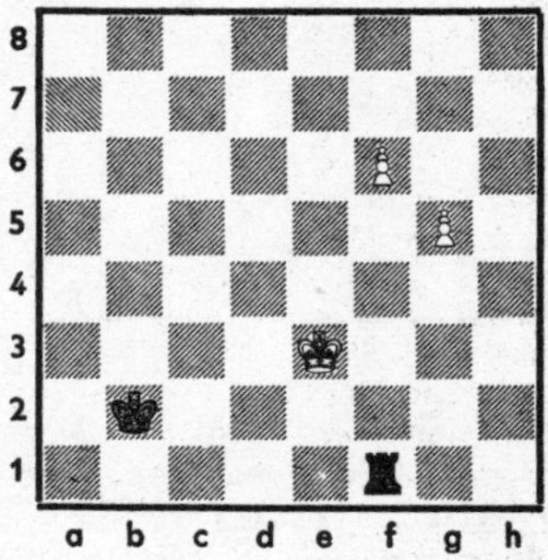

Wie zwei verbundene Freibauern, die ziemlich weit vorgerückt sind, gewinnen, wenn der verteidigende K sich weit vom Schuß befindet, zeigt der Schluß einer Partie Tarrasch–Janowski, Ostende 1907 (Bild 254). **1. Ke3–d4!** nähert den eigenen und verhindert zugleich das Näherkommen des feindlichen K (Schwarz am Zuge würde mit 1. ... Kc3, 2. Ke4 Kc4, 3. Ke5 Tg1, 4. f7 Tg5:+, 5. Ke4 Tg1 Remis machen). **1. ... Kb2–b3, 2. Kd4–d5 Kb3–c3, 3. Kd5–e6 Kc3–d4, 4. f6–f7.** Der nachrükkende g-Bauer entscheidet.

Verwickeltere Fälle lassen sich durch Abtausch auf die dargestellten Beispiele zurückführen.

Wer unseren Kursus aufmerksam studiert hat, besitzt nun ein theoretisches Rüstzeug, das ihm Zuversicht für die künftigen Auseinandersetzungen auf den 64 Feldern geben wird. Auf in den Kampf!

NAMENVERZEICHNIS